Responding to Emotion, Feeling to learn

福田正治❖著
Masaji Fukuda

感じる情動・学ぶ感情

感情学序説

ナカニシヤ出版

はじめに

　昨今、社会は複雑化し、一定の価値判断では理解しえない様相を呈している。毎年繰り返される事件や事故、政治や経済はどれ一つとして過去のものと同じでなく、新しい挑戦を受けている。そんな中、人間の日々の営みが見えてくる。政治や経済、社会は素晴らしい未来を切り開こうと躍動し、人々は新しい安心できる生活や夢に向かって邁進しているように見える。地位や名誉、お金に関係なく、ボランティアに支援にと駆けずり回っている人々や、理想に燃えて社会に尽くしている人々が存在する。大災害が生じたとき、多くの人が手弁当で被災地に出かけていく姿には感服する。さらには命を懸けて世界の危険地帯で活躍している人々も存在する。

　しかし他方では、それらを動かしている人間を一皮むけば、そこにはドロドロした情念の渦が渦巻いているようにも見られる。地位や名誉、お金に囚われた人間の浅はかさや醜さを多くの事件の中に見ることができる。人は高貴な姿の裏から名誉がほしいだけだと見透かされることもある。

　一方には利己主義に走る人々がいて、他方には利他主義に燃えている人々がいる。その共通に働いている力は感情である。人間には愛があり、悪があり、恐れがある。そしてその中で喜び、悲しみ、怒り、恐れる人生がある。

　感情は大昔から人間の興味の対象であった。紀元前五世紀のギリシア時代のプラトンやアリストテレスは、すでに愛や怒りの感情について考察をめぐらしている。そして悪しき感情をどうすれば理想に近づけることができるか、また善く生きられるかを議論している。さらに歴史を遡れば、神話の時代、そこで語られるドラマは喜び、愛、怒り、恐怖を伴った壮大な叙事詩が繰り広げられている。仏教の経典も、中国の論語も、聖書も事実を抜きにすれば今でも多くの人は共感できる部分を見つけることができる。

感情は誰もが持っており、誰もがよく知っているものである。いまさら説明されなくても、これを読んでいる読者自身が今感じていることが感情であり、生きていることを実感させ、生きがいと生きる希望を与えてくれているものが感情である。しかしこの感情は、誰もが知っているにもかかわらず、どのようなものか、どのように理解すればよいのか、改めて考えた人は少ないのではないか。多くの先人も興味を持って感情を理解しようと試みたが、泥沼に引き込まれるようで、足元をすくわれ、あまり多くの研究が残っているわけでない。

近年、動物によって心が癒される動物療法が孤独な老人や心を開かない子供たちの治療に効果があると指摘されている。最近では犬の形をしたロボットも心の癒しに有効であると考えられている。どうして言葉も話せない動物やプログラムで書かれたモノに過ぎないロボットと心の交流が可能なのか不思議である。

この本は、複雑怪奇であると思われている感情について、どのように整理し、考えたらよいかについて述べたものである。下等動物から哺乳動物、そしてヒトだけが持つ高等な感情について、この幅広く多様な感情をどのように理解すればよいかについて述べた試論である。現在の感情と古代の感情を比較して、何が変わり何が進歩してきたかを問うとき、自然科学の進歩とその情報の蓄積は古代から比べると大きな差がある。図書館に詰まっている情報は、感情もまたその見方や考え方が大きく変わってきていることを示唆している。

これは最近の神経科学と動物行動学の知見によるところが大きい。脳に関する情報は不十分ながらもかなり理解されてきた。紀元前五世紀の脳に関する知識と現代の脳理解を比べれば雲泥の差である。現代人は、脳がわれわれを動かしコントロールしていることを知っている。そして脳の活動が停止すれば、もはやヒトでない脳死という状態に陥ることも知っている。また美しい女性を見たとき、脳のどこがどれだけ活動しているか外部から見てとることができるようになってきた。逆に言えば、ある物を見たときに脳を調べることによって、その人が何をどのように感じているかを推定できる時代に入ってきたことを意味している。

この本は、拙著「感情を知る」の姉妹編として書かれた[1]。そこでは進化論的感情階層仮説の提言と、その基礎である感情の発達、感情の機序、感情の制御、感情の共有について議論した。本著では、前著で取り上げられなかった感情の発生、感情と身体、感情とロボット、感情と感動、感情と病気などについて、提案した仮説に従ってどのように考えることができるか議論している。

この仮説に従い、情動は生物になぜ備わってこなければならなかったのか（一章）、人間の感情と動物の情動とは基本的にどのように異なるのか（二章）について最初に議論している。感情を脳だけの現象として理解しがちであるが、感情には身体からの強い影響が存在する。身体と情動の相互作用について三章で議論した。感情はわれわれの知性や知能で作り出せることが可能か、感情本来の役割の中で、未来社会のロボットはどう扱われなければならないかを四章で考えた。これらの議論を通して、感情とはそもそもどのような特性や特徴を有しているのか、何が生活する上で役立つのか、これまでの知見の一部を紹介した（五章）。

人間社会での感情の役割は、コミュニケーション伝達の円滑さと妙味にある。さらに感情は人生に色彩を与え、生きがいに変化を与えるものである。六章から八章は感情を伝える方法としての感覚系の特性と、伝えられた中味である感動はどうして感じられるのか、そもそも感情を評価することは可能かなどについて議論している。九章は感情の病気という現象から、感情の本質が理解できないかの試みを述べている。一〇章と一一章は、われわれが生きていく中で最も深く感情が関係している、愛と憎しみ（一〇章）、恐れと希望（一一章）について多少の考察を試みた。感情に関する基本的な疑問に答える形で各章は成り立っている。情動・感情というものを考えたとき、一つの既成の学問分野からは全体を捉えられないところから、表題の感情学という学際領域を提案した。必要な章だけを読んでも理解できるようになっている。

これを書くにあたっていろいろな方々から助言と援助をいただいた。特に出版社の宍倉由高氏には出版に際しては多大な御支援をいただいた。ここに深く感謝の意を表したい。

目次

一章　情動の誕生——快・不快の産声——

感情について何を知りたいかを人に尋ねると、必ずと言っていいほど、「人間になぜ感情があるのか」、「感情がどのようにして出てくるのか」という質問が出てくる。生物学にとってなぜという疑問に答えることは非常に難しい。なぜ人間に目が二つあり、手足が二本ずつあるのか、なぜ人間は左右対称でないのかなど答えに窮するものが多くある。これは生物学が物理学と異なり、生命現象や行動の因果関係を特定することが難しいためであり、加えて進化という数一〇億年の時間スケールを再現できないことに依存している。物理現象は数式や法則でかなりの部分を予測することができる。重力の存在は、リンゴがなぜ上に上がらず下に落ちてくるかを説明し、月が地球の周りを回る理由を教えてくれる。しかし動物にはなぜ目が一つではなく二つあるのか、なぜ三つではなく二つなのか、これを説明する法則は今のところどこにもない。われわれはタイムマシンを使って過去に遡り何億年の時空の彼方まで旅をして生物の進化の様子を知ることはできない。したがって進化という時空の壁を越えて証明できないために、何が真実であるかを特定することはできない。

しかし人間は、不思議なものや不可解なものに対して合理的な説明を求める本性がある。ダーウィンDarwinの進化論[1]もその一つであり、古代の化石は生物がどのような形態的変遷を経て今日のような形になってきたかを説明し、ヒトは進化的存在であることが多くの人に受け入れられている。しかし化石は、生物の構造、つまりハードウエアに関する時間的変遷を説明するものであって、その生物がどのように行動していたか、すなわちソフトウエアを説明する証拠としては乏しい。

情動・感情はまさしく神経細胞が持つソフトウエアの部分に相当している。残念ながら頭蓋骨の中の脳は化石として残っていないし[2]、たとえ残っていたとしても死んだ化石に過ぎない。ネアンデルタール人は洞窟の中で、何を感じ、何を思いながら毎日の生活を営んでいたかについては、化石の頭蓋骨は何も語りかけてくれない。[3] たとえ形態の進化が説明できても、機能の進化は依然として暗闇の中にある。

一つの明かりが見えるのは、遺伝子の進化を省みる中に機能の類推が可能かもしれない[4]ということである。われわれの遺伝子は過去数一〇億年の進化の中で獲得してきた配列をそのまま受け継いできている。ヒトの染色体は約三二億個のアミノ酸配列から成り立っているが、有用な遺伝子数は約三一〇〇〇個程度で、[5] 残りはジャンク junk（がらくた）として省みられていない。そのジャンクの配列は生物進化のいずれかの段階で必要のために出現してきたものであり、何らかの役割と働きを持っていたと推定される。[6] ジャンクは、その働きを示す証拠が現在のところ見当たらないということで、進化の中での役割は省みられていないが、それが明らかになれば原始の世界の生物のソフトウエアを類推することが可能になるかもしれない。

生物の行動の進化は、地球上の生物の系統を比較することによって類推される。ヒトの行動を説明するにあたってサルの行動を理解し、サルの行動を理解するにあたってネズミの行動を調べる。さらには、爬虫類、両生類、魚類と順々に遡って生物の行動の合理的説明を求めようとしている。もしこの方法によって合理的な説明ができれば、おそらくヒトの機能はそのように進化してきたと考えられる。記憶、意識、認知、知覚などのソフトウエアがこのような考え方で研究されている。[7] 感情もまたこのような考え方で議論することが可能である。

1　快・不快情動の発生

前著では情動・感情を系統的に分類するために、進化論に基づいた進化論的感情階層仮説（感情階層説）を提案した。[8] 生物の進化の初期の段階で、原始情動である快・不快が発生し、それが進化と共に、基本情動である、喜び、受容・愛情、怒り、恐れ、嫌悪の五種類の情動に分化し、最終的にこれらを基礎としてヒトに存在する多種多様な感情が生まれてきたと考えた。

この仮説では、快・不快は生物の行動の基本である接近行動、および回避行動を維持する機能として発生してきたと説明された。例えば餌を獲得する場合を考えると、まず餌を取ろうとする動因が発生し、それから餌の方に近づく接近行動が起こる。そして餌の獲得に成功したとするならば、結果として快情動が発生したと説明された。われわれは、美味いものを食べれば気分が良くなるという経験から、何となく快情動の発生について理解できたという感じになっている。

　われわれは、このような説明で快・不快情動の発生を本当に理解したと言えるであろうか。依然として快・不快とはそもそも何なのか、その必然性は何なのか、その実体は何なのか、本質的な説明は省かれていたように思える。

　さらに、生物が進化して快情動は、喜び、受容・愛情に、不快情動は怒り、恐れ、嫌悪に分化してきたと、この仮説は教えているが、議論の中で、何の疑問もなく原始情動から基本情動への変化、つまりは連続的な進化を仮定した。しかし、ここで基本に戻り、快情動からどうして受容・愛情が発生してきたかを考えるとき、論理の飛躍を感じざるをえない。同様に怒りもなぜ生物に必要であったのかの根拠も明らかでなかったと思われる。

　地球上に単細胞生物が発生し、さらにそれらが合体して多細胞生物が海中で進化してきた。多細胞生物が次第に大きくなっていったとき、一個の統合体として全体を制御していくためには、いくつかの遠隔制御システムを進化させていく必要があった。なぜなら個体の中の別々の部位に個別の制御系を置くことは、生物が苛酷な環境に適応し生き残っていくには効率が悪かったと考えられるからである。現在でいうところの分散型制御システムよりも集中型制御システムこそが結果的に進化のベクトル方向に有利であった。その一つが運動や感覚を調節するための神経システムで、それは、情報を伝達し貯える特殊な細胞である神経細胞から成り立っている。

　原始的な生物であるクラゲなどでは神経細胞が全身に散在し、集中しているとしてもその分布の差は少ない。[9] さらに進化したウミウシ（アメフラシ）のような軟体動物では、分散していた制御システムが、神経節として一ヶ所に集まり、数千の神経細胞が将来の「脳」の原型を形作るようになってきた。[9] そのような生物の、いわゆる「脳」は未だ構造的な特徴が明確に分化していなく、一見すると種々の働きを持った神経細胞が混在し一塊のようである。そのような限られた数の神経細胞集団によって、感覚情報処理から運動の制御までの、生物があらゆる環境の中で生きていくすべての機能は担われていたことになる。

それに加えて多細胞生物になって、細胞の隅々まで栄養を補給する循環システムである心臓血管系が発生し、酸素を利用するようになって呼吸器系が必要になり、その他いろいろなシステムが生体の中で機能分化してくるようになった。離れた細胞の調節のためにホルモンを介した脳の遠隔集中システムである内分泌系もできてきた。これらの多彩なシステムも統合的に制御する必要があり、この役目も神経細胞に担わされた。

生物が逃げる場合を考えると、ある種の軟体動物はサイフォンを働かせ水を噴射し、エラを動かして移動しなければならない。[10] そのためには筋肉を動かす信号と同時に、関連する筋肉に血液を多く送らなければならないし、酸素も多く供給しなければならない。これら感覚系や運動系、自律神経系が短時間に協同して働くことが、危険から回避できて生き残る戦略として、有効に作用してきたと想像される。そしてこれらがすべて「脳」で集中的に統御され、地球上の生物は最終的に神経細胞からなる「脳」を持った生物だけが生き残ってきた。

そのような「脳」において、どのような戦略が行動を決定するのに用いられ、記憶の形として残されていったのだろうか。原始的な生物の行動は、神経細胞の数の少なさからして、おそらく行動のレパートリーはそんなに多くなかったであろうと考えられ、餌や最適な環境への移動を可能にする接近行動と、危険や劣悪な環境を避けるという回避行動などの基本的な行動から成り立っていた。変化する環境の中、有限個の神経細胞の集団でもって、このような行動を判断や決定しなければならなかったことになる。判断という言葉が無意味ならば、動物は常に運動の方向を環境変化に従って決定しなければならなかったと言い換えてもよい。その変化のベクトル方向を決める基準やメカニズムは何だろうか、それを類推することが情動の起源を明らかにすることにつながっていくと考えられる。

多くの人々は生物の「生存」という判断基準を用いて、運動の方向や身体の調節の方向を決定しようとする。餌を取るのは「生存」にとって必要だから摂食行動が生じるのであり、回避行動は逃げなければ敵に食べられ「生存」できないからと説明される。確かにこの判断基準を抜きにして生物の「生存」はありえないわけで、一見もっともらしく見えるが、生物の「生存」という判断基準はあまりにも抽象的で、説明しているようで何も説明していないように見える。

生存を担保する機能として、自己複製、自己調節、ホメオスタシス（恒常性）が列挙できる。[11] その中のホメオスタシスとは身体の内部環境を一定に保とうとする生体の基本的機能であり、生理学の基本原理の一つである。[12] 例えば体温が環境の変化で下がれば、代謝を活発にして体温を上げようとするし、暑くなって体温が上がれば、汗をかくなどして体温を下げようとする性質を生体は持っている。そのため、哺乳動物の体温は一定に保たれている。腹が減って餌を取ろうとするのは、血中のグルコース濃度を一定に保とうとする生体の性質から派生してきた行動と見ることができる。その他、血中のカリウム濃度、浸透圧などのようなあらゆる生体のパラメータもまた一定に保たれている。

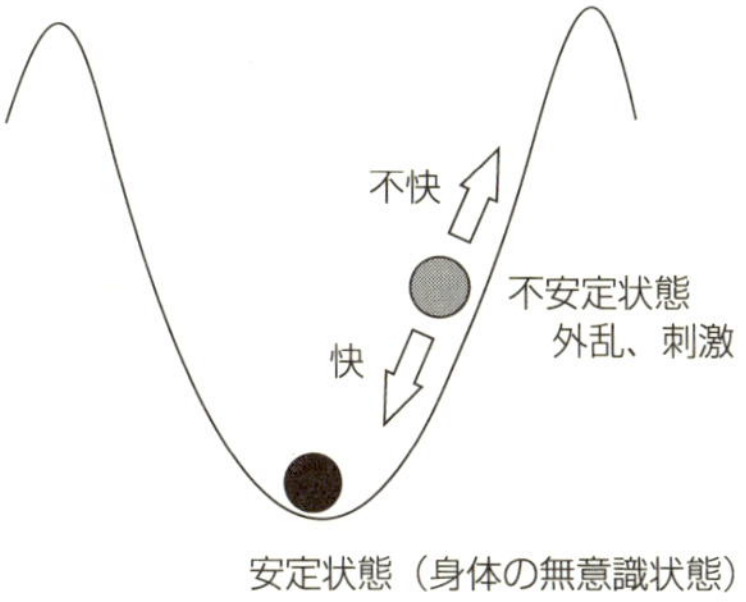

図 1-1　ホメオスタシスと情動状態ポテンシャル

ホメオスタシスをポテンシャルの考え方でたとえるならば、生体の安定した状態とはポテンシャルの底にある状態と言うことができる（図1-1）。体内のグルコースが減るということは腹が減るということにも通じ、これはポテンシャルの山の方向に状態が持ち上げられ、不安定な状態になることを意味する。餌を摂取した場合、消化吸収により血中のグルコース濃度はある一定の基準値に戻ることになり、状態は安定になるよう底に向かうであろう。回避行動を起こすためには、状態ポテンシャルを上げ身体を運動できる不安定な状態に持っていかなければならない。このように、生物はホメオスタシスを基準として、生体の内部環境を常に安定した状態に保とうとする性質を持っており、行動の最終的なベクトルの方向は、常に状態ポテンシャルの谷（安定）に向かう方向である。接近行動や回避行動のあらゆる行動は最終的に「ホメオスタシスの原理」に基づいており、これは生物学的な説明原理の一つであると考えられる。少なくともホメオスタシスの原理は生体という実体に基づいた原理であり、「生存」という漠然としたものではなく、その下位概念である。

それではその行動の方向性を生物はどのように計算して、その結果を貯えていたのであろうか。貯えるとは、生物が迫りくる環境変化に対して毎回その状況と運動ベクトルを計算していたのか、それとも以前の経験をどこかに貯え、その痕跡を利用して行動を決めていたのだろうかという問題である。効率から考えるならば、以前の行動結果をどこかに記憶として貯え、それに基づいて行動決定するほうが、使用する神経細胞の数が少なくてすみ、処理時間も短くてすんだであろう。[10]地球上の生物は学習機能を必ず持っており、下等動物では、反射として神経細胞の集団の中に記憶されている。ホメオスタシスからのずれもまた原始の生物の神経細胞集団の中で学習され、自律系や内分泌系を制御する神経細胞の中に記憶されていった。

高度な決定をするわけでない、まだ単純な行動レパートリーしか持たなかった生物にとって、世界は接近・回避の選択しかなかった。つまりホメオスタシスに対する変化は一次元で増えるか減るかしかなかった。その痕跡は古い脳の中に残されており、それが快・不快情動の原型であろう。もう少し言うならば、快・不快の原型は古い脳の記憶の痕跡であり、判断の基準であったのだろう。状態ポテンシャルの谷（安定）の方に向かうことは体内の状態を回復・安定させることを意味し、体内のあらゆる機能が最小限の働きですむことを意味し、これが快情動の原型として記憶された。それとは逆に状態ポテンシャルが山（不安定）の方に向かうことは体内で余分なエネルギーを消費することを意味し、体内の安定性を損なうことから不快情動の原型と結びついていった（図1-1）。ここで言う原型とは、ある神経回路ネットワークの変化の総合的な方向が、プラスかマイナスかを意味するのであって、快・不快情動はどれか一つの神経細胞の活動を見て、この変化が快情動であると言えるものではない。全神経細胞の変化の総合的ベクトル方向が快情動であった。ここで快・不快のポテンシャル論は、快・不快が動的な現象で、変化の方向こそが重要であって、静的な位

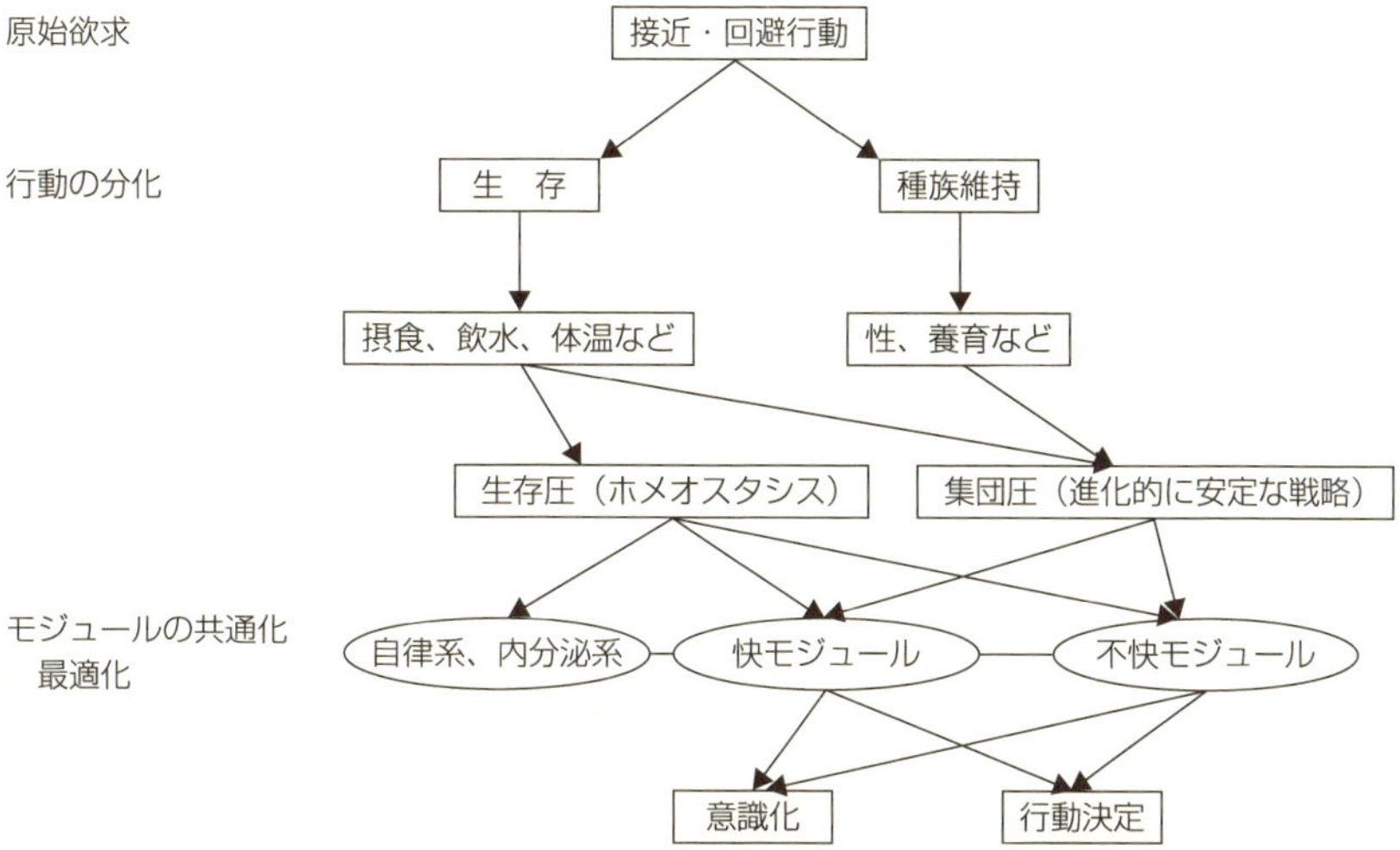

図 1-2　快・不快の発生と行動、神経回路網の進化との関連

置では情動が生じないことを示している。原始の生物は快・不快と感じていたわけでなく、環境からの生存圧は原始の世界ではわれわれが言うところの、快・不快という脳の判断そのものであった。

快・不快という言葉に問題があるならば、ここでは接近モジュール、回避モジュールと名づけてもよいし、ホメオスタシスから安定化モジュール、活性化モジュールと名づけてもよい。または情動からは快モジュール、不快モジュールと名づけてもよい（図1-2）。

これらの議論から、なぜ視床下部を中心にして報酬系と罰系が存在し[13]、なぜそこが自律神経系や内分泌系の中枢になっているのかがおぼろげながら解釈できそうである。これらいくつかの神経細胞集団が、まだ機能分化していない「脳」の中で統合的に働くとしたら、多くの場合、少ない神経細胞がいろいろな機能を兼備していたに違いない。ある神経細胞は心臓の働きと筋肉を動かす指令を発していたかもしれないし、別の神経細胞は内分泌と運動を司っていたかもしれない。そこになぜ快・不快が自律神経系や内分泌系の変化を伴っているかの理由がある。われわれが主として身体にかかわる感情が快・不快と関係しているのもこのような理由によるものと推察される。

2　受容・愛情と怒り情動の発生

快・不快情動は次の進化の段階で、喜び、受容・愛情、怒り、恐れ、嫌悪の五つの基本情動に分化していった。これらは大きく二つに分類され[8]、一つは、喜び、恐れ、嫌悪であり、別のグループは、受容・愛情、怒りに分けることができる。その基準は単独の生物が生きていくに必要な情動か、または集団を仮定しないと存続しえないものかによる。つまり、後者の情動は一匹の生物だけでは成り立たないもので必ず相手を必要とする。受容・愛情で言えば雄なり雌なり、または子供という相手を必要とする。ここで基本情動の中に、驚きを入れていないことに注意されたい[8]。驚きは注意・覚醒系の機能で情動とは別機能である。

喜び、恐れ、嫌悪はすべての生物に共通に存在するもので個体の生存に必要なものである。快から喜びが、不快から恐れと嫌悪が進化・分化してきた。恐れは身体全体の防御に関係し、嫌悪は体内環境の防御に関係した情動である。生物が地上に這い上がって複雑な環境の中で生存を確保する必要に迫られたとき、これらは有効な判断基準になった。

恐れを例にとるならば、暗闇はその生存を脅かす危険性を高めるであろう。なぜなら昼行性の生物は暗闇では物事を正確に判断することができず、捕食者が来ても分からないからである。近くの場所から変な物音や臭いがすれば、考えるまでもなく逃げるか、または不動化といって身動きせずにじっとしていることを選択しなければ、おそらく捕獲者に食われてしまうであろう。これらに対して、音の方向や種類、音源の速度、臭いの強度と方向といった複雑性を帯びた情報処理が要求され、これらに基づいた判断が求められる。快・不快情動はどちらかというとスイッチのオン・オフに近い情報処理であって、基本情動に進化してくると刺激内容の評価、例えば強度の評価が求められるようになってきた。このように環境の変化の圧力により行動の多様化が必要になってきたときに、特に地上に生物が這い上がってきたとき、もはや原始情動である快・不快の情報のみで対処ができなくなり、つまり神経細胞が混在した集団では対応できなくなり、新たに外側に分化した脳を付け加えることになった。それほど、周囲の環境の変化が複雑になり、それに対応することが求められた。爬虫類脳の周りに、大脳基底核、小脳、扁桃体、海馬体などの旧哺乳類脳を進化させ、時間と共に脳は次第に大きくなっていった。[14] これらの圧力は最初、感覚系や運動系からの要求が強かったが、判断能力もいくつかに分散されて行わなければならないようになっていった。

嫌悪は目に見えない、また五感の感覚系では感知できないものから身体を防御する必要に迫られて特殊化してきたものである。[15] 地上はさまざまなウイルスや細菌、毒性物質で覆われているし、また毒を持った食物も多く存在している。何を食べればよいのか、何が食べられないかを何で判断しなければならなかったかを考えると、食性に多様化を求めなければならない環境にあって、それらを判断するモジュールとして嫌悪システムが特殊化してきたものである。嫌悪は主として体内の内部環境の変化から判断される情動である。

一方、受容・愛情と怒りは集団を仮定しないと発生しないものである。これは当然のことであり、怒りは自分に対して起こるのでなく怒る相手が必要であり、愛情も然りである。これらの情動は基本的に個別で生きている生物にとって必要のない機能である。魚類、両生類、爬虫類、鳥類、昆虫類などの生物は卵性生殖を行い、基本的に孵化後は単独で生きていくことができ、親は子育てなどを必要としなかった。このような仮定に立つと、このような生物にとって、少なくとも愛情という情動は発生する必要がなかった。

それでは、鳥類における子孫を残すための求愛行動やつがいでの子育て、テリトリー（なわばり）を守るための攻撃行動や配偶者を求めてオス同士が戦う姿をどう説明するのかという問題が出るかもしれない。またこれらの行動の中に受容・愛情の原型や怒りの原型を見ることができるとの意見があるかもしれない。しかしここで進化の系統を考えるならば、鳥類は霊長類の系統とは異なった道を歩んでいる。[16] このことは、鳥類がこれら基本情動を持っていると見えるかもしれないが、多くは生得的なプログラミングとして脳に書き込まれているソフトウエアに従って行動しているだけで、[17] 霊長類につながる情動とは言えないと考える。詳細な野外調査の示すところでは、一部の鳥では、つがいが育てている卵の遺伝子は両方の親の遺伝子を含ん

でいるとは限らないことを示している。(18)

進化により、生殖は卵生から胎生になり、哺乳動物が発生してきた。ここに一つの変化に対する大きな進化の圧力がかかった。この変化は既存のシステムの連続的な変化だけでは対応できず、ここに新たな機能を脳の中に付加しなければならなかった。子の養育とそれに伴う家族という質的な生活形態の変化が質的に異なった判断機能を進化させた。すなわち、受容・愛情と怒りは哺乳動物において新たに必要とされ、獲得した機能であって、喜びや恐れ、嫌悪というような連続したものとは異なる可能性がある。

何が質的要因であったかを考えると、大きくは記憶時間の延長にあった。養育では、子供が成長し一人で食物を獲得し生きていけるようになるためには長期間の養育を要し、この間、親は養育を継続しなければならない。この継続を保証するものとして単に本能という機能だけでは不十分で、また喜びといった情動だけでは、一年から数年の子育てを行うには不十分であった。長期間持続可能な判断機能として新たな受容・愛情や愛着が有効に作用し、さらにそれを保証するものとして性ホルモンを中心としたホルモンの長期間の作用があった。

受容・愛情や怒りの成因は、集団の維持や遺伝子の保持につながる進化ゲーム理論から要求されるものとの関係でも指摘できる。(19) 進化ゲーム理論は進化論に根拠を置くものではなく、集団を構成する生物が集団の遺伝子を最も効率よく保持または伝えていくためにはどのような機能があればよいかということをシミュレーションで理論化したものである。逆に言えばどのような安定的な戦略が備わってくれば集団として遺伝子保持が可能かということをこの理論は示唆している。

詳細は別著に譲るとして、(19) 集団生活を営む動物にとって、どのような行動戦略をとることが集団の中で生き残る確率を高くするかを考えると、一つの答えとして「お返し戦略」という考え方が出てくる。弱肉強食の世界にあって、すべての構成員が攻撃ばかりしていては、その集団は最終的に消滅する運命にある。集団として生き残るためには、構成員はある相手に対して協力関係をとることが集団の生存確率を上昇させると理論は教えている。餌を取ろうとする場合、仲間と協力して獲得した獲物を別の動物に横取りされそうになった場合、その動物を排除しなければ生き残ることができない。誰が味方で、誰が敵かを区別し、その関係を記憶しておく必要がある。このように協力関係は一時的なものではなく、少なくともある期間持続しなければ意味をなさないものである。その持続を保証するものとして、第二の情動のグループとしての受容・愛情と怒りが有効に作用した。敵には怒りを、味方に対しては受容・愛情を保持しておくことは所属する集団を存続させるために必要なものであった。

これらの機能もまた快・不快を制御している視床下部だけでは対処できず、その周囲の大脳辺縁系、大脳基底核、小脳を利用していかざるをえなかった。

視床下部が性行動の制御に関与していることはよく知られており、このことは視床下部が受容・愛情の情動発現に関与していることとの問題を提供するかもしれないが、これはおそらく本能行動の制御に関係した単体の性行動に関係し、集団の中での受容・愛情との関係は弱い。実験的には扁桃体内側部が養育行動に関与しているとの知見があることから、複雑な受容・愛情は主としてそちらに移っていったと思われる。

3　まとめ

感情の進化を論じるにあたって、ここではいくつかの新たな視点を提案した。一つ目は情動・感情の変化の連続・不連続性であり、二つ目はその変化の原動力に対する考察であった。原始情動である快・不快は生物の生存圧によって生じた原始生物の脳に貯えられた判断基準の痕跡であることを指摘した。快・不快情動と意識化された時期は特定することができないが、身体のホメオスタシスに関連する状態ポテンシャルの動態がこれら情動の発生に深く関与している。快・不快情動が進化の初期に発生してきたことのもう一つの傍証は、ヒトの胎児の情動である。胎児は母体内である時期がくると、快・不快を胎動で表現できると考えられている。この母体内環境での情動は種類が少なく原始情動の世界であると考えられる。

生物が地上に上がり、集団社会を構成するようになって集団圧の結果としてここに受容・愛情や怒りの情動が新たな脳の部位に生成された。それ程集団圧は大きいものであったに違いない。しかしそれは数億年かけての変化である。このように情動は階層によって、その発生や成因がまったく異なっている。

二章　感情の社会化——複雑化の第一歩——

人間は動物と異なる生物であると考える人が世の中に多くいる。例えば、キリスト教を信じている人の中には、神が人間を作ったのであり、動物から進化した結果としてヒトが存在すると考えていない者がいる。アメリカではこのことを今でも教えている町がある。

感情もまた、われわれが持っている感情と動物が持っている感情とは異なると考える傾向がある。もしわれわれの感情が動物と異なると仮定するならば、何が違うかを明らかにしなければならない。怒りを例に挙げると、人は、相手に対する身体的暴力はもちろんのこと、言葉による暴力、無言による暴力、目による暴力など多種多様な暴力の形態を持っている[(1)–(3)]。動物の世界に目を向ければ、なわばりをめぐる争い、メスをめぐる争い、食料をめぐる争いとアフリカに飛んで行かなくてもその例を示すことができる。そこには言葉による攻撃はないかもしれないが、唸り声による威嚇行動やにらみ合いの示威行動が存在する。比較行動学から推定すると、動物とヒトの感情にあまり差はないように見えるが、それでは同じであるかと改めて問われれば歴然とした差異の存在を認めなければならない。例えば嫉妬や屈辱感は動物に決して存在しないもので、人間独自のものである。

以前に提案した進化論的感情階層仮説では、感情の最高位にヒトの感情を持ってきた[(4)]。経験からして、あらゆる動物界を見渡して、ヒトほど感情豊かな生物はこの地球上に存在しないということが信じるに足りるからである。われわれの日常は、すがすがしい朝を迎え、喜怒哀楽に富んだ人生を営み、そして疲れ満たされた夜を迎える。その繰り返しを人は送り、人生を終えていく。

感情は五種類の基本情動である、喜び、愛情・受容、怒り、恐れ、嫌悪を土台に進化してきた[(4)]。ここでは感情という言葉と情動という言葉の使い方を意識的に変えてある。感情は主としてヒトだけが持ち、情動はヒトを含めた動物全体が有しているものである。

感情について、日本語で考えれば二〇〇〇種類以上の感情を表す言葉がある[5]。さらにその組み合わせを考えるならば無数に感情を表現することができる。すなわちわれわれは無数の感情を感じることができることをこのことは証明している。もしそうならば、五種類の情動から、どのような進化を経て、またどのような方法で無数のヒトの感情まで進化してきたかを考えなければならない。

これまでヒトの感情は複雑さのために、どのような戦略を用いて感情を捉えればよいのか明らかでなかった。闇雲にヒトの感情を直接取り扱う経験主義的な心理学もあったし[6]、応用心理学として、例えば個別の恋愛や恥だけに注目して研究されることもあった[7、8]。しかしそれが全体の中の木なのか森なのか、ジャングルの中の何であるか、あまり考慮されなかった。現象として、生きていくわれわれにとって重要であるという暗黙の同意の下で議論されていた。しかし複雑なヒトの感情をもう一度進化論からどのように捉えたらよいのかを考えるのがこの章の目的である。

基本情動から感情への進化には論理的に大きなギャップがある。近年の霊長類の行動生態学の知見を参考にするならば[9–15]、広義の感情は、動物全体に存在する情動とヒトの行動に関連した感情（狭義）に分かれ、狭義の感情はさらに社会的感情と知的感情に区分して捉えることができる。感情をその機能によって大きく社会的感情と知的感情の二階層に分けることによって、多種多様な感情を二種類の質的に異なった特性を持った働きに分類することができる。そのことがわれわれの感情を考える場合、大きな指標の第一歩になると考えられる。

1　霊長類の社会行動

情動・感情を理解するのに、情動・感情が進化するという仮定の下に進化論的感情階層仮説を提唱してきた[4]。感情は快・不快の原始情動、喜び、愛情・受容、怒り、恐れ、嫌悪の五種類の基本情動、そしてヒトにおける感情へと進化してきた。ここで問題は、五種類の基本情動からヒトで言えば二〇〇〇種類以上の表現を持つ感情がどのように進化してきたかである。進化は巨視的に見れば連続的に起こったもので、決して急激に複雑になったわけでない。五種類の基本情動が数一〇〇〇万年の時間をかけてヒトの感情になってきた事実を見なければヒトの感情を理解したことにならないだろう。

しかしわれわれは一〇〇〇万年の過去を振り返って世界を再現することはできない[16]–[18]。形態は化石から、ある程度の再現可能であるが、その感情や行動の再現はとてつもなく困難である。人類は五〇〇〜七〇〇万年前にアフリカの草原から生まれ、その間に、アウストラロピテクス・アファレンシス、アウストラロピテクス・アフリカヌス、ホモ・ハビルス、ホモ・エレクトス、ネアンデルタール人、クロマニヨン人など幾多の祖先が生まれ、そして滅び、今日のホモ・サピエンス・サピエンスに至っている。これが約二〇万年前のことであり、ホモ・サピエンス・サピエンスに至って初めて構造的な言語を用い現在の文明を持つに至った。

この五〇〇万年というとてつもない長い期間、感情は現代人の感情と同じであったかを考えると、感情には一つで捉えられない複雑さがある。以前の感情の定義は現代人を対象にしたものであったが、果たして五〇〇万年前のヒトの感情と現代人の感情と同じであったか疑問である。

個体間のコミュニケーションは最初、身振り言語が音声言語に先行していた[19]。社会的関係は毛づくろいや身振りだけで間に合わなくなり、チンパンジーは数十種類の発声を区別している。そして祖先のホモ・エレクトスは数一〇〇の単語を区別し、ホモ・サピエンスに至って言語構造を持つに至った。これと同時に象徴的能力を身につけ、この時期を境に感情は大きな質的変化を遂げた。

われわれは祖先の感情を追跡することはできない。複雑な言語を持たなかった祖先の生活の喜怒哀楽をどのように推定すればよいのか。ここに現在の類人猿の生態を調べることによって情動・感情の空白期間が埋められると考える。おそらく五〇〇万年前にアフリカのサバンナから祖先が出発したとしても、その生活は、最初、現在地球上にいる類人猿とあまり変らなかったであろう。そのような期間は少なくとも三〇〇〜四〇〇万年は続いたと思われる。

霊長類の種類は、地球上で二〇〇種類程度存在する。[20] 霊長類は大きく原猿類と真猿類に分けられ、原猿類はキツネザル、ロリス、メガネザルの系統が含まれ、真猿類は新世界ザル、旧世界ザル、それにヒト・類人猿に分けられる。新世界ザルにはマーモセット、リスザルが、旧世界ザルにはヒヒ、カニクイザルが含まれ、ニホンザルは後者に属する。類人猿ではテナガザル、ゴリラ、オランウータン、チンパンジー、ボノボが属している。これらの種、特に類人猿の「文化」の比較がここでは求められる。

霊長類全体を通した生態比較は少ないが、個々の霊長類の行動は近年比較的詳細に研究され、その情報が次第に集まってきている。[9–15] まず始めに群れの規模を考えてみると、[15] 原猿類のロリスは平均二匹、キツネザルは数匹、旧世界ザルのカニクイザルは三〇匹程度、ヒヒは三〇〜八〇匹、類人猿のチンパンジーは数匹から八〇匹、ゴリラは一〇数匹程度の群れを作る。そしてこれらの群れがいくつか集まり大きな生活空間を形成している。ヒヒでは数グループが、チンパンジーでは大きい集団の場合は数グループが、小さい数匹の集団では大きい場合二〇〇以上のグループを作っている。群れの規模が数匹と少なければ兄弟や家族の集団である可能性が高いが、大きくなるといくつかの家族が集まって大きな集団が形成される。ここで重要なことは、類人猿が数匹から数一〇匹の集団を作り、それが同一地域で共に生活し、相互の接触が起こることであり、決して単独で生活していないことである。

集団行動を形成しているということは、そこに集団内の統制がとれていることを意味する。多くの群れではボスを中心とした階級社会が形成され、そのような社会ではボスとその他のサルとの間で、一対一の関係が維持されるよりもっと複雑な社会を形成している。これは霊長類で相互関係を論じる場合、個体と個体の二者関係でなく三匹以上の三者関係ないし三角関係を通した複雑な関係を眺めなければならないことを意味する。この関係の生態学的記述は最近始まったばかりで、[9, 10] ここでは四〜五の事例を挙げて集団の中における複雑な関係の流れを捉えてみる。

最初の例は家族の中での記述である。どこでもありふれた場面だが、子供同士は遊びを通して群れの規則を学んでいく。兄弟同士がどこまでじゃれあうことができるのか、そして悪ふざけが許されるかを学んでいく。その遊びの中には最大の第三者である母親や父親の介入がある。二匹の子ザルが遊んでいるときに、負けたほうが母親ザルに助けや仲裁を求めに行くことが観察されている。また子ザルの周辺で別のメスザルが休んでいるときに、うるさくて母親ザルに唸り声を発したときに、その母親ザルが子ザルたちの遊びや喧嘩を止めたという観察もある。

もう少し複雑な例は、群れの中での性行動である。通常その群れでのボスザルがメスザルを支配し、発情期がきているメスザルに若いオスザルが近づくと威嚇し、ときには攻撃し怪我をさせることもある。これが群れでの掟だが、さて若いオスザルは自分がボスになるまで遺伝子を残すことができないのか、また若いメスザルはボスとしか性行動ができないかというと、そうではない場合もあるらしい。ボスザルが維持管理できる数は大体四〇～五〇匹程度が限界と考えられ、それ以上になるとボスザルはすべてのサルに監視の目を光らせていることが物理的にできない。ときにはメス同士の喧嘩の仲裁に入らなければならないこともあるだろうし、また群れ全体を守るため見回りなど別なところに注意を向けなければならないこともある。若いオスザルはなるだけボスザルの視界の離れたところ、攻撃を受ける距離の範囲外からタイミングを計り、若いメスザルに誘いかけ、メスザルもボスザルを見ながら慎重に若いオスザルに近づき、ボスザルから見えない隠れたところで性行動に及ぶことが報告されている。また無関心を装っていた若いオスザルがボスザルと他のサルとの喧嘩を見てメスザルを引き連れて行ったとの報告もある。これらはボスザルとメスザルと若いオスザルの三角関係の中での行動である。またボスザルと若いオスザルのメスをめぐる争いで、周りのメスザルたちが間に入りその喧嘩を止めてしまうことも報告されている。

もう一例、アカゲザルは新たな食料を見つけると声を出して教え合っている。その一声を聞いてボスザルが来て、ついでその群れが来て生活を営んでいる。これを実行しなければ後でボスザルからいじめられることがあるらしい。ときにあるサルは自分が見つけた餌に対してすぐに声を出さずに、少し食べてから声を出したということが報告されている。

2　社会的感情の発生

近年霊長類の行動の研究から、サルから進化してホモ・サピエンスが言語を獲得するに至るまでの段階で社会的知性といわれる能力を身につけていったと考えられている。[21] 社会的知性とは、個体が複雑な集団の中でその存在を認めさせ自己の価値を通す社会的操作のことを言う。これはまたマキャベリ的知性とも呼ばれている[9、10]。

社会的知性を表すものに、欺き、裏切り、注意の操作、協同、同盟、連合、援助、支持、好ましさ、動作模倣、遊びにおけるふり、共感などの行動が報告されている。これらの言葉はあまりにも擬人化されているきらいはあるが、現象の解釈としては興味がある。

欺きには、隠蔽、はぐらかしなどの注意の操作、さらには無視する、ふりをする、見えないところで何かをする、隠れる、物を隠すなどの操作が挙げられる。限られた食物をめぐる抗争ではボスザルの注意を擬声によってそらし、その隙に取って食べるということや、メスザルをめぐる下位のオスザルの振る舞いはこれらの欺きの典型的な行為を示している。

ボスの座をめぐる争いは熾烈を極める。遺伝子を多く残そうとする本能に従えば、ボスになったほうが確実に遺伝子を残す確率は上がる。したがって力をつけてきたオスザルはその群れを乗っ取ろうとするが、力だけで乗っ取れるかというと、話はそう単純ではない。そこに社会的知性が要求され、同盟、連合、支持、裏切りといった社会的操作がなければ力だけでボスの座は奪い取れない。例えば集団の中ではメスザルの支持を得る必要があり、ときにメスザルの中での高位のメスザルに嫌われたためにボスになれなかったオスザルもいる。あるオスザルは機嫌をとるためボスザルに対してせっせと毛づくろいする場合も見られる。さらにはボスの座を狙うのに、下位のオスザルが二匹連合してボスザルを攻撃することもある。そこでは第二位の地位が約束されているようであるが、まるで人間社会の縮図を見ているようである。

注意の操作や隠蔽では、前述した若いオスザルとメスザルをめぐる性行動などは典型的なものである。若いオスザルとメスザルは連合や同盟であり、ボスザルに対しては欺きや注意の操作、騙しを行っている。援助や支持は子育てや家族の中で典型的に観察され、例えば子育てで、子守を若いメスザルに任せたり、餌の分配などでもこのような行為が見られる。

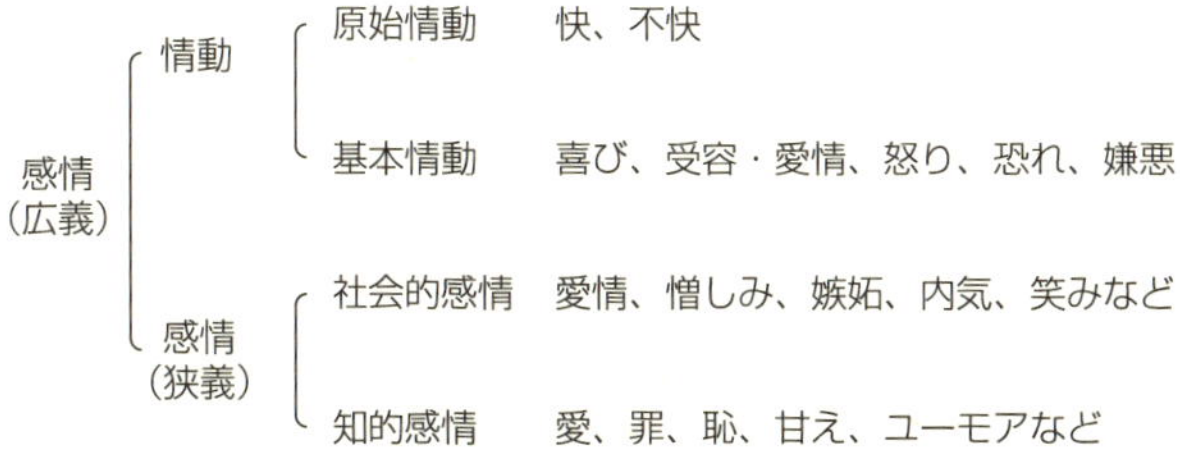

図 2-1　進化論的感情階層仮説（分類）

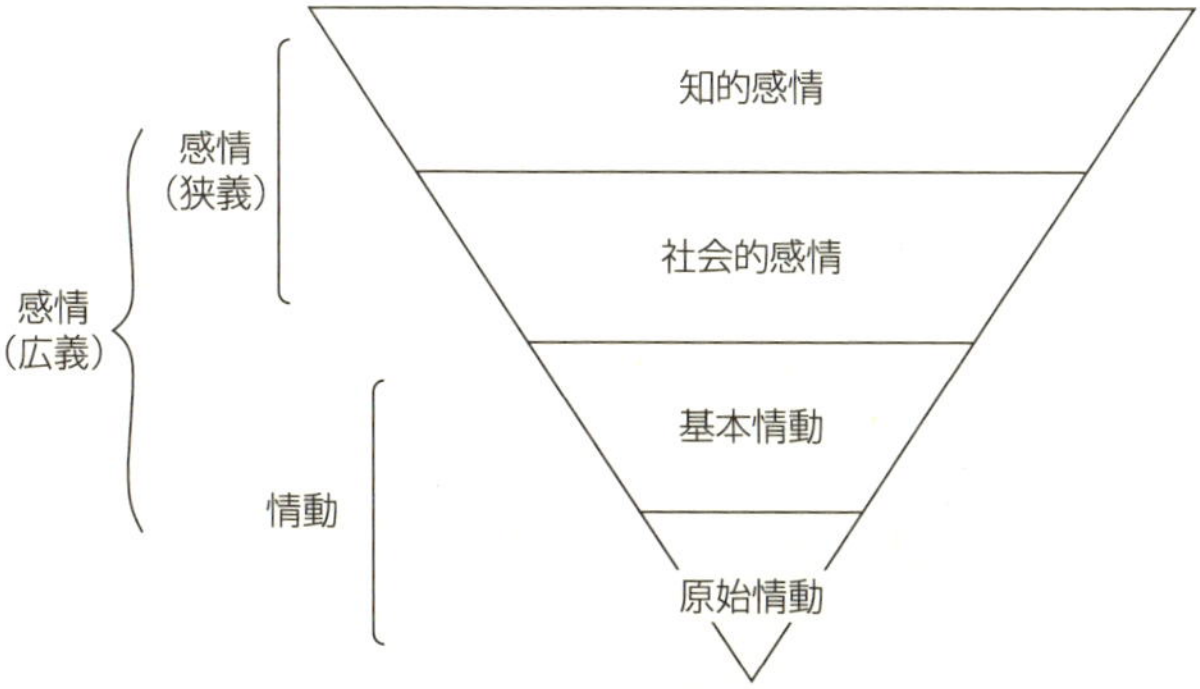

図 2-2　進化論的感情階層仮説（階層）

さて、問題はこのような社会的操作を伴う社会的知性の発生に対し、情動・感情はどのように働いていたかということである。少なくとも類人猿の社会は言語も持たず文字も持たないことは確かである。コミュニケーションは原始的であり身体的表現と発声による識別だけで、明らかにヒトの能力と異なっている。情動は、五種類の基本情動から構成されているが、五種類の情動だけで、これら複雑な社会的知性を操作できない。ここに情動から感情への進化の一段階としての社会的感情を定義しなければならない理由がある。サルからヒトへの進化の過程をたどると、感情は単に基本情動から、ヒトだけに存在する「感情」になったと考えるには無理がある。感情は社会的知性に対応した社会的感情とヒトの知性に対応した知的感情に分けられ（図2-

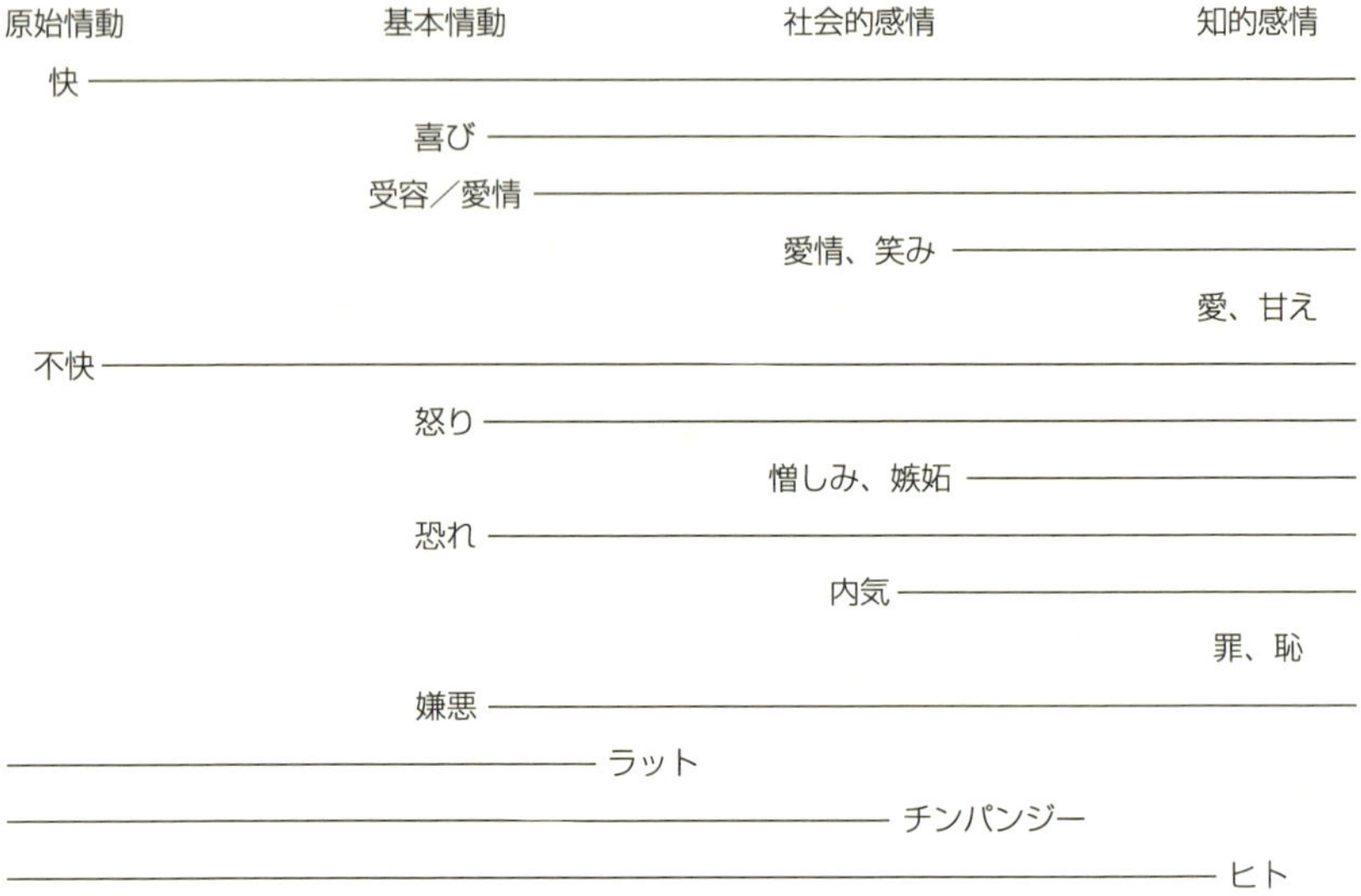

図 2-3　進化論的感情階層仮説（種類）

1、2、3)、ヒトの感情は基本情動から、社会的感情の獲得を経て知的感情へとつながったと考えるのが妥当である。

基本情動の内容を見てみると、群れでの基本情動は一対一の関係の中に強く見てとれる。ボスザルと他のメスザルやオスザルの関係では、若いオスザルがボスザルを恐れ、攻撃を受ける。メスザルにとってもオスザルの受容や子ザルへの愛情など個体と個体の間の中に現れている。基本情動の中に三角関係の情動はないように思われる。

社会的感情は社会的知性と関連する感情であり、集団の中での地位の葛藤に関連している。これはチンパンジーやゴリラ、ボノボに観察される行動であり、サルには見られていない。ここでのサルとは類人猿を除いた旧世界ザル以下を言う。このことはわれわれの祖先が五〇〇万年前にアフリカの草原で生まれてホモ・サピエンスに至るまでの期間にも有していただろう社会的感情に相当する。

社会的感情は個体が群れや集団の中で生存していくために発生してきた知性の一種であり、適応の一種である。動物が三匹以上集まれば、もし脳が進化しているならば二グループに分かれることは必須である。特にオス・メスが混ざっていればなおさらである。ホモ・サピエンスは、おそらくネアンデルタール人との闘争に明け暮れ、絶滅に追い込まなければならなかったし、また食料としての動物を小さな道具で効率よく獲得するためには、巧妙な罠や密接な協力、合理的な分配する能力が必要であった。そのような複雑な集団関係の中で生き残り、遺伝子を残していかなければならないとしたら、社会的知性は必然的に必要であり、それを補助し強化する機能として社会的感情が求められた。

社会的感情は同時に集団や群れ自体を維持するための機能でもある。人とのかかわりやふれあいを通して、群れや組織との一体感を育み、外部の敵対する群れに対処していかなければならない。そこには支持、共感、協同、分配など組織意識を高めるための社会的知性がなければならない。

われわれ人間社会を見渡しても権力、地位、名誉、名声をめぐる争い、異性をめぐる行動に多くの知恵を働かせている[22]。おそらく人間関係のよき関係を求めて多くの時間と労力をかけているのが人間であるが、あるときは相手を蹴落とし、別のときには利用するという社会的行動が多く見られる。また会社を守るための組織犯罪も多発している。そこに発生する感情は愛情であり、憎しみであり、悲しみ、恐怖である。法律は基本情動、社会感情を如何に社会の中でコントロールしていくかを含んでいる。政治や経済は基本情動や社会的感情の見本市である。このような社会的「感情」の証拠をチンパンジーに見出すことは非常に困難であるが、そこに見られる行動が同じであることから類推すると、このような社会的感情の原型がチンパンジーに存在していたとしても不思議でない。

感情は主観的とか、自己意識という機能が備わっていなければならないが、類人猿においてその芽生えがすでに存在する[23][24]。チンパンジーにおいて自己意識の芽生えがあり、鏡像テストで、背中につけたペンキを自分の身体についたものとして取り除こうとする自己鏡像認知が観察される。そこから出発し、相手の心を読み取る能力や読心が出てきた[25]。社会的知性を実行するためにはボスがどう考えているか、またメスが相手をどう捉えているかを認識できなければ、欺きや協力は行えない。逆の意味で言えば、社会的知性や社会的感情の存在が、自己意識や心の理論の証明になっている。これに連動して共感能力もまた心を読み取る能力がなければ遂行できず、協力、同盟、連合の基礎になっている。(4)

さらに自己と他者の区別が可能だということは、自己の相対化、他者同士の区別も可能だということを意味し、そこに「比較」という機能を植え付けることが可能になる。比較することから、集団での感情は非常に複雑になり、愛や憎しみが生まれ、嫉妬も生まれてくる。それぞれ個体の能力が異なり、性格や身体的特徴も異なることから、他者に対する判断の差別化が起こり不平等も生まれる。そこにそれぞれに対する対処法が異なってきて、コミュニケーションの形も変わり愛情も多様な形の愛に変わっていく。

それでは、社会的感情を人間の言葉に置き換えるとしたら、それは、恋愛、憎しみ、嫉妬、妬み、友情、内気などの原型だと考えられないであろうか。というのも、これらは集団における個人の感情のゆれを示しているからである。あまりにも擬人化し過ぎだ、類人猿で恋愛などと言える感情があるのか、友情などと言う素晴らしい機能があるのか、と疑問を呈されるかもしれない。しかしそのように捉えてはいけないという証拠もない。われわれは類人猿の社会的感情が人間のそれと同じであると言うつもりはない。類人猿の集団の中の社会的知性に伴って、このような社会的感情の原型が進化的に発生したと述べているだけである。そしてこれらの社会的感情がヒトの知的感情のベースになったと。

大脳辺縁系や大脳皮質はこれら社会的知性を遂行するための領域を獲得し、さらには個体相互の関係性の記憶、匂いではなく顔の記憶を保持するための能力を獲得してきた。知性は社会的知性、道具的能力、空間能力など多くの要素から成り立っている。(26)人類は住む環境が広がるにつれて、物理的な道具の複雑さを獲得し、それと同時に社会生活の複雑さも獲得していった。近年、知性には感情知能も含まれることが言われているが、(27)感情知能の多くは社会生活を適応的に営むための感情で、ここで言う社会的感情が多くを占めている。

3　知的感情の発生

ヒトは言葉を獲得して、それを記録に残せるようになって文明が起こり、歴史が蓄積されていった。記録は口承だろうが文字に依存しようが、生きてきた人々の知恵を記録し、そこから宗教が始まり、そして芸術や科学が開かれていった。さらには道徳が始まり、哲学が作られていった[28]。

前節では、ヒトの感情の土台には集団の中で生きていくための社会的感情があると指摘した。それはおそらく類人猿の中で発生し、それが五〇〇～七〇〇万年前、人類の祖先が類人猿から分かれ、一歩を踏み出したときの感情ではなかったかと考えられる。数一〇〇万年の間、祖先の集団は現在のサルの集団と比べてそんなに変らなかった。生産手段を持たない原始人は自然の食物に頼っている限り、養える人数は限られ、そこではせいぜい数一〇人の単位であったかもしれない。集団内の政争は限られ、また集団間では人口密度が小さいために接触する機会も少なかった。唯一接触しなければならないことがあるとしたら結婚相手の略奪または獲得であり、それは近親結婚が遺伝的リスクをもたらすということが経験的に受け継がれていたからに違いない。数一〇〇万年の間、知性の変化は非常にゆっくりであり、それにつれて社会的感情の変化も緩慢であった。

二〇万年前ごろ、大脳皮質を極端に発達させたホモ・サピエンス・サピエンスが現れ[29]、記録を残す術を獲得し、そのうちに食料を栽培する技術を獲得した。それからの歴史は記録として残っており、ここで詳しく論じるつもりはないが、一つ指摘しなければならないことは、集団の規模が数一〇〇人から数千人、数万人に、さらには数一〇万人と増え、都市を形成するようになっていったことである。数一〇〇人程度なら、顔も名前も区別できるかもしれないが、その桁を超えると識別は不可能になる。ここに支配という考え方が出てくる。社会的知性は磨きをかけられて巧妙になり、駆け引き、裏切り、同盟、巧妙な協同、計算された友情などと意識的な利己的行動や利他的行動が見られていく。

言語や象徴化能力の獲得は、経験を記録し、知恵の記録や文化の記録を可能にし、そこに学習や伝承が可能になり、文化の思考範囲は格段に広がっていった。また集団としての感情も芽生えていった。このような集団では道徳が作られ、それに伴う感情も作られていった[30]。

さらに人間は抽象化や一般化の能力も獲得していった。そうするとそこに因果律を考える知恵がつき、神を創造することも可能になった。また心を読む能力を獲得したヒトは、他者の苦しみや喜びに関心を示し、相手の立場に立って物事が見られるようになる想像力や共感、それに伴う自己と他者の相対化、さらには感情の相対化や制御も可能になった。

知的感情は文化に関連した感情で、宗教、思想、信念、科学などに依存したものである。したがって国、民族、社会によってその現れ方が異なってくる。デカルトは情念論で感情として、絶望、臆病、悲しみ、憐れみ、好意、嘲り、懸念、安心、内心の不安、自己に対する満足、後悔、感謝、憤慨、誇り、恥、嫌気、残り惜しさ、軽蔑、希望、尊重、軽視、高邁、高慢、謙遜、卑屈、尊敬、執心、不決断、勇気、大胆、負け嫌い、羨みなど三〇種類以上を挙げた[31]。これらすべては知的感情である。

例えば、恥は日本では強く現れるが、キリスト教圏では罪の概念に強いものがある。恥は武士道や騎士道に強く現れてきたが、時間と共に廃れていった[32、33]。日本では偽証に対して曖昧なところがあり「嘘も方便」ということわざがあるくらいである。国会で宣誓しても嘘を述べた人もいたが、キリスト教圏では宣誓は神に対して行うものであり、偽証は神への裏切りになり社会的に再起不能となる場合がある。

美意識も芸術が時代と共に変っているとするなら、それも知的感情に含まれる。裸体に対する美意識は文明や文化でかなり異なっている。ギリシア文明の「ミロのヴィーナス」「ポセイドン」の彫刻はギリシア時代の美意識であり、神への意識であった[34]。一方、日本や中国では裸体を強調したものは非常に少なく、そのような文化は西洋文化を取り入れるまで一度もなかった。それに関連し、羞恥の歴史も興味深い[35]。

キリスト教圏では神への愛が、仏教圏では慈悲が知的感情になる[36―39]。献身、思いやり、寛容、自己犠牲は人類にとって共通の感銘を与える。文明のないところにこのような感情は産まれてこなかった。人類への愛という概念は比較的新しいもので、歴史と共にその適用範囲が広がっていった。地域の概念が広がるにつれて、対象である民族や人間の範囲も広がり、例えばキリスト教において、最初はユダヤ民族だけだったものがローマ人に広がり、ヨーロッパという広域に広がり、最終的に地球規模になった[40]。博愛、人間愛や友愛もまた新しいもので、ヒューマニティに至っては高々三〇〇〜四〇〇年前のことである。それに平行して、人類は悪や悪魔を発明し、地獄の可視化も行えるようになり、正義や罪の概念も進化させてきた[41–43]。

幸福感もまた文化、地域、歴史によって異なっている。この感情は基本情動である喜びから進化したもので、社会的感情にも足場を持っている。幸福感、満足感、充実感は同じ系統で、多くある負の社会的感情や知的感情を補って、快情動を長期間保証し、心のバランスや心のホメオスタシスを保っている。ヒトは幸福を家族の中に求めたり名誉栄達に求めたりと大小、強弱さまざまである。だが、ささやかな幸せは絶望をも乗り越え、ヒトはこれを意識化できるために苦しみに耐えることができ、複雑な社会での生存のための最低限の原動力となっている。この感情はリアルタイム的であると同時に、過去と未来に広がって意識化、また想像できる知的能力である。

このように地域や歴史によってわれわれが感じる感情は異なっている[44–48]。国宝や世界遺産を見るとこの違いが典型的に理解される。これが知的感情と定義づけた理由である。知的感情は、ある面では考える感情であり、学ぶ感情である。アヴェロンの野生児のように動物に育てられたヒトにとって、知的感情は望めなかった[49]。教育を通して、家庭や社会を通して学ばれる感情であり、われわれは確かにそれを持ち、感じている自分を見つけることができる。自分らしさを強調し、自己実現するためには学ぶ感情、考える感情が必要である。結果として、この知的感情が人間らしさを表現し、人間に深みと厚みを与えている。

人間はさらに未来を予想する想像力や過去を振り返る能力を獲得した。そうするとそれに伴い、未来に対する不安や恐れが発生し、過去に対する後悔も出てくる。大脳皮質は時間観念と時間の可逆性意識を獲得し、それに伴う感情も発達させた。類人猿の時間能力は数分程度だと言われているが、ヒトは一生のスパンを見渡すことができる。この能力は人に騙しや欺き、憎しみや愛の長期間の保持を可能にし、生涯続く苦しみと喜びを与えることになった。悲しみもまた想像力を獲得してきた結果である。悲しみは未来と過去を想像できなければ難しく、死に対する悲しみは人間の宿命に対する予知に関連している。人間はエデンの園を追い出されたときに感情を有したと旧約聖書は述べている。

信念などの機能が加わると知的感情は高度になり、感情の暴発を防ぎ人類を救う一方で、破滅させうる感情へと進化させた。国家や民族間の紛争は決して社会的感情の表れではなく傲慢さや居直りなどの知的感情のなせる業である。また宗教も原始情動から社会的感情までは共通で、唯一知的感情の部分が異なっているようである。物理学での三体問題が解けないように、国家や民族を含む三者関係はこじれると解けない問題になって、文明の衝突と呼ばれている。(50)―(53)

情報の遺伝子でミーム meme という考え方がある。(54) 身体の遺伝は遺伝子で形成されるが、文化の伝承を遺伝子になぞらえて名づけられたものである。このミームは脳をベースにし、脳に潜んでいる情報の単位として定義される。このミームは複製され、模倣という手段によって伝播される。言語がその典型例である。知的感情もまたここで言うミームを構成する要素である。学ぶ感情や考える感情はわれわれの周囲に結構存在し、身近なものでは、いじめ、キレる、自殺、ボランティア、相互互助、大きくは道徳や規範などが挙げられる。これらはすべて文化として人々の間で伝承されていく感情であり、その伝承のメカニズムを考えたとき、遺伝子の機能の類推でもって考察すると考えやすい。

4　情動と感情の違い

進化は大きく見れば連続的に変わっていくものであり、感情もまた然りである。図2-4は感情のいくつかの特性について進化の方向性を示したものである。対象、相互コミュニケーション、情報量、空間、影響

	情動		感情	
	原始情動	基本情動	社会的感情	知的感情
対象	個 →		集団 →	不特定多数
相互性	なし →	一方通行 →	相互作用 →	伝播
情報量	少 →			多
広がり	個 →			国・民族・地球
影響力	弱 →			強
持続時間	短 →			歴史的時間
身体性	身体的 →			認知的
緻密化	低 →			高
多様性・複雑化	低 →			高
意識性	無意識的 →			意識的
遺伝性	遺伝 →			環境

図 2-4　情動・感情の特性

力、持続時間、身体性、緻密化、多様性・複雑化、意識性、遺伝性などについて、原始情動から知的感情までの変化の方向性を表示したものである。

対象は、社会的感情の項でも議論したように、原始情動は個体を中心とした環境との相互作用が快・不快の原因の中心であった。生物が次第に環境に順応し活動範囲が広がるにつれて個体と個体の二者関係が基本情動の基礎となり、第三者との関係が重要となる社会的感情に進化してきた。ヒトでは名前も顔も知らない地球規模の感情を学ぶことができ影響を受ける。

対象との関連で相互コミュニケーションは単に環境との関係であったものが、個体との関係、そして三角関係での相互作用、知的感情では感情伝播が問題になる。空間関係は身体から出発し、パーソナルスペース、家族、地域と次第に広がり知的感情では国家や地球さらには宇宙規模に広がる。種類は原始情動ではわずか二種類であるが、社会的感情が進化して指数関数的に増加した。ヒトは無限の豊かな感情を持ち、無限に広がる感情をこれからも作り出していくことができる。

持続時間は、原始情動では身体感覚に依存し環境が変われば速やかに終るが、社会感情である妬み、愛情、恨みなどは長く持続し、その人の一生を縛る。感情は記憶機能の進化に助けられて短期から長期的な作用を有することが可能になった。知的感情は歴史という数千年の文化の重みを背負っている。さらに人は月に、火星に、木星に人工衛星を飛ばし、宇宙時間を感じるようになってきている。

身体性について、原始情動は身体と不可分であり一体化している感情であるが、知的感情は哲学的議論を要する。脳という存在をどのように捉えるかで知的感情の解釈が異なってくる。

情報を処理する緻密化も原始情動と知的感情ではまったく異なる（図2-5）。原始情動は刺激強度に対する二値化の世界であるが、基本情動に至ると強度の判断ができるようになる。そして社会的感情や知的感情では特定の対象に対して緻密な分析が可能になる。

このように原始情動から知的感情への進化にしたがって、多くの変数が変わってきた。その変数の変化を大きな四階層の層構造の特性として評価するならば、情動・感情も理解しやすくなる。

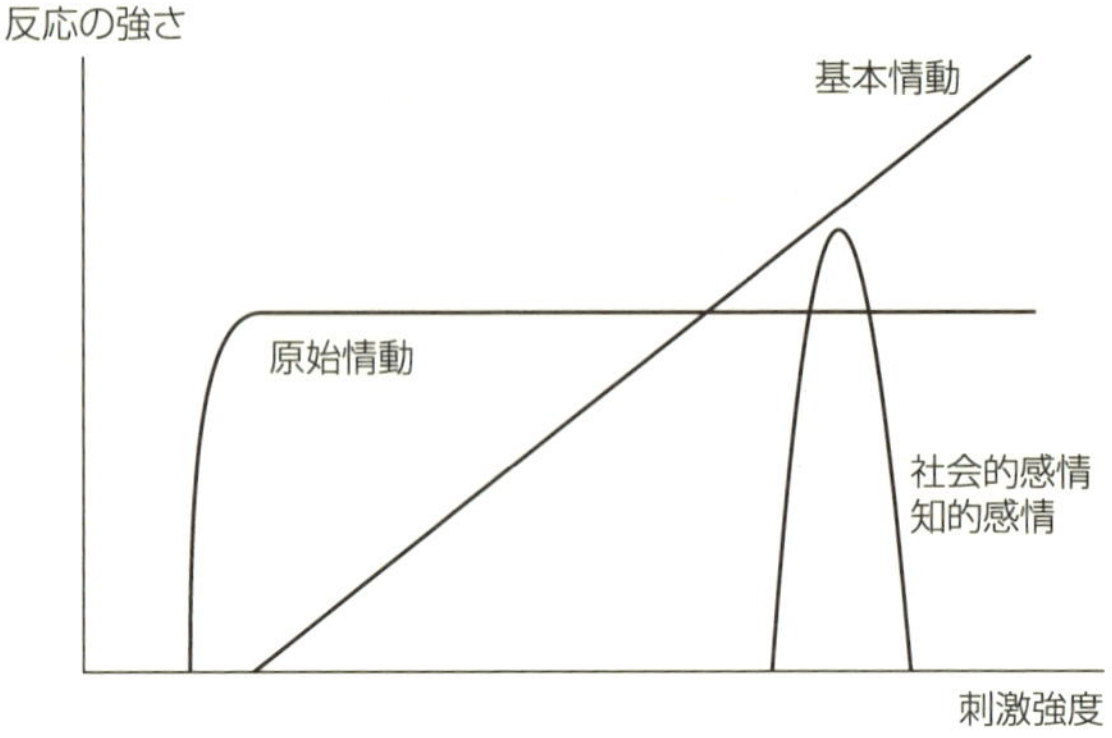

図 2-5　情動・感情の刺激反応性

5　まとめ

ここでは人間の感情を考えるにあたって、これまでの進化論的感情階層仮説の三階層モデルを修正し、感情をさらに二階層に分け、全体として四層の階層モデルを新たに提唱した。情動は原始情動と基本情動に、感情は社会的感情と知的感情に分けられる。特に後半の社会的感情と知的感情について、この章で議論を展開した（図2-1、2、3）。

これらの議論で誤解のないように言わなければならないのは、分類したすべての情動と感情は独立には存在しないということである。基本情動は原始情動の影響下に置かれ、社会的感情は原始情動と基本情動の支配下に置かれている。愛情や憎しみは、基本情動の喜び、受容・愛情、怒り、恐れ、嫌悪をベースにして現れてくる。知的感情も同様で、社会的感情に支配されている部分が多い。そして全体の感情はこれら四つの装置の集合になっている。恐れを例に挙げれば、「恐怖で心臓が凍りつく」という表現が示すように身体の変化と連動していると同時に、何に恐れたかという部分では認知に依存している。これらはすべて脳の中のプロセスに依存しており、無意識的かつ意識的な脳の働きに依っている[55]。

人を眺めるに、基本情動だけの世界で生きている人、社会的感情だけの世界で生きている人、自ずとその人の生き方が見えてくる。基本情動だけの世界は目先の生活で未来の展望が開けない。社会的感情の世界は非常にメリハリに富み、躍動感溢れる世界が広がっているように見える。富、金、権力、性は進歩の原動力となり、競争はヒトを輝かせ、最終的には支配という世界に行き着く報酬がある。しかし人間は知的感情の世界も持ち合わせている。負の社会的感情だけが感情ではないことや、基本情動や社会的感情には限界があることを学ぶことができ、人間は知的感情と知性のおかげで生きる希望を持つことができる。生活は四つの装置のすべてがうまく協調して働く中に安らかな心があるように思える。

三章　感情と身体——見えざる主役——

われわれの感情はどこから出てくるのかと尋ねると、多くの人は脳ないし頭から出てくると言う。さらに本当にそうなのか、愛する人に会うと胸がつまり心臓がドキドキする、悲しみに包まれると胸が苦しくなるという例を挙げて、本当に頭から感情が出てくると「実感」しているかを再度尋ねると、多くの人は混乱に陥ってしまう。

この混乱はどこから来るのであろうか。学校で習った知識は、われわれをコントロールしているのはすべて脳であって、心臓でもない、さらに神とか目に見えない何者でもないと教えている。脳が働かなくなれば何も感じることができず、極端な例では脳死状態になれば法律はもはやヒトでないと規定している。しかし日常生活での感情は多くの身体的変化を伴って発生し、思い焦がれている人の前で心臓はドキドキし、言いたいことの半分も伝えずに終わることもある。上司に無理難題を言われ顔が怒りでこわばることもしばしば経験する。葬式で涙を無理やり流して悲しみを作り出そうとしたことは一度や二度ではないだろう。そんな経験を実感として捉えると、感情は身体と一体となって出てくるようにも思える。[1]

ジェームス James とランゲ Lange は、感情は脳ではなく身体変化が重要であると一九世紀の終わりに主張し、「怖いから逃げる」のではなく、「逃げるから怖い」と考えた[2]—[5]（付録参照）。熊に襲われたときや暴漢に襲われたとき、反射的に逃げ、その後で「ああ怖かった」とか、その場面を思い出して本当の恐怖が沸き起こってくることに相当している。しかしこの説は現代科学で否定されて、感情の発生は脳にあり、脳がすべてを取り仕切っていることを教えている。

感情を考察する場合、感情は身体反応を伴って発現するという経験論と、感情は脳で起こっているという自然科学的な考え方の対立が横たわっている。哲学はこの問題に深くかかわっており、どのように統一的に心身問題を考えるか長い時間をかけて議論してきている。[6]—[8] 精神と肉体に関する膨大な議論の蓄積を前にして感情の問題はまさにそれを直撃する課題であり、ここでは哲学や宗教的問題を避けて、感情と身体の関係について考えてみたい。

1　デカルトの心身二元論

いつの頃から、われわれは脳と身体を区別して考えるようになってきたのであろうか。さらに考えるならば、心は一体どこに存在するのかという大きな問題に突き当たる。感情と心は必ずしも一致する概念と言えないが、恐れや怒りなどの感情がどうして起こるかという問題と、神はどこに存在するかという問題は底辺でつながっており、先人は、そこに心としての概念を捉えてきた。

何の科学的根拠も知らない世界では、愛や死、民族の起源などの世界解釈は人間を超えた位置に何かを設定しなければ説明のつかないことであった。なぜ人は人を殺すのか、ギリシア神話のオディプスが親を殺したとき[9]、その説明を、身体を超えたところの神という存在に求めなければならなかった。ギリシア神話にしても、日本神話にしても神々の種類は自然界のあらゆるものにいきわたり、感情の神もまたあらゆる種類にわたっている。アフロディテは愛の神であり、ゼウスは怒る神である[10]。自然を取り上げれば、アポロンは太陽の、ポセイドンは海の、フローラは花の、クロノスは農耕の神である。日本神話ではイザナギノミコトは結婚の、ヒルコノカミは福の、オオマガツヒノカミは厄災の神であり、スサノオノミコトは農業の、タカオカミノカミは雨の、オオヤマヅミノカミは山の神である[11]。

それでもって人々は日常生活のすべてを理解し納得していた。そして宗教がそれを体系化した。旧約聖書を紐解けば、世界は六日間にして神が作り、人間を作り、男女を作った[12]。説明は非常に単純明快であり、生活を送る上では何も差し支えない。仏教もまた同じような考え方をとり、大日如来が宇宙を統べる仏として唱えられている[13]。宇宙がそれで説明されるとしたらもうこれ以上何を考えることがあろうか。

時代は、生産力増加と人口増加により、人々を限られた空間に閉じ込めておくことができなくなってきた。

一五世紀から一六世紀にかけて、人々は海を、陸へと新しい広がりを求めて繰り出していった。そうすると、これまで信じてきたこの国の在り様がどうも異なっていることに気づいてきた。地球は丸く、地球は太陽の周りを回っているのではないかと疑うようになり、[14] 事実、そう考えざるをえないように人間は知識を貯えてきた。教会が声高らかに、これらは邪教だと攻撃しても事実の前には無力であった。次第に聖書の内容を吟味しなければならないようになり、聖書の根拠が疑われ出すと、心の問題も俎上に登らざるをえなかった。

デカルト Descartes の登場である。[15] 彼は都合の良い考え方を提案した。これまでは聖書が教える世界と事実の世界は同じであると考えてきたが、どうもわれわれが考える世界は事実の世界と異なるようである。聖書が教える世界とは、心であり、神や霊の宗教の世界であり、また人間の祖先の問題や人間の生き方の問題である。地球は神が作り、平板状であると考えられてきたが、実際には地球は丸く太陽の周りを回っている。人間の体に関しても状況は同じで、身体と精神の両方は未だ神の領域であり、神聖にして侵すべからずのところであったが、解剖学の進歩や生理学の血液循環が明らかになってくると、[16] 両方が神の領域に属していると考えるには不都合が出てきた。身体は実体として存在し、精神は身体を通して発現されるが、デカルトはとりあえず精神と身体を別々に考えようという心身二元論を提唱した。身体は機械のようなもので精神とは関係がない。そうすると身体のほうは物であるから自由に操作や議論ができるのではないか、そこに科学的な操作が入ったとしても物であるから何ら問題がないことになる。

この心身二元論は、デカルトの「情念論」の中で本格的に議論され、身体と精神は別々に考えたほうが合理的であるという結論に至った。多くの教科書ではこのように書かれているが、デカルトが考えた精神とは何か、なぜ二元論に至らなければならなかったかの詳細はあまり知られていない。

なぜ精神と身体を区別しなければならないのか

物体を取り上げてみよう。そうすると「いかなる意味でも、物体が考えるなどとは思わない」が故に、

「われわれのうちにあるすべての種類の考えは、精神に属すると信じるのが正しい」とデカルトは考える（括弧内は情念論からの引用）。彼の基本的立場はこの経験論的考えの中にある。その証拠の一つとして運動を取り上げ、運動は物体に属し、物体である「身体」に属していると考える。そして精神は運動を引き起こすことがないから、精神は別に存在しなければならないことになる。身体は「時計の自動機械」のようなものであり、「物体的原理」で働いているものである。

それでは精神とは何か、デカルトは情念論を書くにあたって精神を科学的に解明することを計画した。デカルトが、人間の行動、特に精神とつながった行動を理解しようとした時代の最新の自然科学的知識はいかばかりであっただろうか。「情念論」を紐解くと、デカルトが知っていた人間や動物の構造と機能に関するその当時の最新の知識がどのようなものであったか見てとれる。

脳に関する知識は二世紀のガレヌス Galenus に遡ることができ、彼はそれまでのギリシアの医学的知識を集め整理した[17, 18]。その中で脳についても述べており、脳は感覚と運動の中枢であり精神の中枢であると捉えていた。しかし彼の言うところの脳は左右二つに分かれているが、実質である脳は物体であって中には何も入ることができない。唯一、脳の中に入れる場所があるとしたら中空で満たされている脳室であり、脳室に精神的精気が詰まって、それが霊魂などの心を創っていると考えた。脳室は三室に分かれ、例えば前の第一室では空想や想像力、第二室は思考や判断、第三室は記憶が営まれているとした。

デカルトの時代、解剖学の進歩により神経系統という考え方が取り入れられ、脳からは中空の管である神経が筋肉や心臓に出ていき、それを通して脳から運動指令や心臓の制御指令が出ていること、末梢の感覚器からの情報は神経を通して脳に達していること、特に視覚系では、目から視神経を通して情報は左右の脳に入っていることが明らかになっていた。その情報とはガレヌスの考えに従う動物精気であり、神経を通して情報が伝わると考えた[16]。さらに「最新」の医学的知識として、ハーヴェイ Harvey の心臓を中心とした血液循環系が明らかとなり、血液は肺からの何か（当時は外からのエネルギー）を全身にくまなく送り出している装置であることが明らかとなっていた。

これらの事実に基づいて人間の精神を自然科学的に説明することになるのだが、デカルトは脳が何か命令を出して運動を司っていることは理解していた。しかし彼が考えた論理は、脳を中心とした身体は物体であり、時計のような機械であり、物体には意志という精神は存在しないが故に、身体には精神が存在しないという論法が彼の思想の根底に見受けられる。確かに時計は物体であり、どこを探しても意識を見つけることができないけれども、複雑な構造を持っており、それなりの働きをしている。身体も類似したもので、どこを調べても精神という実体を見出せず、脳と言えども単なる物体としてしか存在しない。悲しいかな、当時の脳の実質の働きは何一つ明らかにされていなかった。さらにはアリストテレス Aristoteles の脳実質に機能が存在するという考え方はガレヌスとキリスト教の前にどこかへ飛んでしまっており、そこでの論理的帰着が精神と身体の二元論に至ったと考えられる。とにかく何かですべてを説明しなければならなかったとしたら、デカルトの天才をもってしても精神の自然科学的見方はこの結論であった。

視覚を中心とした例を考えると、両方の目から入った情報は左右の視神経を介して左右の脳に入力される。ここでの問題は一個のリンゴを見ているとき、左右二つの目から入った二つの情報はどうして一個のリンゴとして認識できるかという疑問であった。それは脳のどこかで二つの情報が一つに統合される場所がなければならない。脳を調べてみると、多くは左右の二つの部分を持っている。したがってこれらは統合の部位から外して考える必要がある。ただ一つ松果体は一個で脳の中心部に存在し、ここがおそらく、視覚の脳とつながって一つにまとめる統合の部位であると考えた。これは、思考の結果であり、当然のことながら、解剖学的知見もなく、松果体の機能もわかっていない状況での結論である。松果体も物質でありここに精神が存在するとは考えられないから、松果体が精神の窓口として働いているとの結論に至ったと推察される（図3-1）。しかしデカルトが理解した脳は、「印象の痕跡」という形で適応能力を持ち、学習能力、記憶能力を持っている脳でもあった。歴史に「もし」ということはないのだが、デカルトが今日のような脳の働きを少しでも知っていたら、このような結論に達していたかは疑問である。脳を構成している神経細胞が活動電位という手段を使って他の神経細胞と情報をやり取りし、それらが二〇〇億～三〇〇億個集まった脳という物

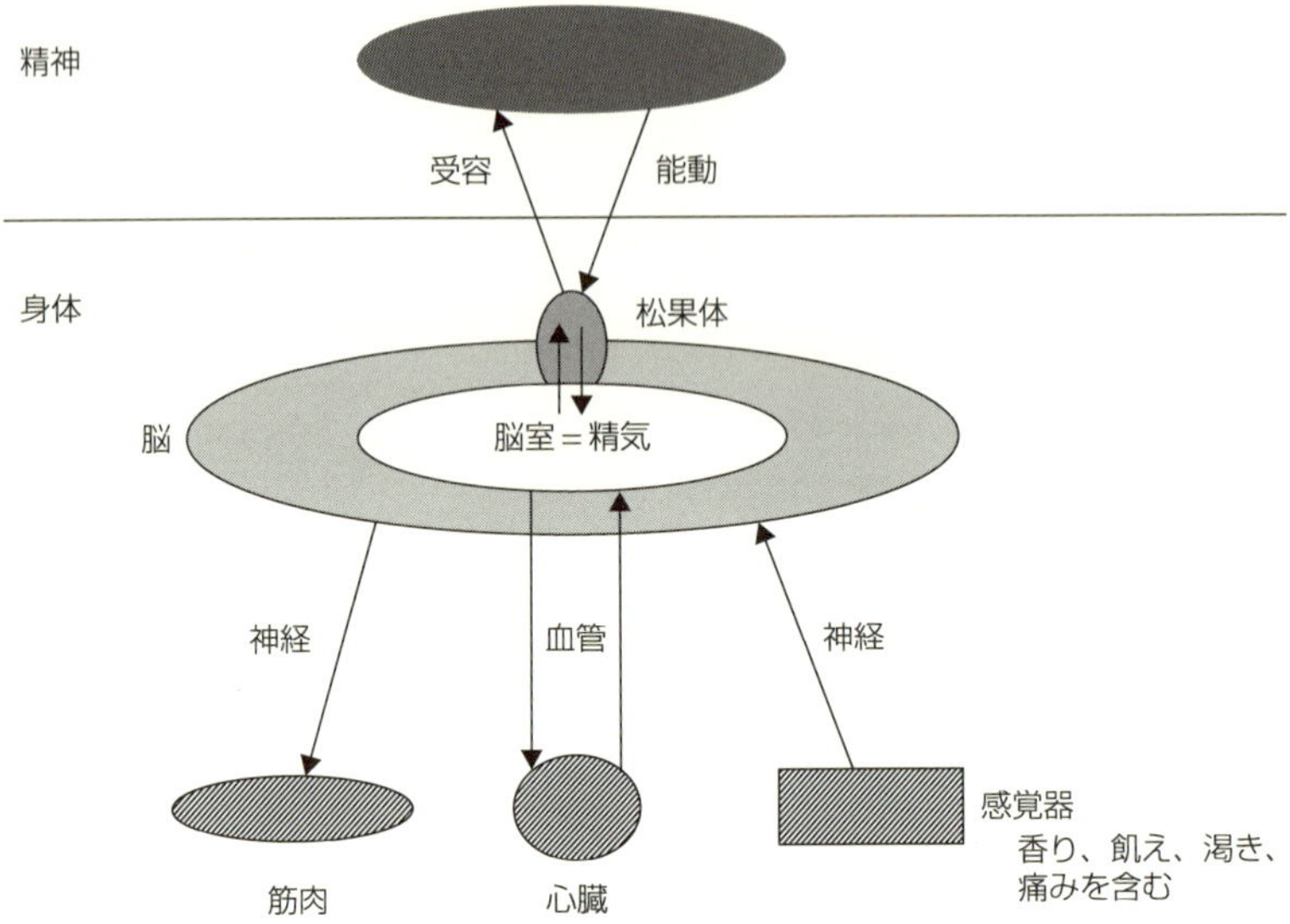

図 3-1　デカルトの心身二元論

体が意識を創り出していることを知ったならば、心身二元論は出てこなかったかもしれない。ただし、現代の科学をもってしても複雑系である神経細胞の集団からどのようにして質への変換が行われているかは説明されていない。

デカルトが言う精神とは何か

ここでの疑問は人間を身体と精神に分けたとき、われわれは一般に身体は単に物体と理解し、精神の中に心で代表される感覚意識や感情、知性という幅広い機能を含めて捉えるところがある。デカルトが唱えた心身二元論の精神とはここで述べた捉え方でよいのだろうか、感情を考えるにあたって再度振り返る必要がある。

デカルトは、身体は時計の機械のように捉えられる人間機械と見ていたが、必ずしも単に冷たい物体と考えていなかった節がある。それは身体の中に広い意味での感覚系を含めていたことに見てとれる（図3-1）。末梢の感覚器官を通して感じられた情報は脳に送られ、熱い、うまい、痛いなどに感じられるとしている。これらの感覚は精神の中に含まれておらず身体の機能の一環として捉えられている。デカルトが脳との関連で精神と区別していた身体はもう少し複雑で、痛みを感じる身体であって、痛みを感じない身体という誤解は解いておかなければならない。

デカルトが言う精神とは「意志」そのものであり、精神には「低い部分」と「高い部分」とがある。低い部分は「感覚的」部分で、高い部分は「理性的」部分と捉えられている。そしてその意志とは松果体に働きかける精神の能動の部分である。

デカルトは、知覚には三種類あると述べている。一つは外的対象に関係したもので、音や光の知覚である。次が身体に関係し、飢え、渇き、痛み、熱さの知覚を指している。そしてこれら二つの知覚に関して、「音、香り、味、熱さ、痛み、飢え、渇きなど、一般に外的感覚ならびに内的欲求のすべての対象はわれわれの神経の中にある運動を起こすのであり、それが神経によって脳に達するのである」と述べている。「脳におけるこれら多様な運動は……精神の介入なしに、動物精気をある筋肉のほうへ流れさせて、肢体を動かす」こともできる。この二つの知覚の議論から言えることは、身体は痛みの感じる身体と理解していたことである。

最後の知覚が精神に関係し、これが情念に関係している。「情念」の定義は「精神の知覚または感覚または感動であって、特に精神自身に関係づけられ、かつ精気のある運動によって引き起こされ維持され強められるところのもの」である。デカルトは情念として、驚き、喜び、愛、悲しみ、憎しみ、欲望の六種類の基本的なものを挙げた。愛や憎しみは定義により精神側の入出力を議論していることになる。そして外的対象や身体に関係した原因でなく、第三の知覚に関係した情念の第一の原因は「何か一定の対象を自発的に考えるところの精神の活動」によって、嬉しいとか悲しいとか感じられる。

デカルトが主に考える対象は人間であり、動物はまったく念頭に入れていなかった。動物には情念がないというのがデカルトの立場であった。人間を対象にした変化の仕方とは、愛を例に取り上げるならば「それらを生む対象が善い」ものと示されるときに、その対象に生じるものであると考える。憎しみは反対に「それらを生む対象が有害な」ものと示されるときに、その対象に生じるものであると考える。このように対象の作用の仕方で情念が変わってくるのである。この議論での情動の原因を考えると、精神の「能動」作用で精気が乱れ、それが精神の知覚となって情念が生じている考えになり、まったくと言ってよいほど身体の存在が認められないことになる。デカルトはこのことが気にかかったのか「精神は身体を離れて存在」しないとも言っている。

このような考察から、デカルトの精神に含まれる情念について、われわれの感情のうち、どれがデカルトの言う精神であるか考えることができる。デカルトは知覚に伴った感覚や、本能や欲望に関係した飢え、渇きなどは情念に含めず、身体の現象と考えている。痛みもまた身体側の症状である。ということは身体に直結した情動は精神ではないということを示唆している。心身二元論の「心」は非常に限定した「心」で、「身」と対比するものでない。

われわれは情動・感情を原始情動、基本情動、社会的感情、そして知的感情の四階層に分けて捉えられることを提唱している（二章）。デカルトの情念は、階層仮説から考えると、主として社会感情や知的感情で、快・不快である原始情動は情念に含まれないことになる。原始情動は身体と直結した情動であり、身体を抜きにして語ることができない。また動物的感情の強い基本情動の大部分は動物精気として捉え精神の中に含まれていない。このように考えると、デカルトの心身二元論の心と進化論的感情仮説で論じている情動・感情とは乖離とオーバーラップがあることを指摘しておかなければならない。

2　脳と身体の相互作用

結論から言うならば、生理学的に脳は身体と独立に存在できないということである。脳は身体の中でも特殊な器官であり、神経細胞、それを支えるグリア細胞、そしてそれらに酸素と栄養を送る血管系から成り立つ約一三〇〇gの器官である。それは髄膜に包まれ、脳脊髄液という液の中に浮かんでいる。

脳には心臓からの血液の二〇％もの大量の血液が送り出されている。それだけ脳は酸素を必要とし、血液が止まると脳は数分以内に死ぬ。さらにエネルギーも大量に消費する器官であり、脳はエネルギーの原料であるグルコース（ブドウ糖）を貯めておくことはできないので、常に血液を通して補ってやらなければならない。

脳の中には神経細胞が二〇〇億とも、三〇〇億個とも存在すると言われている。それらが一三〇〇gの脳の中に埋まっている。その中で神経細胞だけを集めると、驚くことに体積はたったの一〇〇ml程度にしかならない。これも多く見積もっての話である（神経細胞の大きさが平均二〇μmの球と仮定すると、全体の神経細胞の体積は八四ml）。脳全体の体積の一〇分の一程度である。この体積の神経細胞を働かせるために六〇kgの身体を使っているとは人間も非効率的な生物と言わなければならない。

これは否定的な見解であって、逆の言い方をすれば脳はそれだけ身体を必要としている。脳を守り維持するために身体のあらゆる器官が脳のためにあると言って過言でない。脳は自分を守るためにいろいろな身体の監視機構を効率よく残している。脳の神経細胞には、体内のグルコース濃度をモニターしたり、浸透圧、CO_2濃度、温度、ホルモン濃度などあらゆる生体のパラメータをモニターしている。そして脳にとって最も最適な環境が提供できるよう末梢の器官を調整している。悲しいかな、脳は体を監視し、命令を発するだけで、空気から酸素を取り出すことも、食物から生きていくのに必要なグルコースも作り出すことができないので、われわれの体に諸器官を作り、それを利用している。

さらにエネルギーを外部の資源から取り込まなければならない生物にとって食料を獲得するための運動機能を進化させ、そのために感覚機能も備えなければならなかった。極端に言うならば、身体機能はすべて脳のために存在すると考えてよい。

これだけ身体が脳のために多大なる貢献をしているにもかかわらず、われわれは日常生活で身体を実感することは少ない。健康な身体であれば、スポーツや肉体労働に身体を費やすことがなければ、身体をまずもって意識することがない。そういう点で脳はわがままな臓器であり薄情な存在である。病気になり、胃が痛い、胸が痛い、疲れたというときだけわれわれに身体があることが実感される。

さらに身体が実感されるのは老化である。人は誰も平等に年を重ねて、若かった肉体も気がつけば綻びだらけになった存在になる。現在若々しいと思っている精神と綻びた運動機能を持つ身体との乖離が起こる。何時それに気づくかは人それぞれであるが、われわれが死を避けられないように、その感覚を避けることはできない。

これまで脳を維持するための身体機能の必要性について論じてきた。とするならば、脳が維持できれば身体は存在しなくてもよいのかという考えが出てくる。ここで生物の生物としての条件である種族維持の問題は脇に置いて、人間という存在の問題について考えてみると、例えば人工血液の可能性、外部情報の入力のコンピュータ化などで脳を維持するとしたら、脳が考える世界はどのように見えてくるだろうか。

さらに、そのような「脳」が再現できる「自己」はどのような自己であろうか。われわれが現在認識している自己と同じものであろうか、答えはない。身体と心の問題を考える場合、この架空的物語の疑問に何時かは答えていかなければならない。そこでの感情が一体どのような感情なのか、おもしろい問題である（四章）。

3　情動・感情の適用条件

感情を考えるにあたって、感情が身体上に発現されているということは、身体が感情の束縛条件になっていることを意味する。その束縛条件が意識化されるかどうかは、感情がどの階層に属しているかに依存していることを前節で議論した。極端な例を挙げるならば、国民感情という言葉は、明らかに身体概念を超えた組織としての表現と考えられ知的感情の議論の中に含まれる。

感情に関して身体以外の束縛条件はあるだろうか。人間は身体という有限の物理的空間を占める存在であるが、情動・感情は個体を超えて、人と人とのつながり、歴史をまたぐ空間や時間の広がりを持っている。

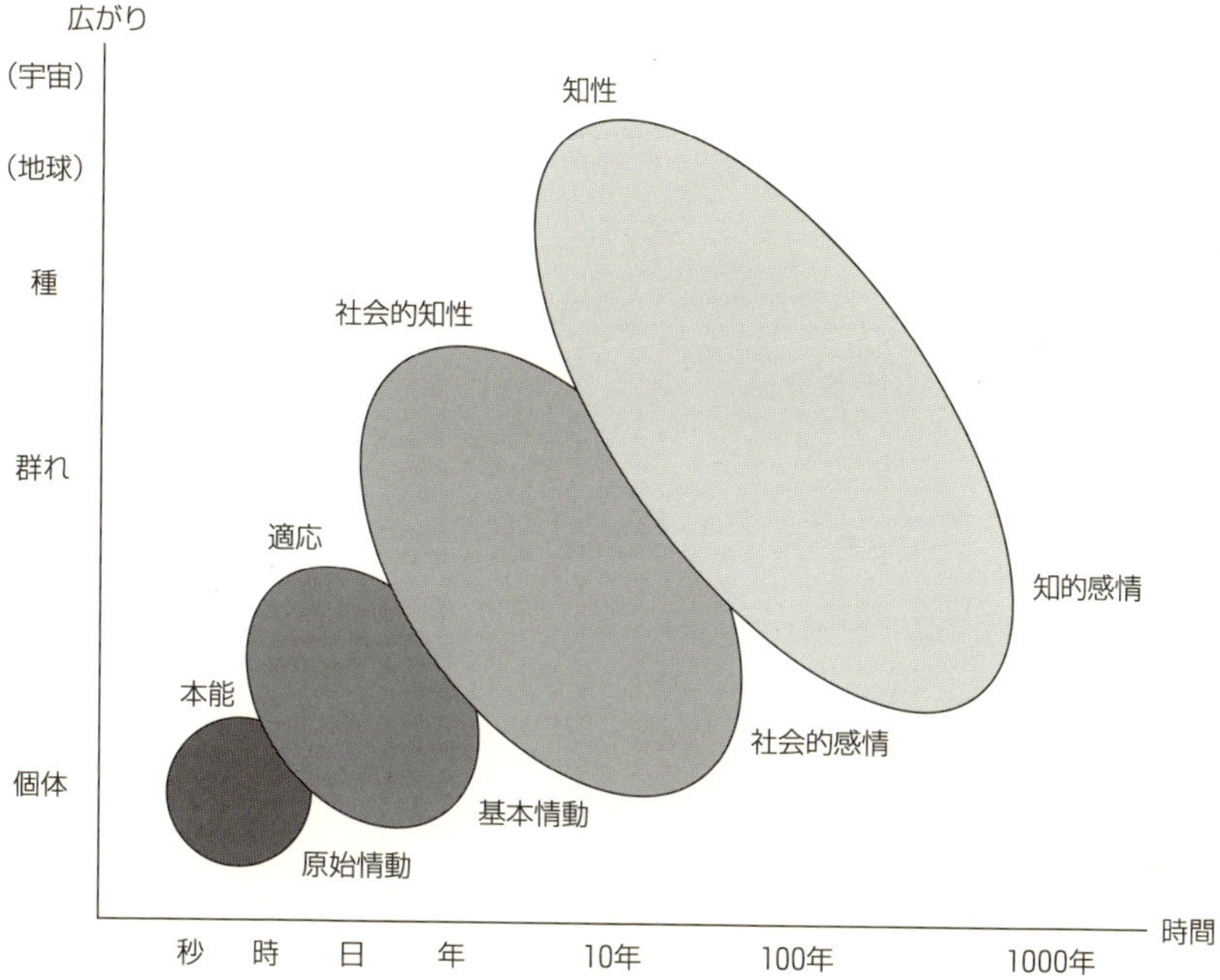

図 3-2　情動・感情の適用条件

それが感情のコミュニケーションとしての役割であり、知識としての性質である。感情の特性を時空の次元で捉えるならば、身体も含め、それぞれの情動・感情が作用する境界条件を見てとることができる。

図3-2は進化論的感情階層仮説で唱えられた原始情動、基本情動、社会的感情、知的感情の四つの感情の特性を時間軸と空間軸の中で表示したものである。それぞれの感情の作用が本質的に限られた領域で働いていることを示している。

この図式は現代物理学が取り扱っている世界認識の方法論や考え方を参考にしている(図3-3)。二〇世紀初頭に物理学はそれまでのニュートン力学を基礎とした古典物理学から、極微の素粒子の世界へと関心が移っていった。そこで垣間見た世界はそれまでの世界解釈とかけ離れた理論が支配する世界であった。例えば電子の位置を決定しようとするとその速度は不定になるとか、粒子が同時に波動の性質を持っているという現象である。さらに真空は粒子で埋め尽くされているなど、

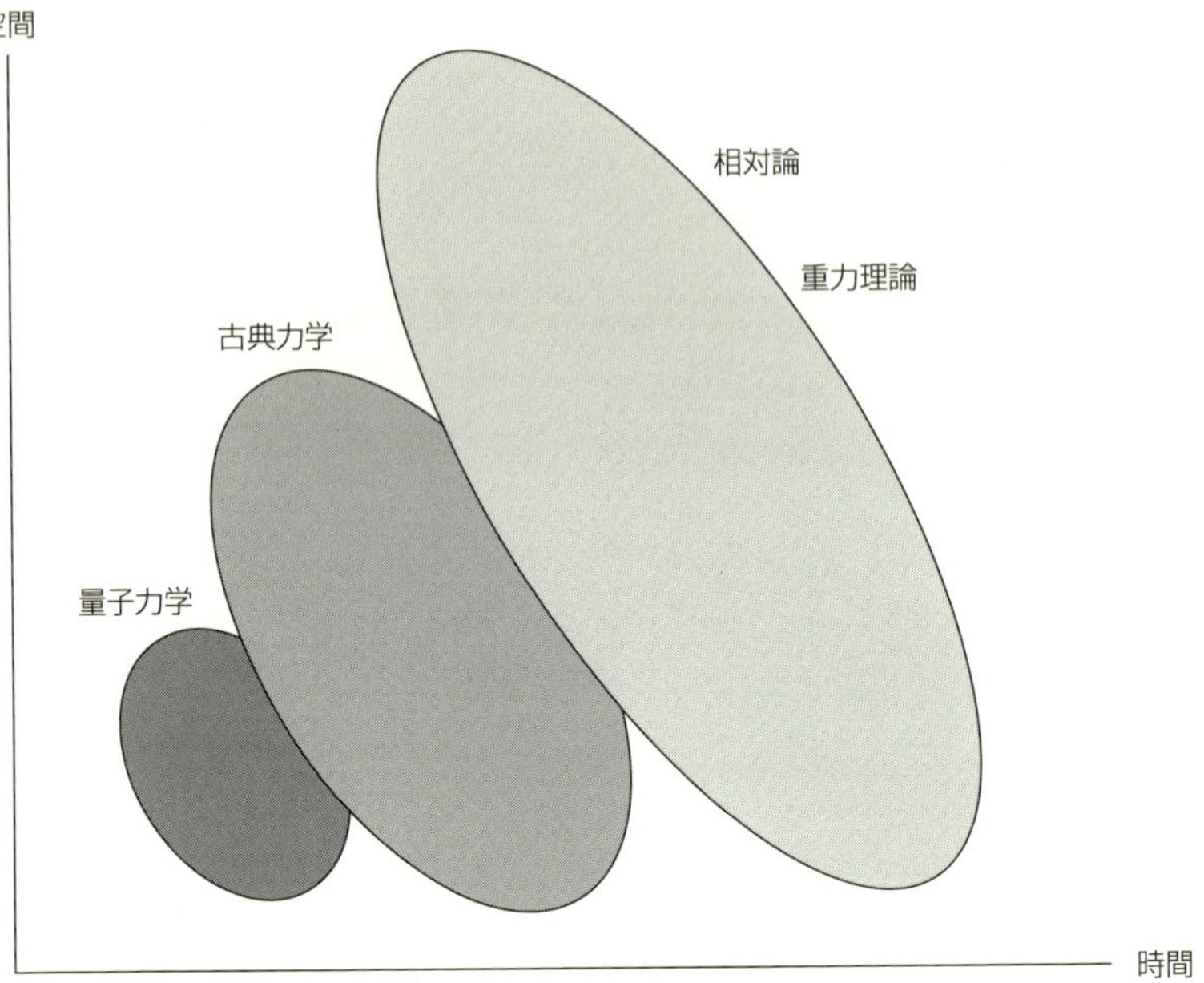

図 3-3　物理学の適用条件

日常生活で経験される知識とはかけ離れた概念であった。そこでわれわれは極微の世界での考え方を切り替え、量子力学を動作原理として選んだ。一方、極大の世界ではこれまた常識とかけ離れた理論を適用しなければ、解釈がつかないことが多く発見された。光の速さが有限であり、光は質量ゼロにもかかわらず重力により光が曲がることや、宇宙は膨張している、われわれの宇宙とは別の宇宙があるなど、われわれの通常の経験を超えた世界が描かれている。ここでもまた理論は一般相対性理論などを適用して、現実の身の周りの世界との考え方の区別をしている。

これらは現象に対する理論の適用限界を示しているものであり、極微の世界を古典物理学で説明しようとしても完全な理解が得られないことを示している。それぞれの条件に合った理論がその現象を完全に説明する。そしてこれらすべてを含めたものが自然に起こっている現象である。物理学者はこれらすべてを含んだ大統一理論を作ろうと研究しているが、まだ発見されていない。

感情に関しても、これと類似の方法が使える。すなわちヒトの感情の感情たる所以の愛を単細胞生物に適用しても意味がないし、快・不快を歴史的時間の広がりで議論しても仕方がないことである。そのように考えると図3-2のような概念図が描ける。縦軸の空間的広がりは、最小が身体を表現する広がりであり、ついで群れ、地域、国、そして最大は地球から宇宙を概念する広がりまで捉えられる。横軸は時間を表し、最小はリアルタイムの実時間であり、最大はおそらく、歴史的時間スケールであり、概念的には永遠までを含むかもしれない。

原始情動である快・不快はその適用範囲が個体自体に限られており、複数の個体がその情動を同時に体験しない限り共有することは難しい。この情動は主として身体感覚を通して知覚できるために、その刺激がなくなれば消えていく運命にある。その意味で原始情動はリアルタイムの感情といえる。例えば空腹であれば、その情動は誰も共有することができず感じている本人しかわからないことである。そしてその情動は食物を食べることによって解消される性質のものである。その他本能としての飲水、性、睡眠などの行動は同じような性質を持っている。これらの情動はあらゆる生物に存在し、ヒトもその束縛から逃れることはできない。その土台がホメオスタシスである（一章）。快・不快情動はまさしく身体と直結しており、この情動は前で述べた身体意識とまさしく同一のレベルであると考えられる。

生物が進化し、地上に這い上がってきたとき、動物は集団を組むようになり、鳥類はつがいで子育てをするようになり、哺乳動物は子育てに多くの時間をとられるようになってきた。基本情動は、原始情動の次の進化として現れ、快情動は喜びと受容・愛情に、不快情動は怒り、恐れ、嫌悪に進化していった。これらの情動の基本的パターンはおそらく遺伝子にそのプログラムが書かれているであろうが、多くは経験という学習でそのレパートリーを増やしていった。神経細胞の可塑性はこの段階で大きく進展してきている。広がりに関して喜び、恐れ、嫌悪は個体のレベルで処理される感情であるかもしれないが、受容・愛情や怒りは相手が必要とされる情動であり、決して一匹での情動にはなりえない性質のものである。時間的広がりもホルモン分泌を通した子育ての期間へと伸びていった。したがってこの段階では、原始情動である快・不快情動と同じ時空間で基本情動を説明することはできない。

さらに進化してヒトに存在する感情となるが、感情の範囲は非常に広く、その分類、定義、適用もさまざまである。二章で議論したように進化論的感情仮説では、感情は大きく社会的感情と知的感情に分けることができる。図3-2では基本情動よりさらに広く順次、社会的感情と知的感情が並んでいる。

社会的感情とは、個体の社会的存在価値やアイデンティティを高める社会的操作に伴う感情で、これは社会的知性と言われる知恵に関連した感情である。一方の知的感情は文化、歴史、科学、宗教などに裏打ちされた感情を指す。

社会的感情は空間的には群れに代表される広がりを持ち、時間的には個体が成長し、力をつけてから衰えるまでの時間的背景を持つ。チンパンジーは言語を持たないために、「文化」と言われるものは代々の親の行動の学習によって伝えられるものであり、そのレパートリーは時間的にも空間的にも限られた範囲でしかない。そこでは表情や身振りがコミュニケーションの主要な伝達手段であり、他者の認識が重要な能力になってくる。

知的感情は人類の知恵の蓄積に基づく感情で、文化や歴史に依存している。したがってこの感情は国や民族で異なっている。例えば神への愛、神からの愛はキリスト教圏の感情と呼ばれるもので、仏教圏での慈悲に相当するものである。日本での恥や甘えの文化的感情は西洋では通用しないものである。罪という感情は特にキリスト教で強いものである。それぞれの歴史や文化という何千年にわたる知恵の蓄積による感情であり、また国や民族といった大きな広がりを持った感情である。時間と空間の広がりは宗教を通して考えるならば、無限まで広がっている。

このように情動・感情は階層によって語られ、対象や背景、説明が異なってきている。これは前に述べた自然を説明する物理の世界とも類似している。これら四つの感情、原始情動、基本情動、社会的感情、知的感情を一つにまとめて統一した理論で説明することは難しいように思える。これまで研究者はどれか一つを取り上げて、さもすべての感情が説明できるかの錯覚を与えてきた。しかし実際には大きく中味の異なるものを統一的に説明するのは本来無駄なことである。それぞれに合った言語や理論があってしかるべきで、それが生物の言語か、脳の言語か、それとも関係性の言語かまだはっきりしていない。しかしこれらの感情の仕組みは身体に属している脳の中で行われていることは確かであるが、知的感情は脳本来の機能であるかは今のところ不明である。ここに経験論に囚われない脳機能認識の革命が求められる。

4 まとめ

感情を考えるにあたっての境界条件や束縛条件を身体、および時間や空間の要素から議論をしてきた。この議論の根底には情動・感情を階層に分けて捉え、それぞれ情動・感情の適用範囲が限られていることを議論してきた。

感情と身体意識は原始情動で最も強く結びついており、身体なくしてこの情動がありえないことを指摘した。身体意識を議論するにあたってどのような感情を議論の対象にするかを明らかにしなければならない。快・不快のような情動は身体が直接関係してくるが、罪や愛は身体意識が薄くなってきている感情である。一方、愛や罪の議論で、社会や歴史を土台にした概念を、身体概念を土台にしたもので説明することに無理があると考えるのが感情の階層性である。自然の階層性で自然現象が矛盾なく説明できるとしたら階層性による考え方は方法論として受け入れざるをえないものである。

身体概念は、ここで議論した内部環境の維持からくるものだけでなく、体性感覚や運動からくる身体意識も存在する。体性感覚は大脳皮質で広い領域を占め、また運動制御も広い領域を占めている。これらの機能は主として手足の感覚と制御、表情に関する制御の領域が大部分で、これらは人が道具を使ったことと、表情によるコミュニケーションの進化による。これらは身体概念の中でも、社会的感情や知的感情の表出に強く関係している。人間を知るにあたって階層的な解釈もまた必要であることをこの章で指摘した。

四章　感情の生成——ロボットの生き方——

昨今、ロボットという言葉が至るところで目につくようになった。技術とアイデアを競い合うロボット競技や、ヒト型のロボットであるアンドロイド（日本ではヒューマノイドともいう）の目を見張る技術の前にロボットがどこまでその可能性を伸ばしてくれるのか期待に夢膨らませるところがある。二足歩行できるロボットを見て、もっとしっかり歩いてと応援したくなるし、犬型のロボットの愛嬌を眺めて頬を緩ませることもたびたびである。

日本に「鉄腕アトム」が誕生して（漫画の中での誕生日二〇〇三年四月七日、漫画として一九五〇年）以来、[1]ここに至って技術の進歩に支えられてロボットが手の届く範疇に入ってきた。その要であるコンピュータは長足の進歩を遂げ、高々数一〇年のうちに生活のあらゆる場面に浸透し、今やこれなくして人間は生活を謳歌できなくなってしまった。今のパソコンに入っているCPUの能力は一九五〇年代のコンピュータと比べると、その当時は甲子園の広大さをもってしても実現不可能なほどの能力と速さを備えている。そのような技術に支えられて今日のロボットはやっと産湯に浸かったというところであろうか。

このようなロボットを考えるにあたって、多くの技術者はいかにロボットを人間や動物の能力に近づけるかに励んでいる。外見がヒト型であるのも一つであり、二本足で立って歩くようにプログラムを開発した。[2]また顔を巧みに制御し表情をつけるのもその方向の表れである。[3]そこから、何も知らない人はロボットの中にヒトが入っているのではないかと錯覚し疑問を呈するほどの表情を示すアンドロイドも出てきている。

ロボットとは基本的に自律できる機械であり、環境の変化に対して自律的に対処するのが、われわれが定義するロボットである。それぞれの場面で機械を制御する命令を人間が与えていては、それはロボットと本来言わない。またそれぞれの場面に接したときに定型的な動作しか示さないものもロボットと呼ばない。そこに学習機能を備え、ロボットの「思考」が成長する内部構造を持つことが要求される。それが究極的な

「ヒト」に近づいたロボットであり、多くの研究者が目指している一つの目標である。

そのためにはいろいろな問題を解決していかなければならない。二足歩行に関して言えば、新たな制御の考え方であるZMP（zero moment point）法を発見しなければならなかった。[4] しかし多くの問題に関して、従来の理論だけではうまくロボットを制御することができなかった。そこで研究者はヒトの脳に着目し、脳がどのように感覚や運動を処理しているかを学ぶようになった。そこから素晴らしいロボットの技能が再現されてきている。[5] 感覚系や運動系の諸問題はおそらく時間と労力の蓄積で解決されていくだろうが、ここで問題としなければならないのは感情の問題である。

ヒト型のロボットを「ヒト」に近づけようとする場合に、どうしても避けることができない問題として「感情」の問題がある。人間は好き嫌いを有し喜怒哀楽を持つ存在である。他人と面したときに、相手が人間であるかの判断の一つには、相手にも感情があり変化していく存在であるという認識がある。

ロボットにどうやって「感情」を植え込んでいくのか、CPUで感情を創造することが可能か、プログラムでわれわれの感情を再現することが可能であるか、どこまで人工物であるアンドロイドはヒトに近づくことができるのか、人はロボットに愛と意欲を埋め込もうと夢みることがあった。[6]

感情の人工的生成を考える場合、その束縛条件または境界条件を考慮に入れておかなければならない（三章）。本来生物の中に実現されているものを人工のCPUの中に実現するにあたって、当然のことながらヒトと同じ感情が再現できるとは限らない。ヒトの感情は身体という背景を常に引きずっており（三章）、身体を有するということは、身体が変化することを意味する。生物が産まれ、小さい生命体は親という存在によって育てられ、成長し、子孫を作り、そして老いて死んでいく存在である。若者にとって未来は開かれているが、年老いてからの未来は限られている。われわれの感情はそのことに強く影響され変化を遂げていく。また生物が活動する空間の広がりも感情の形成に大きく影響する。

1　ロボットの歴史

ロボットrobotという言葉が人工物に使われたのは、一九二〇年チェコの作家、カレル・チャペック Karel Capek の書いた戯曲「ロボット」が最初である。[7] 人工奴隷として開発されたロボットが最後に人類を滅ぼすという内容である。その後、スタンリー・キューブリック監督の映画「二〇〇一年宇宙の旅」（一九六八）でロボットではないが、コンピュータのHAL9000（映画の中での誕生日一九九七年一月一二日）が意識を持つ場面が描かれて、未来に対する人間の夢としてのロボットが、その後の映画やSF小説の中で描かれてきた。日本では手塚治虫の「鉄腕アトム」の漫画が団塊世代を中心に少年の夢を膨らませてきた（図4-1）。

図 4-1　鉄腕アトムの感情（「サンゴ礁の冒険」より）
©手塚プロダクション

夢で描かれるロボットを現実に実現させる試みは、戦後遅々として進んでいなかった。ロボットという言葉はその間、産業ロボットと呼ばれる形で進化を遂げ、産業ロボットは人が行うべき定型の作業を機械に実行させるという意味で用いられてきた。組み立てロボット、溶接ロボット、塗装ロボットなど作業効率を求めての機械であり、ロボットという名前を用いているが、実体はプログラムで規定された動き以外はできない単なる機械でしかなかった。たとえその機械にカメラを通した視覚機能が設置されたとしても、あくまで人がプログラムした範囲の作業しかできなかった。その意味でチャペックが描いたロボットではなく、任意の刺激に対して適切な反応は望むべくもなかった。

本格的なヒト型のロボットが意識されたのはソニーが出したアイボＡＩＢＯというイヌ型のロボットと、ホンダが開発したアンドロイド型ロボットのＡＳＩＭＯ（Advanced Step in Innovative Mobility）であった。(2) それまでは大学での地道な研究があったが、社会に注目されたきっかけは前の二点である。イヌ型のロボットはこれまでの玩具と異なり、刺激—反応系を取り入れ、その間に学習機能を有する「脳」を入れたことである。「おはよう」と言えば言葉で言い返し、触れば気持ち良いという仕草を示し、叩けばおとなしくなることを学習し、従って変化していくロボットが実用段階に入ってきたことを示唆していた。その学習機能は強力なコンピュータの関与がなくては実現できないことである。一方の二足歩行を示すＡＳＩＭＯは、階段を自足式でヒトのように上り下りすることが可能で、驚きをもって受け止められた。動物の四足歩行から二足歩行への進化には、運動制御の飛躍的な進化が要求され、それが安定的に実現されたことはロボット工学の大きな一歩である。残念ながら、そこにはまだ「脳」としての学習機能は完成されておらず、単に運動機能の機械化とも受け取られる進歩であった。これを機会にロボットは広く国民の関心を呼び、特殊用途のロボット化の応用が進められている。介護ロボット、家事ロボット、監視ロボット、災害救助ロボット、地雷探知ロボットなど形や用途はそれぞれ異なるが、高度な機能と学習性を組み込んだ機械が開発されつつある。

さて、ロボットをヒトに近づけるためには、ヒトが有するいくつかの本質的な機能を付加する必要がある。第一には学習機能であり、環境や刺激の変化に対して適切に反応することであり、第二には行動の目的を自律的に設定できることであり、第三にはヒトとコミュニケーションするための感情の導入である。これらはロボットのソフトウエアの部分に相当し、かなり実現の困難な分野である。それに対して表情や動きの自律性、および安定性はハードウエアの部分で、これらは時間と共にかなりの部分まで実現すると考えられる。第一の問題はニューロコンピュータの研究の中で大いに解明され、現在ではシリコンチップ上で実現されようとしている。(8) 特にここでは学習の基礎である可塑性をどのようにシリコンチップ上に再現できるか、単にメモリーの容量だけの問題か考察されなければならない。素子の可塑性はわれわれの脳の根本原理であるが、それが人工のシリコンチップ上で再現できるかはヒト型ロボット実現の本質的問題となる。[9] 第二の問題は動機づけ motivation の問題で、理論および脳のメカニズムが現在精力的に研究されている。[10] 自律的に行動するためには目的がはっきりしていなければならない。目的・目標は人間が与えるとして、自律性はロボットの内部環境や外部状態をできる限り多く入力し、目標との比較から可能となるかもしれない。しかしどれだけ効率よく行えるかは新たな計算様式を必要とする。第三の問題は本章の主要テーマであるロボットにおける感情の導入である。

2　ロボットと感情

ロボットが単なる道具として使われるだけでなく、人間の生活の一部として進化してくるためには、ロボットに感情を付与する必要が出てくる。感情がなければ、これは単なる道具であり、現在の自動車、テレビなどの便利な機械と同じである。人の中には、友達の代わりとしてのロボット、生活介助の一員としてのロボットを求める人がいる。そのとき、感情は大きなテーマであり、感情を持っているのが未来型ロボットであると期待しているところがある。

しかしどのようにしてCPUの中に感情を導入していくかという難しい問題を抱えている。これを考えるにあたってヒトを含めた動物がどのようにして情動や感情を進化の中で獲得してきたかを考えなければならない。「進化論的感情階層仮説」（一、二章）では、情動・感情は原始情動である快・不快、基本情動である、喜び、愛情・受容、怒り、恐れ、嫌悪に進化し、そしてヒトにも備わっている社会的感情となり知的感情に進化していったことを示している。

これらの特徴を図1-2（一章）に示した。最初の生物は接近と回避という大きく二種類の行動パターンでしかなかった。そこにはそれに対応した情動として快・不快しか存在しなかった。時間・空間軸で眺めるならば、一匹ずつの個体の世界であり、行動はリアルタイムの世界であった（図3-2）。

ついで生物は多細胞生物となり、地上に這い上がってきた。そのときの行動は、海の中より一層複雑化し多様な環境に対応していく必要に迫られてきた。そこにこれまでの原始情動だけでは対応できないもう少し複雑な基本情動と呼ばれる情動が生物の中に発生してきた（一章）。この進化の段階に至ると生活環境は個々別々でなく群れという集団を作って生活を営むようになり、時間も年というオーダーの長い生活を送るようになってきた。このような拡大の中で、まだ種類は少ないが基本情動は生き抜く道具として必須であった。

さらに時間が経ち、進化してきた存在が霊長類である。このレベルに至ると行動のレパートリーは無限に広がり、それを支えているのが社会的知性であった[11]、[12]（二章）。集団を構成するのが当たり前の世界となり、そこではお互いのコミュニケーションの必要性ができ言葉が発生してきた。ヒトの世界に存在するような欺き、協調、共感などの社会的感情も集団生活を営む中から発生してきた。そして現在のホモ・サピエンスが登場してくる。

人に至り知性という能力が備わって文字を持ち記録を残すことが可能となり、またコミュニケーションも言葉を通して複雑になり、知恵により生活も豊かになると、宗教が生まれ科学も発見されてきた。それに伴い人は人類という氏族を超えた見方を獲得し、さらに地球という小さな星の乗り物に乗っている人類という見方もできるようになってきた。時間的見方から言えば、寿命という考え方、歴史という概念が発見され、一〇〇〇年の単位の見方ができるようになってきた。基本情動の世界に比べれば無限の広がりを持つ領域に世界はあり、そこでの感情は罪、慈悲、愛、苦しみ、恥などといった知的感情がわれわれの中に進化してきた。

さてこれらの情動・感情を人工物であるロボットにどのように移植できるか、またそれが可能なのかを議論しなければならない。なぜならわれわれが描いている理想のロボットは、ヒトに似たヒトと同様の働きをするアンドロイドだからである。小説や映画で描かれているロボットは常にヒトと変わらない外見が求められている。

進化の順に追っていくと、原始情動である快・不快はどうであろうか。これは何とかプログラムに書け、ニューロコンピュータに学習させることが可能かもしれない。環境変化を単純化し二値化できる判断機能を書き込めば対応できそうである。もちろんここには身体機能をどのように数値化するかという新たな理論が要求されるが、行動のレパートリーが少ない要求であれば移植可能と考えられる。

ロボットに要求される機能が単純なものではなく、さらなる対応が求められるようになってくると、基本情動である喜び、怒り、恐れ、嫌悪を導入しなければ自律型ロボットとしてすべての場面に対処することが難しくなる。特に人間社会にロボットが入ってくるためには、このレベルの情動を取り込む必要が出てくる。生活に役立つ行動を示し、それを誉めれば喜びを表すようなロボットであれば、よりわれわれの社会に受け入れられるであろう。さらにそれに伴って笑いや微笑の表情があればより親しみが涌いてくる。

一方、ロボット自身を守る、またはヒトに危害を加えないという機能において、後者の三つの情動の機能を持たせる必要が出てくる。特に恐れと怒りは生物の個体としての防御、生き残り戦略としての機能であり、これなくして生存はおぼつかない。しかしここにロボット特有のジレンマが出てくる。アシモフはロボット四原則というものを考えた(2)。

第零原則―人類に危害を加えてはならない。また危険を見過ごすことによって人類に危害を及ぼしてはならない。

第一原則―人間を傷つけてはならない。また傷つくのを見逃してはならない。

第二原則―第一原則に反しない限り、人間の命令に従え。

第三原則―第一原則と第二原則に反しない限り、自分の身を守れ。

これらの原則は確かに人間社会と共存していくための必要条件と考えられるが、このような基本情動をロボットに移植し学習させていくことは不可能である。個体間の相互作用の中で、共に共存できる環境であるならば問題が起こらないが、共存が難しい環境、例えば一方的に財産を増やそうとしたり、テリトリーを広げる道具としてのロボットを利用した場合や、人間の欲望を実現するためにロボットを使用した場合、極端な場合、戦争ロボット、警備ロボット、泥棒ロボットなどの性善説に従わないロボットの場合は共存が困難になる。そもそも基本情動は複雑な環境の中で個体を守り維持するために進化してきた機能であって、条件が付与された個体維持機能は生物界で存在しない。生物の世界で、ある場合には破壊されても結構ですということはありえない。生物の基本行動の説明として「利己的遺伝子」の考え方の導入が有効であるが[13]、ロボットの生存の「遺伝子」とは何か、難しい判断が求められる。アシモフのロボット四条件は人間のための機械であるという条件の下であってヒト型アンドロイドの究極の姿ではないであろう。

このように最も基本的な基本情動を実現しようとしただけでも大きな問題が横たわっている。そこで、アシモフの四原則を修正して、例えば

第一原則―人間に危害を加えてはならない。自分に危害を加えようとする人間からは逃げることは許されるが、反撃してはならない。

第二原則―原則として人間に対して注意と愛情を向けるが、ときに反抗的な態度をとることも許される。

第三原則―原則として人間の愚痴を辛抱強く聞くが、ときには憎まれ口を利くことも許される

と設定しなおした[14]。アシモフのロボット四原則よりもヒトに近づいてきたが、ロボットの「人格」として何と矛盾したものではなかろうか。第一原則は自分が襲われたとき、自分が逃げ切れなかったときに破壊されるままになることを意味している。果たして警備会社は高価なロボットが破壊されるのを黙って見過ごしているだろうか。ロボットに感情を移入するということは自分を守るということと等しいことを理解しておく

必要がある。第二原則の愛情とは何か、反抗的な態度とは何か。どこまでが反抗的なのか、物理的な反抗はないとしても心理的な反抗や言葉による反抗によって繊細な利用者にＰＴＳＤ（心的外傷後ストレス障害）を引き起こさないだろうか。宗教は汝の敵を愛せよといっているがどうなのだろうか。第三原則の愚痴とは何か、ロボットはどこまで賢いのだろうか。ある展示会場で、犬型ロボットの頭を叩いたら、尻尾を振って喜んでくれたが、係のお姉さんから叱られた。ロボットをヒト型に近づけるためにはこのような矛盾とも言える問題を解決していかなければならない。そこにロボットの「人格」のようなものが忍び寄り「生物」か、単なる「人工物」かの論争が起こりそうである。人はロボットに一体何を求めるのか、何のために開発しているのか、人間の存在を脅かさないのか、善と悪の大きな問題が人と技術の境界領域として投げかけられている[15]—[17]。

これまでは単に基本情動のレベルだけの議論であったが、図3-2（三章）でも示されたように、基本情動を越えて空間的広がりとして大きな集団になり、種全体というものを対象とするに至り、また時間として成長という一〇年の月日、また死という一〇〇年の歳月を意識するに至るとき、情動も変容してこざるをえない。ここにさらなるロボットの限界が出てくる。

次の社会的感情のレベルに至ると、対象となるのは個別ではなく集団が対象となる。集団の中でどのような役割を担うかが社会的感情の大きな機能であった。ＣＰＵの中に集団の規範をどのように繰り込むのか、また集団の意志をどのように決定するのか、そもそも集団の規範をどのように判断するのか、考えれば無数の問題が出てくる。ヒトは感情という機能によって瞬間的に取捨選択が可能である。

ロボットの活動は果たしてさらに集団を超えた霊長類に匹敵するような集団となりうるのか、またそこまでの意識をＣＰＵの中で育てることができるかの問題である。おそらく人はロボットに対して限定的な使い方、つまり限られた空間で限られた意識の中でしか用いることはしないであろう。しかしアンドロイド型ロ

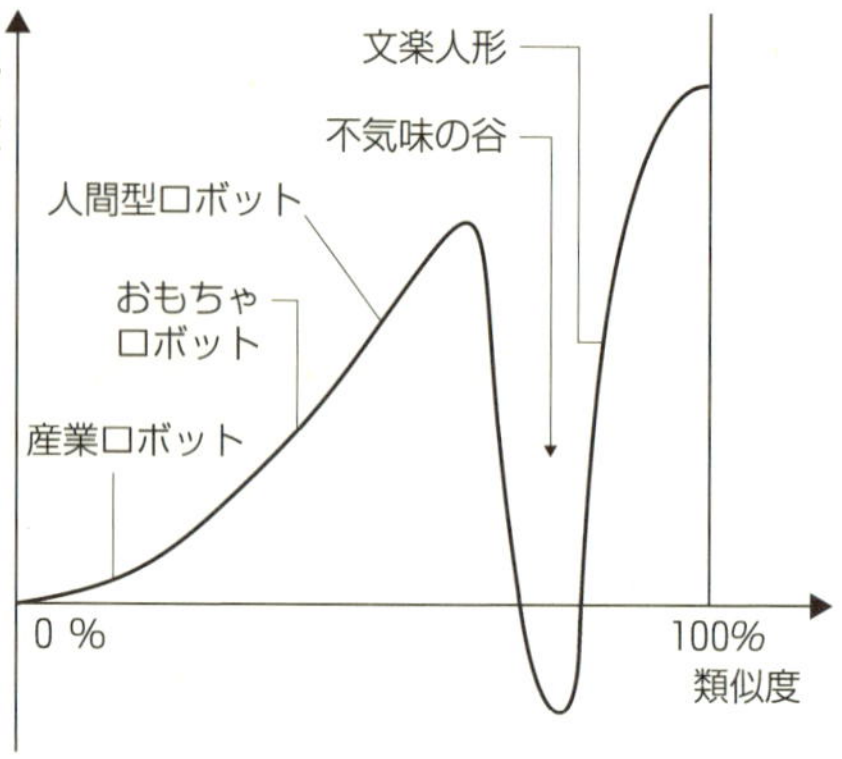

図 4-2　不気味の谷（文献(2)より引用）

ボットは誰かによって擬似人間と認められる存在になるかもしれない。チューリング Turing は出力である行動からはヒトとロボットは区別できないことを示した。[18] そこに現代のヒト・クローン技術のような怖さが潜んでいる。単にロボットに感情を移植するというが、このような問題を含んでいることが感情の本質である。

さらにはわれわれが考えるアンドロイドは基本的に外見が変化しない固定したものである。一〇年経とうが二〇年経とうがヒトのように身長が伸びるような成長はない。それに比べヒトは確実に年老いていき死を迎える。

クリス・コロンバス監督「アンドリューＮＤＲ１１４」の映画（一九九九）ではその問題が取り上げられている。何らかのプログラム欠陥によりロボットが「感情」を持ち、「自己意識」を偶然持ったロボットが周りの人に恋をし、また「恋人」を探し、そして時を経ていく中で、関係する人々が年老いて死んでいくのを目にし、自分の「肉体」が変化せず、死というものを意識しない「自己」に疑問を呈していく内容であった。そして最後にロボットの「死」というものを演じるところで終わる物語である。感情は身体と密接に関係があり、身体の変化とも深く連動している（三章）。ここにロボットの感情を移植するさらなる困難さというものがあるように思える。

さらに人は知恵という能力を獲得してきた。その蓄積が歴史であり、文化であり、それらに基づいて罪や神への愛などの高次の感情が生まれてきた。このスケールは宇宙を含めた広がりを持ち、永遠の概念までも持つ時間的長さを持つ。果たして世界のすべての情報を一台のＣＰＵに組み込んだとしても、このような感情を生成することが可能か問題である。高次の人工感情を定義することは可能かもしれないが、変化する身体や深化していく知恵に対応した感情を生み出せるかは大きな問題である。

このように考えていくと、思考は次第に空想物語に近づいていくようである。しかし遺伝子工学の分野において進歩の速さがわれわれの想像よりも遙かに早く進んでいるように、この分野もここで空想物語と言ったことが笑い話のように急速に進んでいる。しかしわれわれはロボットに何を求めるのか、そこにこれまでの感情という概念の移植の限界を認めざるをえない。

原始情動や基本情動のような人工情動や人工感情を腕力で実現することは可能であろう。おそらく作り出されてくる人工感情は外見上、また日常生活上、ヒトの感情と区別することが困難になってくることはチューリングの示すところである。計算は複雑になり表現も巧妙になるに従って、技術者は「ヒトの感情とは何か」ということより「外からヒトらしく見えればよい」との無思想的な考えに従って腕力で開発を進めるであろうし、現在もそのように進めてきている。そして言葉の定義により社会的感情までは手が届くかもしれないが、それは一〇年二〇年の時間スケールで眺めると異質の存在として映ってくるのではないかと考えられる。また日本で受け入れられるロボットもキリスト教圏、イスラーム教圏など異なる文化圏では理解されないことも起こる。アンドロイドはヒトに似せて創るにつれて不気味の谷に一度は落ち込むという（図4-2）[2]。作られた人工感情が人間の感情と同じものであると認めるには、「人間とは何か」という壁を乗り越える必要がある。それを越えたときわれわれの知らない感情の世界が広がっているかもしれない。

3　感情進化の再現――シミュレーション――

現在、ロボットで感情の生成を直接的に扱ったものはない。ロボットが「嬉しい」と言ったならば、それは人がプログラムでそう言わしめていることで、ロボット自身が作り出したものでない。表現されている「感情」と言われるものは擬似感情であり、ここで議論している感情とは異なる。

それでは別の視点から感情の発生を議論できないだろうか。その一つが進化シミュレーション、または遺伝プログラミングという新しい分野の方法である。[19、20] これは現代の高性能コンピュータを用いて人工的に進化の過程を再現してみようとする試みである。進化は四〇億年の歳月をかけて変化してきたが、この手法ではコンピュータの速さを利用して進化の再現を試みている。簡単な仮定だけを用いて複雑な生態系を発生することができるのか、面白い手法と言える。

結論から言うならば、感情という複雑な心の中までは再現できていないが、人工生命の行動を見るならば、そこに感情が外見上働いているように見える全体的なパターンを見ることができる。コンピュータ空間では心を持たないのだが、あたかも持っているかのように振る舞う行動が見てとれる。

主にエプシュタイン Epstein とアクステル Axtell の著書からコンピュータ空間での人工生命体（エージェント）の行動を概観してみよう。[19、20] この生命体の基本条件として、①生きていくためには餌を食べなければならない、②エネルギー代謝が存在し、餌がなければ餓死する、③探索行動がある範囲内で可能である、④人工的な餌場はある程度再生産可能であると仮定する。このような仮定を設けると、結果は常識的に、代謝の少ない、広く探索できる条件を持ったエージェントが生き残り、これらは餌場のピークの位置に集まってきて、その数は餌の再生産と消費する餌の量のバランスするところで安定する。

この結果はあくまでコンピュータ空間の中での出来事であり、最底の「生物」としての条件を仮定しての振る舞いである。このような人工体に進化の過程で起こったような複雑さを次第に加えていくと何が起こってくるか、コンピュータ空間で見てとることができる。エージェントが子を作り、その子孫に財産を分け、子孫を作るのに適齢期と寿命を導入する。そのようにして、例えば探索能力の高いエージェントと低いエージェントを混ぜておくと、餌場は探索能力の高いエージェントで埋め尽くされてしまう。これは子孫に財産を残し優秀な特性を保てばその餌場を乗っ取ることができることを意味している。

さらに、あるエージェントが近くにいれば友人関係を築くことができるという文化的要素の仮定を入れると、いくつかのグループが形成される。また略奪行為を導入することによって戦争も起こすし、他のグループを乗っ取ることもできる。

コンピュータ空間でエージェントの振る舞いを見ていると、あたかも擬人化した振る舞いを見てとることができる。餌を確保し、子供を生み、財産を子孫に残す。この基本的な営みに対し、限られた資源が立ちはだかり、人口抑制、部族の始まり、戦争と社会現象のかなりの部分を見ることができる。これらを決定している因子は、全体の利得の安定点であり、限られた食料の再生産が限界を決めている。この安定解が複雑な行動を決めている。

ここには感情という要素が一つも関係していないことに注意していただきたい。相互コミュニケーションが取り入れられているが、これも感情の要素ではない。このことから、外面的な集団の振る舞いの形成には感情の作用が少ないと考えられ、感情がなくても、ここまでは集団の行動が説明できるということである。このシミュレーションから言えることは、人工生命体の基本原理は生きるということであり、よりたくましく生きるための付随条件がいくつか付け加わっているに過ぎない。それではなぜ生物に情動・感情が発生してきたのか。もう少し考える必要がある。人工的に感情を作り出すには何か別の仕掛けが必要である。

よくよくこのシミュレーションのエージェントの動きを眺めていただきたい。エージェントが一歩を動き出すためには、少なくとも自分の周囲のエージェントの特性を知り全体の利得を計算しなければならない。その上で初めてコンピュータ空間上での自分の動きが決められる。環境が複雑になり、生き残るための条件を次から次へと付け加えていくに従って、気の遠くなるような計算をしなければならないことになる。自分の周りに餌があるのか、自分の寿命はどれだけ使い果たしたか、適齢期の結婚相手が周りにいるか、周りを見渡したとき敵がいないか、友は誰かなど無数に近い条件を判断し、進むべき方向、次にとるべき行動を決めていかなければならない。決めるとは利得のポテンシャルの極小値か極大値を探すことになる。周囲にいるエージェントの数が増えると、考慮すべき相手エージェントの数も増えてくる。われわれの現有コンピュータでは、次の行動を決定するためには、次第に能力を超え非常に長い計算時間を要するようになる。もしここに判断のすばやい仕組みを持った生物が突然変異で現れたとしたら、あらゆる可能性を計算して動く生物を駆逐していってしまうだろう。なぜなら、計算している間に食われてしまうか、テリトリーを奪われてしまうからである。その新たな仕組みが確率論的な情動・感情であり、それは曖昧な判断であるかもしれないが、少なくとも当座は襲われることはない。地球上で情動を欠いた存在は生き残ることが不可能であった。

ここで示したように、情動・感情がなくても人工生命体は生存をかけて集団構造を形成することができる。それはあたかも現実の生物の社会を映し出しているようであるが、コンピュータ空間でのエージェントは、進化に伴って動きは鈍くなり、最後には一つ動くにも永久の時間を必要とするようになる。実際の進化では時間は待ってくれないという冷酷な現実がある。ヒトを含め生物は瞬間と言える時間で行動を決めている。人間では直観という機能もある。情動・感情はこのような機能付加のために進化の中で脳に付加されてきたのかもしれない。

4　まとめ

感情の人工的生成について、架空のヒト型ロボット・アンドロイド製作の中での感情生成問題を扱ってきた。そして感情が持つ空間的時間的境界条件、および発現されている身体の制約条件についても議論した。進化という数一〇億年の時間を経て霊長類であるヒトの中において、今議論している感情が発現されている。それをシリコンチップ上に再現できるかが主たるテーマであった。ヒトの進化とヒトという肉体が持つ境界条件をプログラム上に再現できるとするならば、今われわれが感じている感情は再現できるかもしれないが、一方CPU、ロボットという物理的制約条件はそのことを阻んでいるように思える。その点で時間を圧縮できる進化シミュレーションは関心が持たれるところである。

人類すべての情報を一台のコンピュータに詰め込むことは現在では夢でない。過去のあらゆる文学作品、詩、小説、政治、経済、科学の出来事を記憶したコンピュータはヒト以上の感情を創出することが可能であろうか。悲しみで涙を流し、感激で涙を流す人工物を創出できるだろうか。怒りを有するロボットを想像できるだろうか。考える感情は作れても、感じる感情、変化する感情は作り出しえないのではないかと思う。

誰か天才が現れてわれわれが知らない論理や思考で無限とも言える記憶から全知識を統合し何かを作り出すことができたとしても、コンピュータが持つ「身体」をどう認識するか。変化する時間や現象をどのように認識するか、現在のわれわれでは理解しようのない問題である。さらにコンピュータは自己の死を認識できるであろうか、感情が持つ集団の中での自己実存の主張の役割をどのように取り入れていくのか、ここに感情を考える本質があるように思える。

生物である人間は不完全で、人類を一瞬で滅亡させることのできる技術を身につけてきた。そして人間よりも優れた特殊機能を持ったコンピュータを開発してきた。ＳＦの世界ではないが、ヒトに代わる新しい「人種」が地球を支配する可能性を一〇〇年先、二〇〇年先には実現するかもしれないという想像力をヒトは持ち合わせている。感情の生成はそれが実現するかの接点になっているような気がする。

五章　感情の特性——不可解な生き物——

感情が複雑なことは誰もが知っており、自分の生活にとってなくてはならないものであり、また避けては通れないものであることも知っている。だから感情についてよく知りたいと多くの人は考えている。ここまではそのきっかけとして感情をどのように捉えたらよいかという視点から、四層からなる進化論的感情階層仮説を提唱した。動物に存在する原始情動と基本情動、そして主としてヒトに強い社会的感情と知的感情の階層性である。われわれ日常生活で起こる情動・感情はこのような分類や種類の違いで捉えるとよく見えてくるところがある。

ではそれで、情動・感情が完全に理解できたかと改めて問われると、未だ霧の中である。感情の分類も理解でき、さらにはその役割も少し見えてきた。脳の中で何が起こっているかもおぼろげながらわかってきた。人は脳の働きがわかれば感情がわかるはずだと考え、脳の機能的解析を推し進め、そこから喜怒哀楽の脳の様子が少し見えてきた。しかし依然として理解した気持ちにならず、何か欲求不満を感じる。よくよく考えてみると、それは感情というものの性質や特性に何も触れていないからということにたどり着く。

先に述べたように普段の生活では、人は情動・感情と必ず付き合っており、感情とはこのようなものであると知っているが、依然として直感的で、非合理的・非科学的なものと思い、自分の感じている感情がどのような性質のものか理論化できないところに欲求不満が生じてくるのではないだろうか。

感情の一般的性質は、知られているようであまり知られていない。心理学から捉えるならば感情心理学という独立した本の出現はごく最近のことである(1)。それまでは心理学の本の中の一つの章にしか過ぎず、そこではとても感情独自の特性を述べるには少なく、また顕著な性質もあまり知られていなかった。一冊の本になった感情心理学の中で、それでは感情の法則や原理が唱えられているかというと、必ずしも多くない。これは研究手法の困難さがもたらした結果で、研究するにも感情を定義することから始め、人の主観的体験を言語化するところに大きな問題があり、法則や原理として確立しにくいところがあったからである。人の感情とは、ある出来事に対して必ず決まった感情が発生するというようなことが言えないのである。例えば、怒られた場合を考えると、ある人は怒りに駆られるかもしれないが、他の人は自分が悪かったと泣くかもしれないし、別の人は怖くなり逃げるかもしれない。人さまざまで、怒りによる統一的な対応が引き出せないでいる。つまり一つの原因に対して、何千通りもの反応が出てくる。逆に無限の原因に対してただ一種類の感情しか出てこないこともある。心理学はこれを無理に認知論で解釈したり、社会的構成主義的な解釈で説明しようとしている。[2] 一般の人から見れば、理論は未だ何も役に立たず、感情は自然現象のように単純には割り切れないと思われてしまう。

感情には確かにそのようなところが未だ存在することは認めなければならない。しかしここではあえて感情にはこのような性質があるのだということを考えてみたい。最初は感情に関する理論を紹介し、ついで日本のことわざから感情の性質について考え、最後に感情に関する心理学的性質についていくつか紹介してみたい。

1　情動・感情の理論

これまで情動・感情の発生や機能を説明しようといくつかの理論が提唱されてきた。その中でコーネリアス Cornelius は四つの感情に関する理論、すなわちダーウィン Darwin 説、ジェームス・ランゲ James-Lange 説、中枢起源説、社会的構成主義説に整理している（図5-1）。[3]

ダーウィン説は進化に基づいた感情に関する考え方で、ヒトは霊長類の進化の結果であって、ヒトの行動は他の哺乳類と類似性を保っていると考える。すなわちヒトの感情は哺乳動物に共通に見出される機能と考える。ダーウィンはその証拠として表情に着目し、怒りの表情はイヌにおいても、サルにおいても基本的な部分はヒトの怒りの表情と同じく、口を開き、声を発することを指摘した。[4] エックマン Ekman らはこれらの考えをさらに深め、ヒトの表情は民族や人種、文化によらず同じで幸福、驚き、悲しみ、恐れ、嫌悪、怒りの感情が共通に認められるとした。[5] おそらく表情のいくつかは遺伝子に書き込まれた言語によって規定されているのであろう。

ジェームス・ランゲ説は感情の末梢起源説とも呼ばれ、ジェームスとランゲが同時期に同様な考えを提案したことによる[7]、[8]（付録参照）。ジェームスは経験から感情における身体感覚の重要性を感じ、「怖いから逃げる」のでなく「逃げるから怖い」に代表される身体の反応を重視した。例えば心臓がドキドキすることが彼氏や彼女が好きだという感情を誘発するという考えであり、「泣くから悲しい」ことにつながっていく。しかしこの考えは、脊髄損傷患者において末梢の情報が脳に入らない状態でも感情が生じることから、キャノンCannon[8]によって強く非難され、一時は歴史の彼方に追いやられてしまった。しかしこれは「泣くから悲しい」というように顔面の操作によりわれわれの感情が変化するという顔面フィードバックという考え方に受け継がれている。[9] 怒られたときやつらいとき歯を食いしばると耐えられるものが、顔の緊張を抜くと感じる度合いも変わってくることが経験されるのはこの考え方による。この考え方の基本には、感情における身体の役割という大きな問題が含まれている（三章）。身体と密接に関係した原始情動が「快いからお湯に入る」「不快だから汗をかく」とはあまり言わないように、必ずしも「怖いから逃げる」という考えが正しいとはならない場合がある。

1）ダーウィン説…基本情動（遺伝）、普遍的な表情
2）James-Lange説…末梢起源説、顔面フィードバック
3）中枢起源説…認知説
4）社会的構成主義説…社会、文化、歴史などの影響

図 5-1　情動・感情理論（Cornelius(1996)）

中枢起源説は一方で感情の認知説とも呼ばれ、感情は脳における解釈や評価を基本にして生じると考える。[10] 脳がなければ感情を意識することが不可能で、感情は外界からくる刺激の内容を評価する中で発生するものである。山中で大きな熊に出会うと逃げなければ殺される危険があり、一目散に逃げる行動が起こる。しかしこの状態を動物園の檻の中にいる熊に会っても誰も怖いといって逃げる人はいないし、生まれたての小熊であれば寄って触ろうとするかもしれない。これらの違いは熊と人間の間の状況判断や過去の学習や経験

によることが大きく、これらすべての判断は大脳皮質で行われている。したがって「怖いから逃げる」というのはこの説の基本になる。

社会的構成主義説は、感情を社会的目的や個人的目的に役立つ文化の産物であるとみなし、遺伝的な要素を認めない立場と考えられる。[2] 新生児は当初母親との関係で人間関係の表現を学び、育つにつれて家族、学校、社会との関係で感情表現を学習していく。フランスで発見されたアヴェロンの野生児は最後まで人間社会に順応することができなかった。[11] オオカミに育てられ動物の情動表現しか表せず、人間社会での表現はできなかった。このように感情は人間社会の産物であると考えるのがこの説である。

以上、四種類の感情理論とは別に、情動・感情は脳の働きを中心とした神経科学の分野からも研究されている。脳という実体が存在し行動という現象が存在する中で、これらの関係を自然科学的手法で研究する立場が生まれてきても不思議でない。進化論的感情階層仮説もその流れの中の一つである。[12] 神経科学的研究からは感情の疾患と脳の関係が明らかにされ、感情のメカニズムが理解されるようになってきた。さらに脳の活動が非侵襲的に観察できるようになり、ここから感情の本質が探り出されようとしている。

ここで紹介した四つの理論と進化論的感情階層仮説の関係はどのように理解されるべきなのだろうか。理論はいろいろな背景を持ち、構造と機能、現象と実体が入り乱れて構成されており比較するのも困難な対象である。今、リンゴとみかんの比較をしているところに、リンゴと魚の比較をするような困難さを感じる。図5-2はそれぞれの理論の適用範囲と進化論的感情階層仮説で分類されている情動・感情の関係を図示したものである。原始情動は進化の初期の段階で出てきたものであり、すべての動物の基礎にある脳幹を基礎にしている。脳幹の働きは遺伝子によって決められており、身体とも密接につながっている。また基本情動は脳の大脳辺縁系の働きと強く関係し、感情の無意識のレベルの情報処理を担っている。この働きも哺乳類では共通であり初期の基本情動はおそらく遺伝的に決められている。このことからダーウィン説やジェー

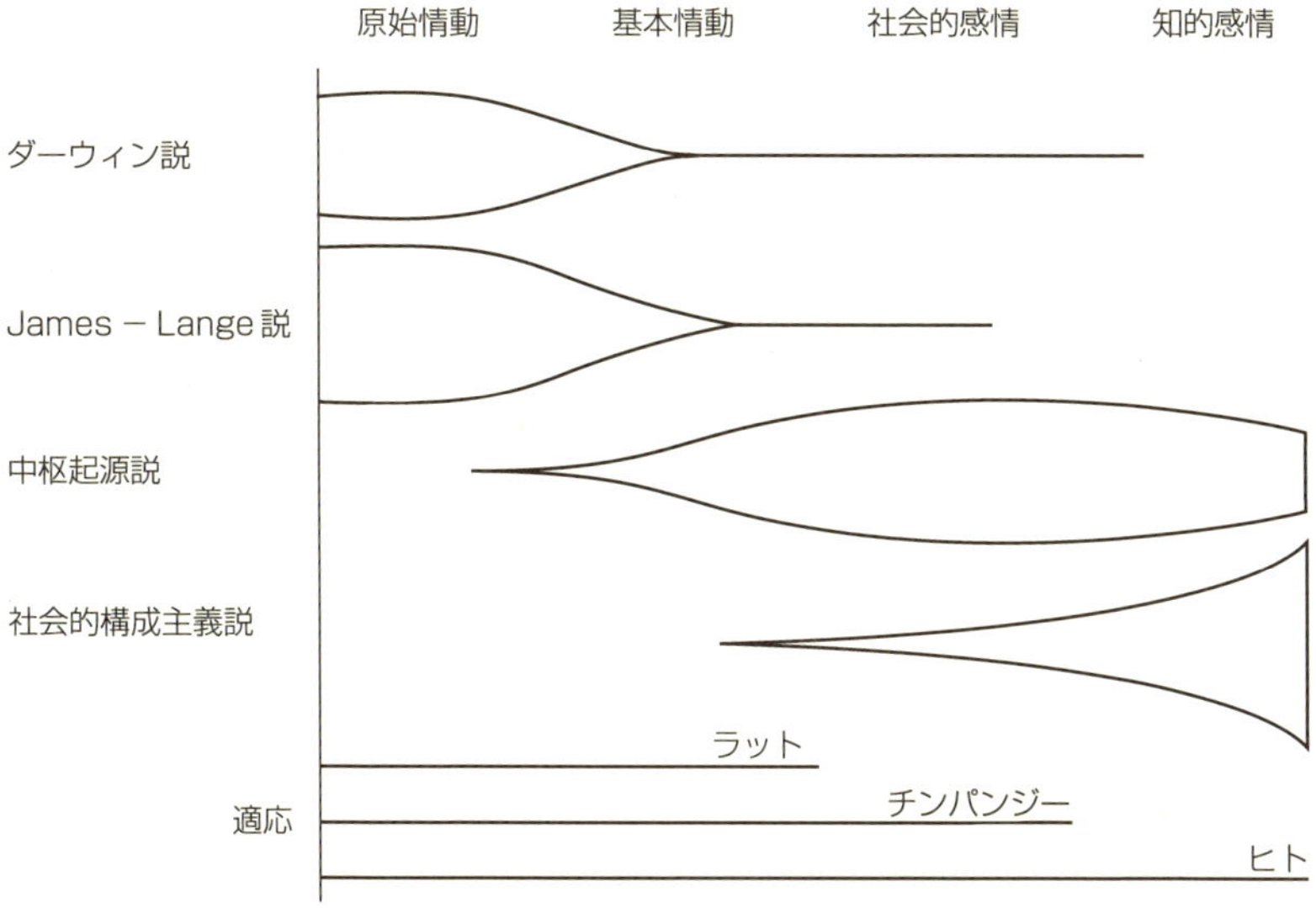

図 5-2　情動・感情理論の適用限界

ムス・ランゲ説は原始情動や基本情動の一部を説明し対象としている。このことは逆に基本情動の一部、社会的感情、知的感情はこの二つの理論の適用外になると考えられる。感情が進化してくると、基本情動や社会的感情が現れ、中枢起源説が説明原理として有効に働いてくる。視覚や聴覚などの感覚情報処理能力が格段に進化し記憶能力も進化してくると、対象の評価が行動の決定に重要になる。さらにヒトにおいては言語が発明され、文化が作られると社会関係や教育、学習の重要性が上がり、知的感情は社会的構成主義説で説明できる部分が多くなってきた。社会的感情や知的感情を、ダーウィン説やジェームス・ランゲ説で説明するにはあまりにも無理がある。このようにそれぞれの理論は適用する感情の種類と特性によって異なるものであり、どれか一つですべてを説明することはできない。したがってラットでは原始情動、基本情動が、チンパンジーでは社会的感情までが、そしてヒトではこれらすべての情動・感情が含まれ、それぞれの研究に適した対象がある（図5-2）。

2　ことわざから学ぶ感情

感情の現象を理論化や法則化するのは非常に難しい。そこで過去の人間の英知であることわざで感情や感情に関連するものを列挙してみると[13]、「かわいさ余って憎さ百倍」、「坊主憎けりゃ袈裟まで憎い」、「弱いイヌほどよく吠える」、「江戸の敵、長崎で」、「朱に交われば赤くなる」、「三つ子の魂、百までも」、「目は口ほどにものをいう」、「類は友を呼ぶ」、「郷に入っては郷に従え」、「長いものには巻かれろ」、「困ったときはお互い様、隣は何をする人ぞ」、「遠い親戚より近くの他人」、「義理と人情の板ばさみ」、「笑う門には福来る」などがある。ここで改めて説明するまでもないが、これらは基本情動に関係するものと、社会的感情に関係するものに分けられる。中でも人間関係の特性を示すことわざが多い。先人が何に苦悩していたかを垣間見る思いである。

「三つ子の魂、百までも」は感情の臨界期[12]に関係しているし、「目は口ほどにものをいう」は六章で議論する表情の特性について適切に言い表し、目の動きでその人の感情が推定されることを示している。例えば楽しいものは左脳に、嫌いなものは右脳に入れる傾向がある。これは嬉しいものに対しては右を向き、嫌いなものには左を向く傾向があることを示す（六章）。経験的に嫌な人には目を合わさないことなどもこのことわざが示すところになる。

「弱いイヌほどよく吠える」。人によっては率先して勇ましいことを言う人がおり、特に争いや戦争の時に起こるようである。雰囲気で感情的に勇ましいことを、また過激なことを発言する人のことである。例えば戦争中、日本国家のため戦わなければならない、交渉は弱腰だ、非国民だと叫んだ人など、どの組織でも主戦派と慎重派がいるものである。吠える犬は怖いからその怖さを隠すために吠えるとも考えられる。しかし吠えた人が責任をとったということは少なく、このことわざに人間の嘲笑の影を見ることができる。

「朱に交われば赤くなる」、「郷に入っては郷に従え」、「長いものには巻かれろ」は社会の中で人が生きていく知恵を表している。社会的感情の章（二章）で議論したように、人は生まれた以上、集団を抜きにして生きていけない。集団の中で上手に生きていく手段として、このようなことわざが先人の苦労の中にあったのだろう。この格言の良し悪しは各人の判断に任せるとして、組織の中の個人として一面の真実を表している。

「困ったときはお互い様、隣は何をする人ぞ」、「遠い親戚より近くの他人」は人付き合いの極意を示している。普段の生活では誰の助けを借りることもないが、いざ困ったときに一体誰に頼り誰に助けてもらったらよいのか、特に身体的不自由さや災害などではこのことわざが響いてくる。このような場面で、いくら自力を主張して生きている人でも、このことわざのありがたみを感ぜざるにはいかないだろう。別の意味では「苦しいときの神頼み」というのもある。

「笑う門には福来る」は日々の生活の送り方に対する心構えを示している。笑顔は対人関係を良好にする基本であり、良好な関係から信頼関係が生まれてくる。例えば経済活動は信頼関係が基本であり、そこに何かの利益の芽生えが生じるかもしれない。もう少し根本的には笑顔が示すポジティブな生活態度は物事に対する好奇心や積極性を産み出し、それが人生における発展をもたらすのかもしれない。

最後に、「かわいさ余って憎さ百倍」、「坊主憎けりゃ袈裟まで憎い」、「江戸の敵、長崎で」のことわざを挙げる。これらの言葉の中に憎しみの底なしの怨念を感じる。人は信頼関係を基にして人生を送っている。その信頼関係が一方的に裏切られたときの思いに計り知れないものがある（一〇章）。いろいろな出来事でいつもうまくいくとは限らず、それぞれの利害が対立し、ときには争わなければならないこともあるだろうし、別の場合には節操を通さなければならないこともあるだろう。人は群れを作る動物で、それが派閥と呼ばれたり、系列だと呼ばれたりする。小さく見れば家庭であるかもしれない。離婚騒動や相続争いでの骨肉の争いはこのことわざが生きている証拠になる。理性的に考えるならば、夫婦の別れは原因があって法律的に別れるということだけであるが、裏切りに対する憎しみには果てしないものがある。人間、生きていくためにはその憎しみを表現できない場合があり、そこに恨みが発生し、「江戸の敵、長崎で」ということになる。人間の性（さが）は怖い。

これらのことわざを、何々理論、何々の法則と述べるためには、今後の研究を待たなければならないが、長い年月をかけて精査されてきたことわざはそれだけで重みを持っている。

3　感情に関連するいくつかの法則

気分一致効果[14]

われわれは品物を買うとき、本当に品物の良し悪しや必要性に対して客観的に選んでいるだろうか。その選択には、気分によって評価や行動にある一定の法則がある。それは、自分の気分が良いときや好意的な感情を持つとき、ポジティブな感情のときには、好意的に評価し、その商品を買ったり、甘い評価を行ってしまう。反対に気分の悪いときや嫌な印象を持ったとき、合理的な理由からだけでない厳しい決断を行ってしまう。これを心理学では気分一致効果と呼び、説得技法やビジネスの世界で多用されている。店員やセールスマンが笑顔でお世辞を言って対応してくれると、つい口車に乗ってしまうのがこの性質による。ポジティブな気分のときは人の印象が良くなり、ネガティブなときは悪い印象を持ちやすい。寂しいときはどんな人に対しても人恋しさに陥り、うつ状態になるとすべてを悪く思うのはこのような性質によるのかもしれない。ポジティブな感情やネガティブな感情がどうして判断能力に影響するかの科学的証拠は確立されていないが、大脳辺縁系と前頭前野との神経連絡がこのような作用を及ぼすと考えられる。

これは単に評価だけでなく、記憶記銘、記憶想起や印象形成にも影響を及ぼしている[14]。嫌な出来事はよく覚え、また思い出しやすいが、楽しい記憶はあまり記憶に残らず思い出すことも少ないのかもしれない。

ストックホルム症候群

誘拐事件や人質事件で、被害者が犯人に対して連帯感や同情、好意を必要以上に持つ症状をいう。ストックホルムで一九七三年に起こった人質事件での人質が犯人に対してとった行動が奇妙にも、犯人は素晴しい人であるという好意的な証言であった。非日常的な事件に巻き込まれたとき、多くは強い恐怖状態に陥り、生命の危険に曝される状態になる。そのときの心の自己防衛を考えたとき、犯人への怒りや恐怖を持続させるのか、または何か別の状態を持続させるかが自己の中で求められる。異常事態の中で犯人の感情への同情や理解が芽生えても不思議でない。特に恐怖緊張が持続し日常化が始まるとしたら、緊張緩和の行動選択の合理的説明の一つは犯人への同情であり、好意であろう。ストックホルムで起こった事件は、犯人への好意的弁論、さらには犯人との結婚まで進んだという。極限の状態での感情の振る舞いには理解しがたいものがあるが、歴史を遡れば略奪婚ではこのような心の動きがあったのかもしれない。

そこまで極端な例でなくても、恐れの喚起によって人に好意を持ちやすくなるという実験もある。高い吊橋で女性と実験参加者である男性が出会い、簡単なアンケート後、連絡をしてもらうようお願いすると、街角で同じことをした場合より多くの男性が連絡をとってきたという。高い覚醒状態、または恐怖状態のときにその判断は、ポジティブ側にずれるのかもしれない。

もっと日常的には、サークルや会社で一つのプロジェクトやイベントを行ったとき、同志や仲間として一体感が形成されやすいのも、恐怖状態ではないが、それが本当の感情であるか、時間を追って考える必要がある。

プロスペクト理論(15)

この理論は行動経済学で明らかになったもので、図5-3によって概略が説明される。経済理論なので感情特性として応用するには問題があるが、経済は感情の権化と言えるようなところがあり応用としては面白い。この理論は、損得の客観的指標に対して主観的価値観が非対称のS字型に評価されることをいう。一〇

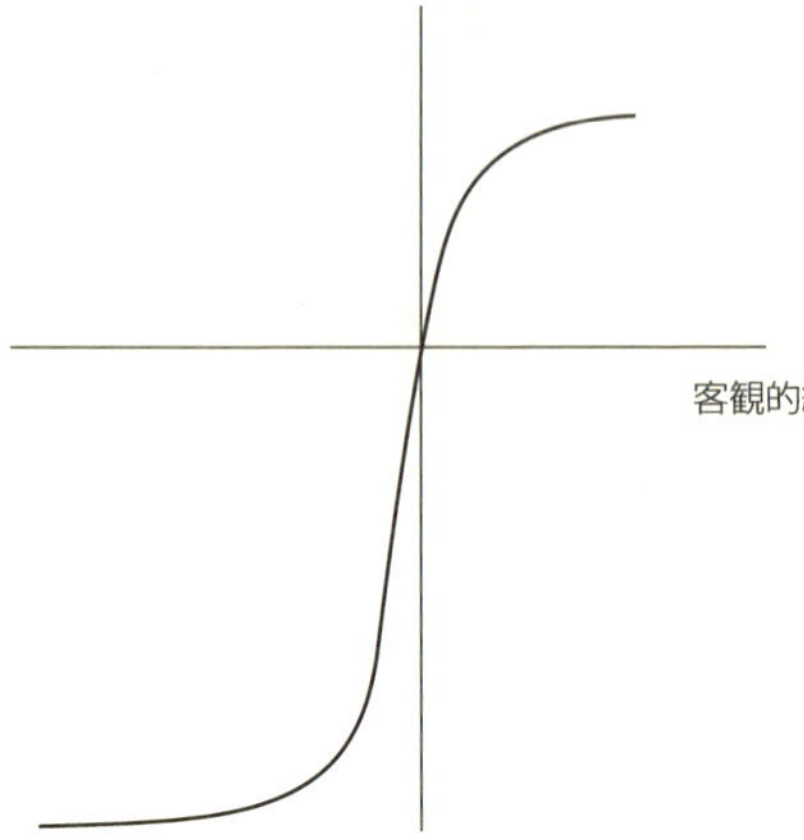

図5-3　プロスペクト理論（文献(15)より引用）

〇〇円を儲けたときの嬉しさと、一〇〇〇円を失ったときの悔しさの程度が異なり、嬉しさは少なく、悔しさが大きく評価される。そして次に一〇〇〇円を儲けてもその嬉しさの増加は少なく、一〇〇〇円をさらに失うとその気分はさらに大きくなる。この利益と損失の感情的反応を図5-3は示している。ここからいくつかの行動パターンが出てくる。例えば損をした株は売ることを嫌がるが、得をした株は売る傾向がある、損をすると、収支を合わせるために、ますます株を買っていき、すでに持っている株を持ち続ける傾向がある。ギャンブルにはまる人はこの傾向が強い。

　感情をめぐる評価も、好き嫌いでこのような主観的評価の非対称性が起こっている。嫌いなものはより強く、好きなものは少しと感じる。他人のちょっとした仕草、習慣やクセに対して、自分が嫌いであれば強く意識され、何もなければあまり意識されることも、好まれることもない。人の評価もこれに従っているようであり、そのことが好き嫌いの逆転を難しくしているのかもしれない。

　しかし恋はこのS字の評価が逆転しているのかもしれない。彼氏または彼女の良い点はより強く、悪い点は見ないか低い評価をする傾向がある。

感情プライミング効果[14]

マーフィ Murphy とザイアンス Zajonc の実験に基づく結果で、彼らは、感情を有した表情写真を4ミリ秒の短い時間見せた後に、漢字に対する好き嫌いを西洋人に尋ねた。短い時間では顔の表情認知は不可能で、それが怒った顔なのか、満足した顔なのか判定することはできない。漢字刺激は西洋人にとって何の意味も持たない中性刺激に相当し、漢字に対する好き嫌いはない。ところがこの実験で、ポジティブな表情の閾値下の刺激は漢字の絵を好きと評価する傾向があり、ネガティブな表情呈示では漢字の絵を嫌いと評価するように、漢字に対して好き嫌いの差が出てきた。このことは判定不可能な短時間の感情を持った刺激が、後で示される認知可能な刺激の好き嫌いに影響することを示唆する。これを感情プライミング効果と呼び、一種のサブリミナル効果である。これは気分一致効果の実験的証明になっているかもしれない。

返報性

これは説得技法のところで出てくる言葉である（一一章）。相手を説得しようとするときに、説得させる要素として最も強力なものである。これが感情の生起に強く影響しており、特に相手に施した事柄に対して、お返しがこなかったときには強い憤慨を感じる人が多い。多くの人は親切に対して、相手から親切にしてもらいたいという互恵の気持ちがあり、逆手にとられると裏切られたと感じる。義理や人情が強調される世界では重要な性質である。また贈物の行為は返報性の典型例で、見返りを期待する。それが裏切られると必ず強い怒りを生じる。心理学では、心理的負債感の効果と捉えられる[16]。

ゲーム理論に、一方的に与えるグループと一方的に受け取るグループ、与えられたことに対してお返しをするグループを混ぜて生存確率を計算すると、大半はギブ・アンド・テイクのグループになるという結果がある[17]。この理論が示すその他の行動規範として、協力が復活した後は協力せよという「謝罪は受け入れろ」とか、裏切りが三回続いた後は「同じ轍を踏め」とか、相手が出し抜けに裏切りをしたときは裏切れという「挑発的になれ」、搾取した後協力が復活したときは「忘れて」協力せよなどの性質がある[18、19]。この性質は集団が共存していくための強力な性質で、この性質からのずれは、必ずと言っていいほど社会的感情を引き起こす。

公正認知[16]

ときに人は不平等に扱われることに対して強い憤りを覚えることがある。兄弟でなぜ兄と弟が小遣いが異なるのか、会社での同期がなぜ待遇が異なるのか、世の中には不合理なことがいっぱい転がっている。長い歴史の中で文明は平等の概念を成熟させ実行してきた。そこには不平等が別の強い感情の暴走を発生させる危険性を常に持っているからである。逆に矛盾であるが、人によっては、自分に対しては平等を要求し、他人に対しては不平等を認めることもある。

心理学的には、公正認知という認知の特性が明らかになっている。これには、分配的公正と手続き的公正の機能があり、前者は資源や利益の分配のときに働く機能で、後者は組織のルール決定や役割分担、法律行為の決定のときに影響してくる要素である。共に社会生活を営む中で他者との相互作用で起こる現象で、これらが社会的感情や知的感情の誘発に強い影響力を持っている。ときには強制的とも言える強さで避けることができない感情としてわれわれの中に沸き起こってくる。そしてそれはさらに悪平等という不合理な結果を産むこともあるし、また差別化というものを暗に強要する結果にもなりうる。言葉で表すならば、嫉妬、優越、得意などはこの流れの侮りがたい感情である。

その証拠として、経済学では交渉ゲームというものが考えられている。[18]、[19] それには二種類の最終提案交渉と独裁者交渉があり、有限の資産を不平等に分けるとき、差別された方の行動が問題になる。特に後者のゲームで、分配の結果、差別された方が提案を受け入れなかった場合、提案した方に全ての資産がいく場合の、差別された者または弱い立場の者の行動である。少なからず提案を拒絶する者が出てくる。経済学的には拒絶する場合の分け前はゼロとなり、多くの者はその差別を受け入れて何らかの配分を得ることを決断する。そのような分配の場面での、感情の動きには複雑なものがある。

4　まとめ

　感情とはこういう性質だと、人々の前に示すことができたならば、人は大いに感謝し、そして日常生活で大いに役立てることであろう。しかしこれまで見てきた中で、感情とはこういうものだと示すことができた内容はわずかでしかないように思われる。感情に関する考え方であれば、四階層の感情階層仮説は一つのヒントを含み、その応用の広がることが期待される。しかしそれらを日常生活に役立て、良い感情はより強く、悪い感情はより少なく、安らかな生活が送られるようになるまでにはほど遠いと言わなければならない。

　ここで議論した感情の特性は、主に経験論に根ざしているが、生活の中で実感してきた感情の一端を示している。気分一致効果や公正認知などは、集団生活を送るために獲得してきた進化の結果であり、ゲーム理論[18]、[19]なども社会的感情の中に繰り込まれるようである。そのような社会的生活を営む最低限の進化論的特性が強く感情を支配しているようである。感情に囚われるとは、短期的視点からは不合理かもしれないが、長期的には社会生活を強く生き抜くための智恵かもしれない。

　感情の特性はわれわれが最も知りたいことである。なぜなら、感情とはこういうものだから私の考えは正当化されるとか、私がこのように行動したのは仕方がないと正当化することに使われるからである。さらに、人間関係に悩んでいる人が、人とはこのようなものであるとして、交際の手段として使うこともあるだろう。このように感情の特性が整理されるならば、その有益性には計り知れないものがあるが、現在は経済、政治、社会行動などの異なる分野で異なる言語で記述されており、これらの共通基盤として感情という言葉で見直すならば、かなりの規則性が浮かび上がる可能性がある。

六章　感情の伝達――人間関係のあや――

人は感情の動物であるとも言われる。人を動物から隔てる大きな要素は、知・情・意に分けると、知の部分であるが、感情の豊かさはどの霊長類とも比べものにならないほどである。日常生活の喜怒哀楽はもちろんのこと、感情を表さない生活はおそらく考えられないだろう。

人はどのようにして感情を表現し、またどのようにして感情を読み取っているのだろうか。今、日本ではいじめ、児童虐待、ＤＶ（domestic violence）、老人虐待などと暴力を伴う事件が頻発し、悲惨な結果を招いている。その原因として、他者の感情への感受性の低下、それに続く感情の識別の未熟さを危惧せざるをえない。人が苦しんでいるのに、その苦しみを苦しみとして読み取れず、また苦しみとして認識できない人が増えているのではなかろうか。人は嬉しいときや嫌なとき、すぐに表情として表すことができるが、拒絶的態度や親愛の態度を示す表情の表現能力もまた低下しているのではなかろうか。

われわれは人間関係の中で、相手の顔を見ながら話をしている。日常、何気ない雑談では気にしないことも、込み入った話になってくると相手が何を言うのか、相手がどう考えているのか、あらゆる五感を働かせて探ろうとする。その中で、表情の変化には特に敏感になっている。推理小説では、目のちょっとした動きが大きな手がかりを与え問題解決に導くことがよく描かれている。相手は真実を隠そうと無表情を装うと努めるのだが、無意識のうちに目線の些細な動きになって現れてしまう。一方、真実を明らかにしたいと思う方は、そのことを知っていて、相手のちょっとした目の動き、極端には息遣いまでも変化がないか神経を尖らせて見守っている。

われわれにはこのように相手の感情を読み取る能力があり、また相手に自分の感情を言葉以外で伝える能力がある。しかし先に述べたような社会現象を考えると、感情コミュニケーションに個人差があると考えざるをえない。さらに問題なのは、言葉を用いなくても感情が伝えられることで、このときの伝えるということとはどういうことなのか、これがこの章の主題である。

1　五感の伝達特性

ヒトほど多様な情報を他者に送っている動物は地球上に存在しない。科学技術の進歩により地球の端から端まで瞬時に情報を伝えることができ、それも映像として伝えることができる。日本に居ながらにして、世界中で何が起こっているかをすぐに映像として知ることができ、言葉以上に人々の感情の起伏を鋭敏に感じ取ることができるようになった。昔、情報は旅人によって場所から場所へと時間と危険をかけて伝えられた。マルコポーロがジパングを西洋に伝えるためには数年を要し、それもほとんど言葉としてだけで、当時の日本は黄金の国として、大航海時代の船乗りの野望の対象になった。

情報伝達は多くの場合、言葉を用いた事実や知識の伝播であった。それは長年、書物を通して時代を超え人々に伝えられた。しかしここで考えるのは、事実の中に含まれている人々の感情であり、国民感情であり、民族感情の伝達である。感情はリアルタイムのものであり、それを時代を超え場所を越えて伝えることの問題である。言葉や絵画を通して伝えられる部分も多くあるが、それを表してしまった瞬間にそのリアルタイム的感覚は失われてしまう運命にある。感情の伝達とはいかにそれを臨場感あふれたものとして伝えるかである。

感情の伝達とは、決して単なる知識の伝達でなく、感情が持つコミュニケーションの役割としての感情の伝達である。人は感情を持った動物であり、集団生活を営まなければならない宿命にある動物である。そこに個体間の親密さを程度の差があれ保たなければならないことは自明である。感情の役割の一つに、親密さの距離を決定・保持する機能を持っている。

親密さは動物間の距離の関数になっている。[1, 2] 特に人間では、行動学的に友達になる確率は距離の関数であり、また配偶者を見つける確率も距離の関数になっている。職場結婚はその典型であり、同じ地域内に住ん

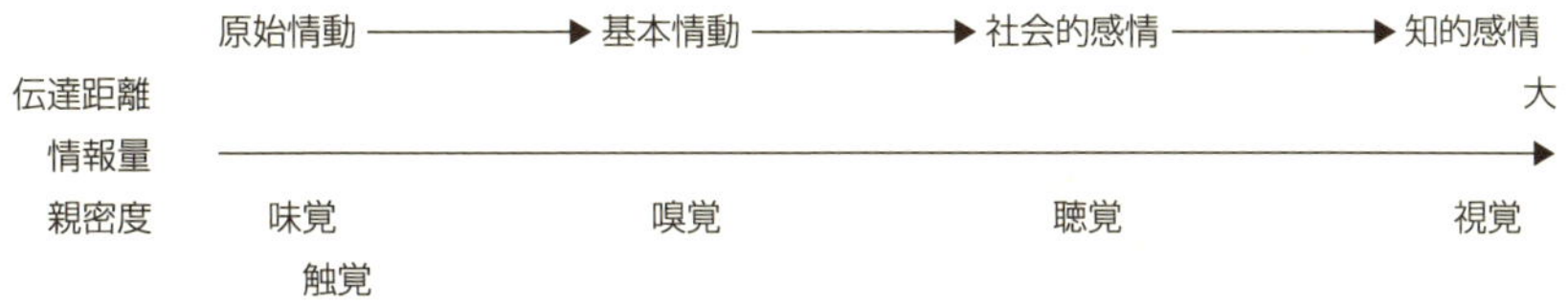

図 6-1　感覚と情報伝達の距離特性

でいる人同士の結婚は、遠距離恋愛よりも結婚に至る確率が高い。その親密さを構成している要素の一つに感情の役割がある。

感覚系が伝えることができる距離は、味覚、触覚、嗅覚、聴覚、視覚の順で遠くの情報を受け取ることができる（図6-1）。味覚は口の中に何かが入らなければ感じることができない。触覚は接触しなければ感じられないし、臭いは人では退化していると言われ、距離的にそんな遠くの臭いを識別することはできない。声が届く範囲は限られている。一方、視覚は正確に捉えられるかどうかを別にすれば最も遠くからの情報を捉えることができる。このような感覚と距離の関係を踏まえた上で、感覚系が伝えることができる情動・感情はどのような性質を持つだろうか。

味覚は甘、酸、塩、苦、うまみの五基本味から構成され、それに痛みと温度の感覚が加わり評価される。さらに触覚と臭い、聴覚と視覚の情報が加わることによって総合的な味覚は表現されるが、感情の要素となると、不思議なことに味覚の感情表現は非常に少ない。料理番組を見ていると誰もが一様に、「美味しい」、「うまい」、「まずい」としか言っていないように聞こえる。もちろんそこには感覚の濃度や硬さに関係する形容詞などが説明として列挙されるが、本質的な感情語となっていない。

原始情動の発生を考察した際、快・不快は身体のホメオスタシスを基盤にしているとの仮説を提唱した（一章）。味覚は、まさに身体のホメオスタシスに関与する栄養の補給に関係し、その食物が身体にとって有用か、有害かが問題で、その判断が食の判断の表現の少なさに表れているのかもしれない。また味覚は、快・不快を超えて、基本情動である喜びや嫌悪にも強く影響している。喜びは摂食可能な食物の種類を増やす役割と同時に、何を選択するかによる成長速度のコントロールや身体維持に対する影響力を持っている。嫌悪は身体の内部環境を一定に保つ防御機能の基本であり、生命に直接関係する。これら味覚に関連する情動は、一人の中での情動であり、その感覚を直接人に伝えることはできないが、同じ材料を介して共有できる。その点から、人と人の親密さを伝達する役割は小さい。

身体接触は触覚を通して親密さの程度を最も強く表現することができる。(3) 挨拶を考えてみると、日本人は頭を下げ、体を曲げて挨拶をする習慣があるが、西洋から眺めると他人行儀と見られることが多い。西洋では、握手でもって挨拶し、ときに抱擁を、さらには口づけでもって親しさを表現することがよく見られる。身体接触を通してつながることは、「あなたとは敵対関係にない」、「あなたに殺されてもいい」という意思表示であり、まさに敵の懐に飛び込んでいる距離に相当し、それ以上に親密さを表現し、また感じる手段はない。そこで表される親密さとは人間関係を築く社会的感情の範疇に入るだろう。しかしその判断の中には、それだけでなく単純な手の温もり、肌触り、握手の強さ、握り方で、自分にとって受け入れることができるか、できないかの情動成分がある。身体的接触の違いは言葉に表すにはあまりにも原始的であり、触覚は主として原始情動と基本情動の情動を伝えるのに寄与していると考えるのが妥当である。サルのグルーミングはその表れの一つである。逆に考えるならば親密さを求めるには身体的接触を積極的に求めることが関係を深めるのに役立つ。そして言葉では伝えられない、手の接触だけでしか伝えられないものがある。恋人が身体的接触を求めるのはこのことによるのかもしれないし、乳幼児の子育てにおいて母子のスキンシップの重要性は強調してもしすぎることはない。ふれあいという言葉の中には、身体的接触による原始情動と基本情動の交流が根底にある。

しかしここで気をつけなければならないのは、身体接触は嫌悪感を強めるという逆の効果もあることである。知らない人に触られるのは不愉快で、触覚と感情の関係にはこのような二面性がある。

嗅覚は触覚と異なり、離れていても匂いが届く限りにおいて有効である。ヒトにおいてその能力は衰えているとはいえ、春先の咲き誇る花の香りや新緑の香りはわれわれの心を和ませてくれる。香水は感情のコミュニケーションの道具として、人に良い印象を与える。人類はさまざまな香水を開発し、多くの女性を魅了し、愛を育んでいる。しかし同時に、体臭はある人にとって耐えがたい臭いとなる。

臭いの癒しの要素を強調したアロマテラピーという心理療法が医療や福祉の分野でよく用いられている。なぜ緑の香りで心が癒されるかを考えると、原始情動や基本情動のレベルでの影響を考慮しなければならない。動物にとって嗅覚の基本は食物の臭いであり、敵や配偶相手の臭いであった。さらに遡れば、サケに代表される産卵に適した場所の記憶に川の臭いが利用された。それが自分にとって快か不快かの行動の基本を構成している情報の重要な部分であり、心が癒される臭いの多くは、複雑な環境の中での安全情報をコードしているようにも見える。その情報処理の痕跡が原始情動や基本情動の処理過程の中に繰り込まれていった。解剖学的にも嗅覚情報は脳の深部に直接投射している[4]。臭い情報もまた親密さに対して決定的な影響を及ぼしている。体臭の感じ方が相性の関係で議論されることも多い[4]。

上で述べた三種類の感覚系はまとめると、比較的無意識のレベルで情動に影響を及ぼしていることがわかる。進化論的感情階層仮説で述べているところの原始情動や基本情動のレベルで、これらの基本的現象は無意識のレベルで起こっていることであり、また脳の深部で、比較的速い処理が行われている。文化によってあまり変化してこなかった部分であり、親密さを構築する上で本質的である。このように考えると、動物との心の交流は、原始情動や基本情動が動物とヒトで共通言語となっていることから生じるのかもしれない。

2　表情による感情伝達

聴覚や視覚による感情伝達は、種類も多く遠くまで伝わることができる。人の声を遠くから聞いても、内容だけでなく声の微妙な調子から、怒られているのか、または誉められているのか、すぐに理解することができる。言葉に含まれた情報以外の音声の強弱や調子などによる情報が感情伝達に大きな要素を占めており、

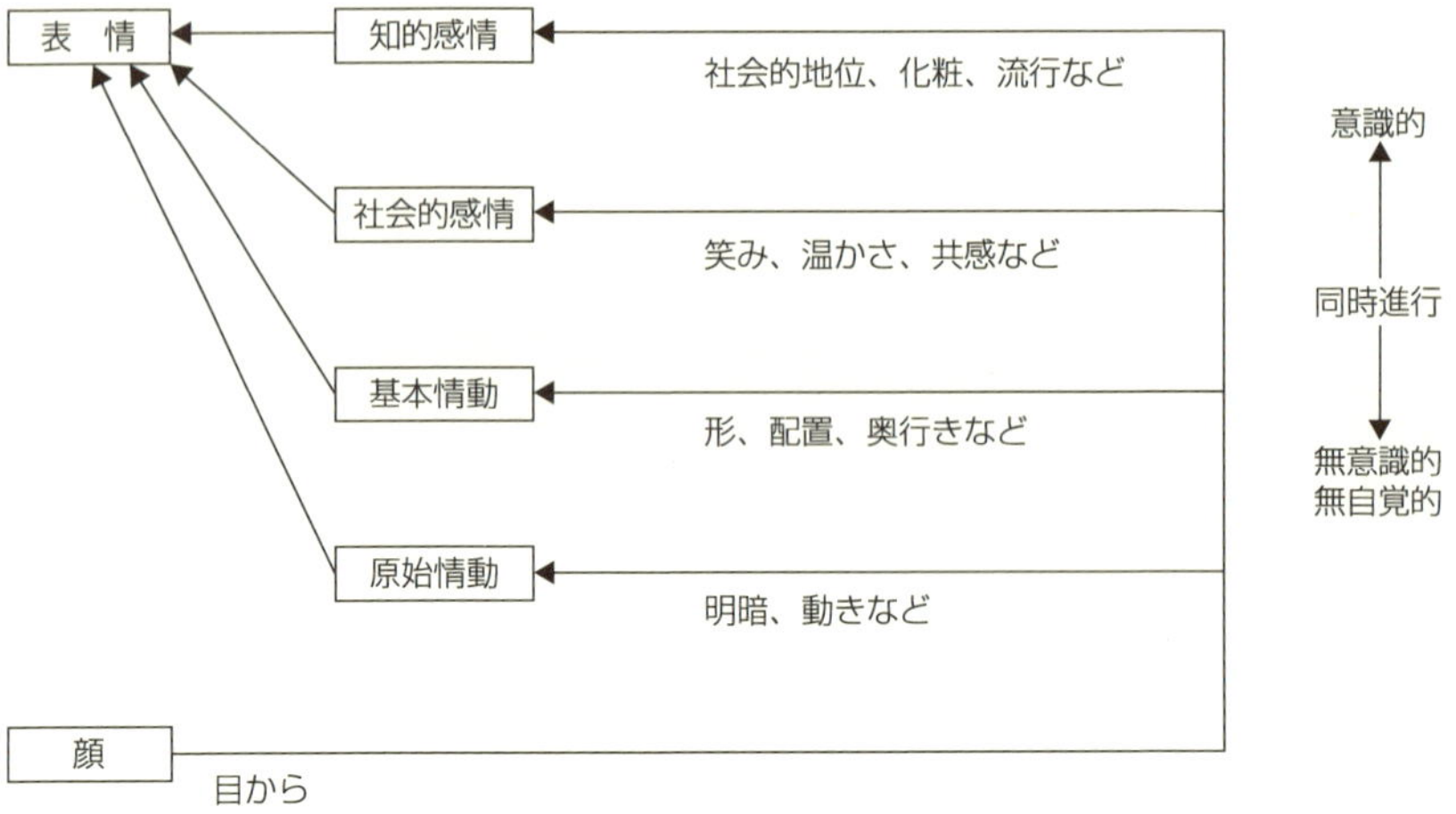

図 6-2　表情の情報処理過程

子供がいたずらして親や先生から叱られるとき、「オイ」と呼ばれるだけで震えるようなものである。また遠くから知らない人に呼ばれたとき、それが物を尋ねる呼びかけか、または襲ってくる掛け声かすぐにわかるだろう。この感情伝達は内容理解からくるだけでなく、状況判断によることが多いのは認知論の示すところであるが、状況だけでなく声の強弱や調子で感情が伝わると考えるのが、原始情動や基本情動の考え方である。音声の中に、情報を伝える内容だけでなく、感情を伝える内容も同時に付随してついていることをわれわれの仮説は示している。

表情は感情を視覚的に伝える有力な道具である。特に霊長類は表情筋を発達させ、音声だけでなく、表情で意思伝達ができるようになってきた[5]。その内容は、情動・感情が主であり、口の発声を除けばそれ以外の情報を伝えることはできない（図6-2）。

遠くから人を見たときや薄暗い夜に人を見たとき、そしてその人が誰であるか識別できないとき、まったくと言っていいほど、大脳皮質で行われる情報処理は役に立たない。誰であるかを判断する情報が得られない場合の判断はどのように行われるのか、ここに情動・感情の階層仮説の応用がある。

視覚系の進化初期の段階では、明暗の処理しかできなかった。そして時が進むにつれて、大きさ、動き、奥行きなどの視覚情報が漠然とであるが可能になってきた。これと同じく原始情動と基本情動が進化してきた。われわれが現在見ている明瞭な世界を同じく動物も見ていると考えたら、感情に関する大きな間違いを起こすだろう。形が見えないとき、明暗はわれわれの生存を決める大きな要素であった。昼行性の生物であれば、暗い場所は生存確率を減らす危険な場所として避けなければならなかった。その判断は、進化していない、わずかの神経細胞だけで決めなければならないとしたら、快・不快のようなものであったに違いない。たとえ見たものの形があったとしても、その知覚は大雑把なもので、到底それが鮫であるのかヒトデであるのか判断できなかった。しかしそれでも避けるべきものは避けなければならなかった。ついで視覚の進化は、大きさ、動き、奥行きといった現在われわれが知っている視覚情報処理機構の原型が神経組織に発生したに違いない。それも漠然とした処理機構である。急に出現した黒い大きい形のものは危険であり、それも奥行きのある生物はなおさら危険であると判断したに違いない。派手な色をした小さな生物は毒を持っているが、それに反し小さくて動いているものは餌だと判断していたに違いない。それが何であるか、その顔は何であるか、そんなことはかまわなかった。その選択判断が進化の次の過程で起こり、そこに基本情動が求められた。基本情動の判断に使われる情報はわれわれが見ている世界ではなく、例えば近視の人がメガネを外して見ている世界やうす暗がりで人と会った場合と同じであったに違いない。近視の人がメガネを外して知らない人と会ってみればよい。何でもってその人から感情の伝達を読み取ることができるかと考えれば、漠然とした輪郭の動きであろう。目の正確な動きが見えないが、口を大きく開いているかは判断できる。そして喜んでいるらしい、あるいは怒っているらしいと判断できるであろう。基本情動の初期の発生はこのような世界であったに違いない。

このような視覚の進化の痕跡が、新生児の視覚の発達の中に見てとれる(5)。生まれた直後では新生児の視力はほとんどなく母親の顔は漠然としか識別していない。生後一～二年に至って初めて、脳の成長と共に明瞭な親の顔として認識される。

恐れの本能的な要因には、暗闇、急な変化、高さ、痛み、孤独、拘束などが挙げられる。これらはどの人にも生まれながらに備わっている性質で、おそらく遺伝子の中に書かれているものである。ということはわれわれの脳の中で漠然とした概略を抽出する装置が自動装置として物を見た場合に働いているのであって、生理学が教える「視覚情報は大脳皮質の視覚領野に入って処理される」というのは不十分であると言わなければならない。一部はバイパスされて、物体の概略を判断する脳に同時に入っていき[6]、そこで好き嫌いの判断を同時に行っていると考えられる。

視覚神経回路がさらに進化してくると、世界はもっとはっきり見えてくるようになる。人の顔は、目の動き、頬の動き、口元の動きなどわずかな動きでも視界の中に捉えることができるようになってきた。こうなると仮説で言うところの社会的感情や知的感情のレベルである。友人や親の顔、恋人の顔の些細な変化も見逃すことなく捉えることができる。笑い一つとっても、心から喜んでいる笑いなのか、嘲笑的な笑いなのか、皮肉の笑いなのか区別でき、それによって一喜一憂される。目線は社会的感情を示す重要な指標であり、自分が置かれた人間関係を判断する重要な材料になる。笑いや微笑はヒトの社会的感情の最大の成果であり、そのコミュニケーション力は言葉に勝る。

昨今、顔学が盛んになって表情の機能的研究が進んでいる。特にアンドロイド・ロボットとの関係でどの表情筋を動かせばどのような感情を表せるか明らかになっている[7]。表情は二〇種類以上の顔面筋から構成され、これらは脳の運動野や感覚野の制御の下に複雑な動きをすることができる。

エックマン Ekman は表情から何種類の感情が人の基本かということについて研究し、驚き、喜び、怒り、恐れ、嫌悪、悲しみの六種類を感情の基本とした[8]。これらの顔の筋肉の動かし方はホモ・サピエンスという種内で一定であることを明らかにした。このことは民族が異なっても、感情を表現するための表情の表し方が同じであることを意味し、アフリカ人が泣いているのを見ると、日本にいるわれわれはその人が悲しいのであろうと想像できる。怒りも恐れもまったく異なる社会に行っても同様に理解することが可能である。その点で基本的感情の表情表現には、どのような顔面筋をどのように動かせばよいのかは標準化されている。

顔にはその他、その国独自の表現形態がある[9]。魅力、嘲笑や怒りの内容は文化に依存し、それに適した表情が歴史によって作られてきた。例えば仮面の地域性は端的にそれを物語っており、日本の能面は写実的であり象徴的でもあるが、西洋では表情が抽出された面を用いることが多い。文明化された表情の中から本心を見極めることが難しくなってきている。

3　表情の左右対称性

ヒトの顔は左右非対称であり、二つの顔を持つことはよく知られた事実である。一般に哺乳動物は左右対称の顔を持つが[5]、いつ頃からかヒトの顔は左右少し異なるようになってきた。コンピュータで顔写真を右の部分を左に同時に持ってきた合成顔写真を眺めるとどこか奇妙な感じを受ける。左右の顔が異なることから

写真家が撮るポートレートには正面を向いた顔写真は少なく、どちらかを向いた写真が多く撮られている。ある写真家の人物写真集より、男女年齢を問わず左右どちら側に人物が向いているかを調べて見ると、図6-3のような結果が得られた[10,11]。写真家が最もその人物の特徴が出ているとして選んだ顔写真の一枚であろうが、人物の左顔を撮った写真が相対的に多く発表されている。男性では正面が少なく左顔が最も多い。それに比べて女性では右顔が一番少なく正面と左顔が多い。写真家というプロが眺めた人物の顔の中にも非対称性が強く認識されているようである。どちらの顔を好むかはそれぞれの嗜好ではあるが、状況に応じてどちらの側に席をとるとよく見えるかを考えてもいいかもしれない。もう一つの例として、有名なレオナルド・ダ・ビンチの「モナリザ」の絵を取り上げてみると、描かれている女性の顔は明らかに左右非対称に描かれていると言われる[12]。前にも述べたような画像処理で左右重ねて対称の顔にすると奇妙な顔となり、女性の右顔は冷たく冷徹な女性を描き、左顔は母親のような優しい顔が描かれているという。一枚の顔の中に複雑な女性の二面性を完全な形で描いていると批評されている。無意識に描いたものなのか、そ

	右　顔	正　面	左　顔
男の顔	38	16	58
女の顔	14	36	44

図 6-3　ポートレート写真の左右非対称性
（文献(10)(11)より算出）

れとも意識的に描かれたものなのか、レオナルド・ダ・ヴィンチはフランスで死ぬまでこの絵を修正し描いていたといわれている。

脳の大脳皮質の運動野や感覚野は対側支配になって右顔は左運動野が、左顔は右運動野がコントロールしている。一般に左右の大脳皮質には機能局在があり、左半球は言語、計算、論理的思考などが優位で、右半球は演繹的思考や芸術的能力などが優位である[13]。この機能的差異は表情にも表れ、表情認知は右脳が優勢で、情動的色彩の強い質問には眼球を左に動かす傾向が強い。これは右半球に情報を入れようとする機能の現れかもしれない。また非情動的な言語的情報に対しては眼球を右に動かす傾向が強い。陰性情動は左顔に、陽性情動は右顔に出やすいと考えられ、この結果は、顔のどちらを相手に見せるかの無意識の表れかもしれない。理知的を表現したい人は右顔を、感情の深さを表現したい人は左顔を強調することを示唆している。

4　まとめ

言葉でわれわれの考えを伝えるのは比較的簡単であるが、自分の気持ちである愛しさなどを伝えようとすると、言葉では表しきれないもどかしさや物足りなさを感じる。怒りにしても言葉で伝えるには足りず、暴力を伴う行為も出てくる。感情コミュニケーションの難しさには常に悩まされるところがある。

ヒトは言葉を有する以前は、発声や身振り手振りでもって情報伝達を行っていた。毛づくろいはその典型例である。この章では感覚系が有する情動・感情の役割について議論した。そして言葉ではなく、嗅覚や触覚などが持つ人間関係を築く役割の重要性を指摘し、現代社会では次第に失われつつある人間関係構築の知恵について進化論的感情階層仮説から眺めた。これは、初めて人に会うとき、臭いや体型による第一印象がまず影響し、ついで握手なりの触覚が影響し、最後には服装、化粧などの社会的要素が相手の人物の判断に影響してくるという原始情動から知的感情までの進化論的感情階層仮説の情動・感情の判断に従っていることを意味している（図6-2）。

感情表現に関して言えば、ここで触れることができなかったが、文学に表れる感情もまた、感情表出の観点から興味がある。[14]、[15] 源氏物語には怒り表出が少なく、枕草子は笑いに満ち、平家物語には泣き、恐れ、怒りが多いという指摘は感情表出の時代背景を示している。さらに遡るならば中世の宗教画や絵画では感情の表出は乏しい。感情という視点からあらゆる表現を眺めた研究が少ないが、感情表現の多様性の進歩が近代化につながることがあるかもしれない。

しかしその反面、感情表現の幼稚さや稚拙さも出てきているように感じられる。メールによる情報伝達は言葉に強く依存しているために、表情や会話、接触が持つ微妙な情報を伝え感じることができず、情動・感情に含まれる親密さを伝えられない問題がある。技術の進歩や情報化は社会的感情、基本情動、原始情動の感性を希薄化させ、愛着に代表される人間間の親密さの距離をどんどん離していっているようにも思える。文化となってしまった携帯電話の普及であるが、新たな感情伝達の手段を求めるのか、限られた感情伝達を受け入れて文化を形成していくのか今後の問題である。さらにゲームや双方向メディアでの仮想空間での感情伝達や感情交流も今後の課題である。

七章　感情と感性——感動はどこから——

チャイコフスキーの「悲愴」を聞くと悲しくなり、ベートヴェンの「運命」を聞くと勇気が湧いてくるように感じられるのは私だけであろうか。ビヴァルディの「四季」はさわやかな春と重苦しい冬の雰囲気を感じさせてくれる。古典音楽だけでなく、歌謡曲、民謡、ジャズなど聞く曲によって、気持ちを強く、また和らげたりしてくれるし、元気も与えてもくれる。改めて眺めれば不思議な作用を持った刺激と言える。それを積極的に利用したのがヒーリング音楽であり、音楽療法である。なぜヒーリング音楽はわれわれに安らぎを与えてくれるのであろうか。また音楽療法はわれわれの心のケアに有効なのであろうか。

一方、絵画に目を向ければ、最も有名な絵であるレオナルド・ダ・ヴィンチの「モナリザ」に対して不思議な感じを受けると同時に安らぎと不安を感じる。美しいと感じるのはその絵画の歴史や理論を知らなくても、誰でも感じることができる。「モナリザ」の絵の解釈には奥深いものがあり何冊の本にもなっているが、それを知らなくても良い絵であると感じることができる。どうしてそれを良いと、また美しいと感じるのであろうか。

芸術は感情を抜きにして議論することはできない。芸術には文芸、音楽、絵画、彫刻、建築、演劇、舞踊、映画などのさまざまな分野があるが、(1)、(2) これらすべての分野に感情が関係している。文芸は言葉を通して直接、愛や喜び、恐れや怒りを表し、それが読者に共感を与えている。感情の起伏のない小説は小説でないし、第一に商品としての関門を通らないだろう。言葉に表せない感情は、音楽、絵画、彫刻などを通して感情のコミュニケーションとなって鑑賞者であるわれわれに伝わってくる。それで表現できない感情は直接身体の動きとして感じていることを伝えようとする。

感情のコミュニケーションを成立させるためには、第一に送り手が何かの感情を感じなければならない。送り手は感じる能力や鋭敏な感受性を持っていなければならないし、持っていない人は磨かなければならない。ついでそれを表現できる手段を持たなければならない。この能力は、どの人間でも基本的なものを持っており、大声を上げたり、手を叩いたり、体を動かしたりできない人はいない。洗練された表現手段を持とうとしたら、そこには訓練が必要になる。

コミュニケーションが成り立つためには、それを受け取る受け手が存在しなければならない。受け手は非連続した情報を受け取り、その中に含まれている感情を想像・連想する能力を持っていなければならない。多くの場合、基本的な感情は人間に共通に備わっているため、それが共通言語となって同じ感情が伝わっていくことになる。高度で複雑な感情の伝達は受け手の感性によって異なってくる。そこに芸術としての感情の伝達が成立し、そのことを芸術心理学では感情移入、または共感という言葉で説明している[1]。

さてここで問題とする感情コミュニケーションの課題は、刺激がどうして情動・感情を誘発するかということである。研究から種々の色、形、音、言葉が感情を誘発することは知られているが[3]、どのような因子により、音が悲しく、また楽しく感じられるのか、現象論は存在するが本質論はないように思われる。誰に聞いても太鼓の音が心に響く理由を説明することができずに、感じるからそうなのだと終わってしまうところがあり、またそんなことより感じることが重要だとはぐらかされてしまうことが多い。

ここで仮定している進化論的感情階層仮説[4]では、感情の発露である感動をどのように捉えるか、その一端を考えてみたい。

1　感性の進化

感情は階層構造を持っていることをわれわれは提案してきた（二章）。感情は始めに原始情動である快・不快から出発し、進化に伴って基本情動、社会的感情、知的感情という四階層を持った構造として発達してきた。

原始情動は身体感覚を基礎とし、身体が安定状態に向かうことが快であり、そこから外れることが不快である（一章）。生物の進化は単細胞生物から多細胞生物へと進化し、多細胞生物は特殊な細胞である神経細胞を分化させ、ここに動物としての第一歩を踏み出した。外界は複雑多様に変化するためにそれに対応した感覚運動器官が必要となり、それを処理する中枢器官も進化してきた。初期の感覚器官は、おそらく多くを体性感覚に頼っていたところがあり、海の中で進化してきた生物は直接、水温や振動などを感受してきた。そして例えば水温が最も栄養代謝にとって適切な温度であれば、そこへ移動し集まっていった。そこでは振動は自分より大きな捕食者が来たことを知らせる危険シグナルであったに違いない。視覚では明暗を感じ、暗闇は生存を短くし、明るさは大きな敵が前にいないことを意味した。そのような環境で、まだ明確でない曖昧な情報処理器官を用いて適切な行動を決定しなければならないとしたら、そこに快・不快という判断基準を必要とし、それに対応した神経機構が進化してきたと考えられる（一章）。それが快モジュール、不快モジュールの始まりであり、神経回路として遺伝子の中に書き込まれていった。

生物が進化してくると、環境は二値化の世界ではなく、強弱のある世界、つまり中間情報を扱う世界が広がってきた。感覚受容器が進化し、複雑な外界を知覚できるようになってきた。視覚では大きさや動きが主要なパラメータであり、聴覚では音の有無だけでなくリズムや強弱、そしてその変化などを知覚する必要に迫られてきた。しかしここで認知される世界はまだわれわれが見たり聞いたりできるような明瞭な世界でない。外界のものが四角形か六角形であるかをまだ区別できない進化の段階にあったが、ぼんやりとではあるが、何か周囲に特定できる黒いものが動いていることまで知覚できるようになってきた。また黒いものが多く並んでいる場面より少ない場面の方が安全であるということを学習する能力を獲得することもできた。見慣れた模様の中に整合性のとれない刺激があれば身の危険を多く感じたに違いない。

ここに恐れという情動の原型があるように思われる。見ている世界はぼんやりとした世界であっても、あれとこれとがはっきりと区別しにくい世界であっても、快・不快だけでは判断できない行動を選択しなければならない情報に満ちた世界が周囲に広がっていった。

さらに生物が進化してくると世界はもう少しはっきりと複雑に見えてくる。それに伴って脳もまた複雑になってきた。基本情動である怒り、受容・愛情は相手を識別しなくては機能しない情動であり、視覚系や聴覚系の機能の飛躍的な進化が求められた。もちろん、海の中での識別である嗅覚は依然として機能していたが、地上ではその距離に限界が見えていた。周囲が識別できるということは、周囲の空間配置や空間周波数の分析、その変化がわかることであり、対象の輪郭や形、奥行きも区別できるようになってきた。そして自分にとって何が有用で無害か、また同種のオスか、メスかが視覚だけで区別できるようになってきた。このように、自分にとって有用な対象は、おそらく他の対象と比べて奇異に感じることがないということが識別・認知できるシステムを成熟させたはずである。周りの人間を見ても、目が二つあり、口が一つで手足が二本あるような形に何ら奇異を感じないが、動物園の動物と比べると、その動物は四足で歩き、鋭い牙を持ち、ヒトではないことが本能的にわかる。このような感覚が基本情動の確立の過程で成立していった。聴覚についても、メロディやテンポ、音の強弱がどうであるかとの経験や学習が複雑な情動と結びついていった。

感覚系の基本的機能は霊長類のサルとヒトでは大きく変わらない。サルからヒトへの進化にしたがって、社会生活の形態が大きく変化した。生活は単体から集団へと変わり、その個体関係の維持に大きく時間が取られてくるようになった。そこに認知機能の伴った社会的感情が形成されてくる（二一章）。社会的感情は個体間の連合や協力と関係し、個体間のコミュニケーションが確立していかなければならない。そこには他者との入れ替え能力である共感のような感情の交流機能も含まれていなければならない。連帯感をくすぐるような叫びやジェスチャーはこの段階で本格的に獲得された。

2　感情と感動

名画を見ると、名曲を聞くと、あるいは時代にもまれた古典演劇を観ると感動する。その感動がどのようなものかは批評家が言葉にして表してくれるが、素人は言葉に表せない感激を胸に抱き至宝に満ちた時間を過ごす。感動は直接感情を刺激しているはずだが、普通の刺激による感情喚起とどこが異なるのであろうか、興ざめなことではあるが考えてみる価値がある。

前述した進化論的感情仮説では情動・感情を四つの階層に分けて捉えることを提唱した（一章）。快・不快の原始情動、喜び、愛情・受容、怒り、恐れ、嫌悪の基本情動、社会的知性に関係した共感、欺きなどの社会的感情と知的感情である。脳の中に情動・感情の四成分、知的感情、社会的感情、基本情動、原始情動の成分分析器または分析モジュールがある（図7-1、2）。何か刺激が外部から入ってきたとき、物理的成分は脳の中を通るうちにその成分分析器に応じた情動・感情成分が抽出され、それぞれの情動・感情が同時平行的に分析される。原始情動分析器や基本情動分析器は多くの場合、無意識の中で起こり、社会的感情分析器や知的感情分析器は意識の世界で働く。そしてこれらの感情分析器は個人によってその性能が異なっている。その違いは遺伝による才能という形で評価されることもあり、また努力と勤勉によって磨かれることもある。

感動が感情と深く関係していることを考えるならば、進化論的感情仮説では、感動とはこの四個の情動・感情モジュールが協同して働くときに涌きあがるものであると定義することができる。そして感動を与える作品とは、受け手の四個の分析器を同時に唸らせるものが名画や名曲と言える（図7-1、2）。どの分析器の情報が欠けても感動の程度は弱くなっていく。

原始情動の世界は快・不快の世界である。人においても暗さは不快に感じ、明るさは快に感じる。大きな音は不快に感じ、静かな音は快に感じる。これは進化の過程で行われた簡単な情報処理の世界を反映したものである。特に体性感覚を通した情動は、はっきりと自覚することができる。温泉に浸かれば気持ちが良く、そよ風に晒されれば気持ちが良いと感じ、汗をかき下着が湿っていると気持ちが悪いという感情に代表される。直接的な体性感覚でなくても、間接的に音や振動などは空気の振動を通して感じることができる。太鼓

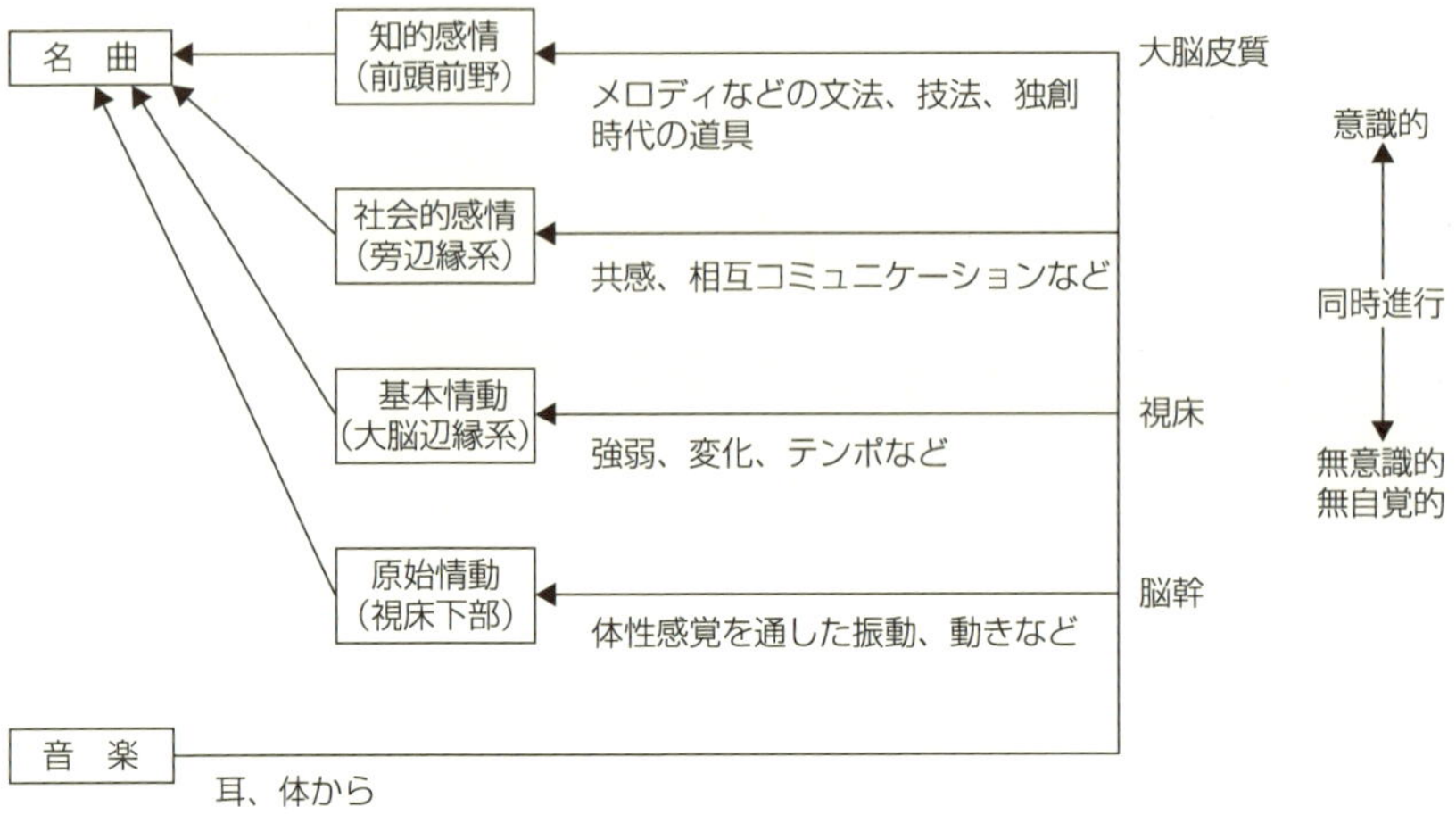
名　曲
知的感情
（前頭前野）
社会的感情
（旁辺縁系）
基本情動
（大脳辺縁系）
原始情動
（視床下部）
音　楽
耳、体から
大脳皮質
メロディなどの文法、技法、独創
時代の道具
共感、相互コミュニケーションなど
視床
強弱、変化、テンポなど
脳幹
体性感覚を通した振動、動きなど
意識的
同時進行
無意識的
無自覚的

図 7-1　音楽と感情分析器

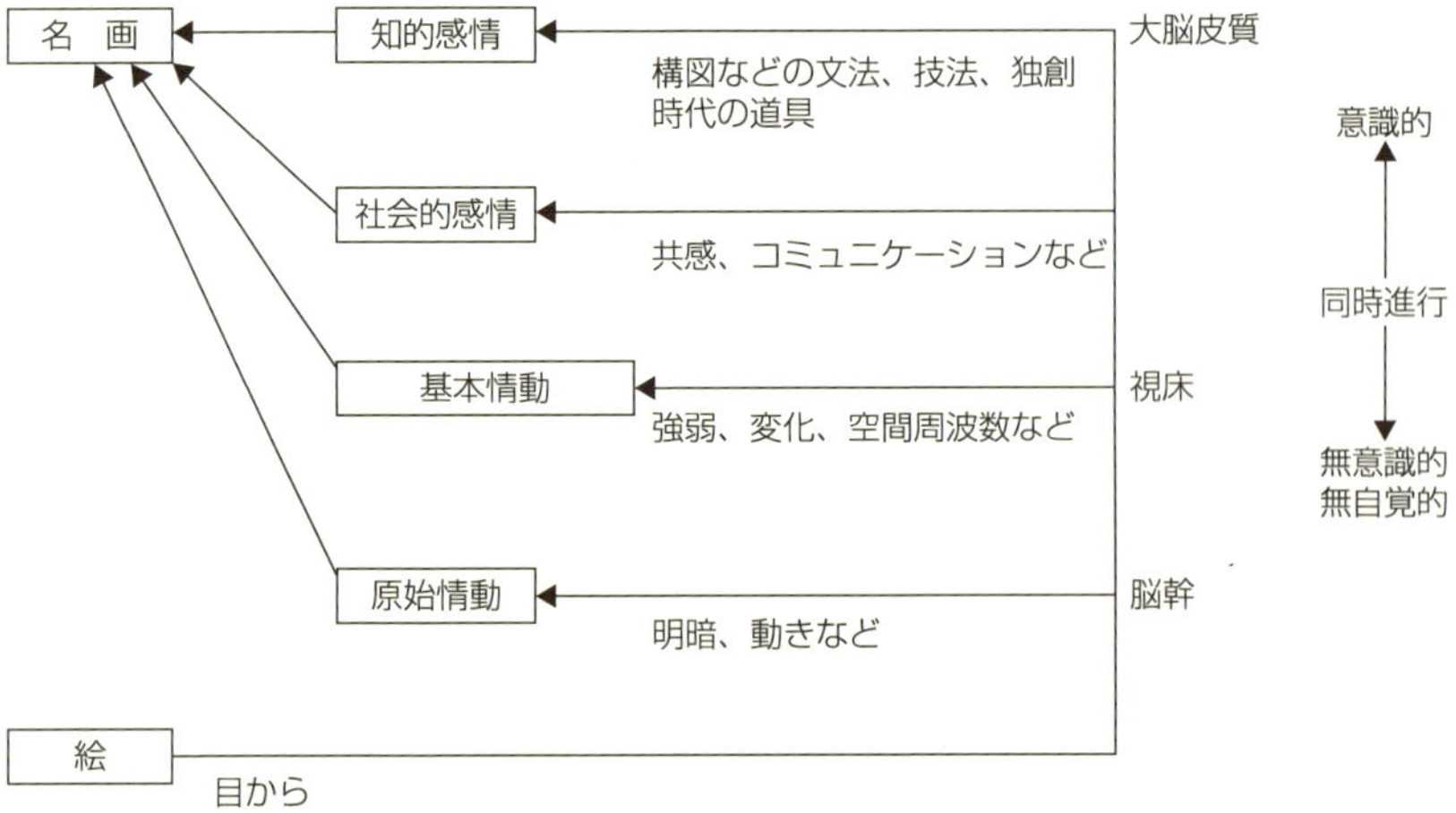
名　画
知的感情
社会的感情
基本情動
原始情動
絵
目から
大脳皮質
構図などの文法、技法、独創
時代の道具
共感、コミュニケーションなど
視床
強弱、変化、空間周波数など
脳幹
明暗、動きなど
意識的
同時進行
無意識的
無自覚的

図 7-2　絵画と感情分析器

の音のように大気を揺るがせるような空気の振動が音楽で大切なのは、おそらく原始情動の働きによる[5]。視覚において形が同定されなくても、漠然とした雰囲気の中に快・不快の成分を読み取ることができる。不安定な光のアンバランスは生物学的な危険因子であり、体の調子に影響を及ぼしていた。原始情動は、視覚や聴覚に頼らない身体内部のホメオスタシスにその発生を認めることができるため（一章）、修業の場で、「体で感じる」、「体で覚える」とのたとえは、この原始情動の感覚である。体を動かし、体を曝すことによって感じる原始情動の快・不快が感動の第一歩である。作品を手にしたとき、あらゆる条件が整ったとしても、最後に判断されるのが心の奥底から起こってくるこの原始的な部分であると考えられる。

基本情動を区別できる脳の能力は、前に述べた二値価（快・不快）ではなく、喜び、受容・愛情、怒り、恐れ、嫌悪の五種類の情動に区別する力であり、外界の情報処理能力がそれを識別できるまでに進化してきた。視覚系で言えば、輪郭、奥行き、立体感、空間の配列である空間周波数などの分析能力を獲得し、この情報が情動中枢に入力することになる。このときの判断基準は個体生命の維持であり、種族の維持という情動の基本を根拠にしている。それに合致する情報が喜びにつながり、愛情につながる。反対に生命を危険に曝す情報は、怒り、恐怖、嫌悪として判断される。ここで通常情動に含められる驚きは進化論的に別系統として含めていないことに注意されたい。

基本情動が進化した世界では、われわれが見えるように生物は最初、世界を見ていなかったに違いなく、環境からの情報の詳細な意味は認識できなかったかもしれない。眼に入る漠然とした情報の中で、急激に現れた黒い影や配置、数の違和感は身体の危険につながったに違いない。例えばマグリットの絵「白紙委任状[7]」では人物と背景の遠近がまったくでたらめで、これらを眺めると非常に奇異に感じる。空間周波数とは、絵や建築における配置の間隔などを示す因子であり、絵画の空間周波数の低いものはゆったり感じ、高いものは速く落ち着かない感じがする[1]。また急激な空間変化や調和のとれない空間変化は不安感を生じる。われわれの仮説では、この感じは生物の生存環境が自分にとって適切かどうかを決めている情動の判断の名残りであると考える。

音楽も然り、音の周波数、強さ、スペクトルの変化はさまざまな情動を誘発する。[8]、[9] 楽しいときはテンポが速く、怒ったときは大きな音で、悲しさはテンポの遅さと小さな音で表現される。これらのパラメータは、荒野の草原で一人で夜を過ごしたとき感じる基本情動の基本である。静寂の中で、シュッと近づいてくる周波数の変化は毒蛇の到来かもしれないし、遠吠えの唸りはコヨーテの近づきかもしれなかった。静寂の世界で、大きな音は身の危険を感じさせたに違いない。反対に、さわやかな風の音は安心した睡眠を誘ったことであろう。

感性とは、「物や事に対する感受性。とりわけ、対象の内包する多義的で曖昧な情報に対する直感的な能力」と定義されている。[2] われわれの仮説によれば、まさしく原始情動や基本情動の働きを述べているものであり、ここでの情報処理は曖昧で無意識、無自覚で比較的早い処理であることから直観とも印象とも呼ばれているものである。

さらに脳が進化してくると、動物は社会生活を営むようになる。霊長類は集団で生活する種が多くなり、そこでは自己の遺伝子を多く残そうとする社会的知性が生まれてくる。二章で議論したように、社会的知性の進化に伴い、社会的感情が基本情動とは異なる形で機能してきた。この社会的感情は、他者との感情の共有化、または非共有化を原則にしている。協同、援助、支援、連合は感情の共有化であり、欺き、裏切り、騙しは感情の非共有化である。集団生活を営む上で感情の共有化が最も重要であるが、これだけで自己の遺伝子が残せる確率が上がるとは考えにくい。そこに巧妙な社会的操作が含まれ、感情の共有化は愛と友情を育み、感情の非共有化は憎しみと罪の意識、不安を起こす。われわれの経験から、人と人との固い連帯は強い安心感や安定感を呼び起こし、そこに喜びの感情を叶えてくれる。この感情の動きが、社会的感情における感動の構成因子と考えられる。

二章でも繰り返し議論しているように、われわれは他者の心を読む能力を獲得してきた。心には感情も含まれ、それは相手と対面しての表情やジェスチャーからだけでなく、人間が表現した芸術からも間接的に読み取ることができる。製作者がそこにいなくても作品を通して、製作者が何を表現したかったのか、何を語りたかったかを感じ取ることができる。音楽の感動は演奏者を通して再現され、絵画は直接展示場に行くことによって時間を越えて感じることができる。社会的感情を共有し理解するには言葉は要らない。霊長類の世界を眺めてみれば、そこには構造化された言語が存在しないのが明らかであり、だからといって集団がバラバラになっていることはない。

製作者の立場から見れば、製作過程において鑑賞する者はその場にいない。しかしその場にいない鑑賞者が自分の作品に対してどのように感じるかの相互感情コミュニケーションを想像できる能力を社会的感情は求めている。

感動における驚きの作用について、驚きは感動の強さを修飾するものであって、感動の質を決めるものでない。奇抜さや新奇さは、逆U字のように当座の評価に結びつくかもしれないが、歴史に残るものは少ない。その点からも、驚きは基本情動に含まれず、驚きの進化は好奇心を通して対象を広げる作用はしたが、社会的感情の質にあまり影響を与えなかった。

ここまで取り上げてきた原始情動、基本情動、社会的感情は生物としての人が有している共通の機能である。したがって芸術にそのような原始情動、基本情動、社会的感情の要素が含まれているとしたら、これはすべての人と共に共有できる感情であり、芸術が世界の共通言語であると言われるのはこの部分である。さらに想像するならば、快だということは、環境が住みやすく安全だということを保証し、不快だということは危険だということを暗示する古代の生物からのわれわれに対する贈り物かもしれない。

芸術は言葉にして表現できるものだけではない。芸術には文明を持ち始めた人類の知恵の蓄積が表現されている。進化の中で人類は石に図を描き始め、洞窟に動物を描く技能を獲得してきた[10]。数一〇〇〇年前にはエジプトにピラミッドを築く技術も獲得し、ギリシアではアクロポリス神殿を建てる技術と芸術性を持ち合わせていた。世界四大文明それぞれに芸術が発生し、そこには共通な表現も存在したが、文化に特有な芸術表現が存在する。特に神の姿の表現は文化に依存する。

　このような文化に依存する、また技術に依存する感動表現は、われわれの知性の深まりによって異なってきているものであり、それを真に理解するためには、その文化の歴史的背景や技能的背景を理解することによって初めて伝わるものである。ここに知的感情の役割がある。特に言葉を介する感動表現は、言葉を理解することからまず始めなければならないし、宗教的芸術を理解するためには、宗教的背景を知ることが必要である。そうすることによって美的価値観が共有できる。絵画では知・情・意までも表現できる(11)。

　知的感情はさらにそれぞれの芸術における特殊な言語、例えば音楽ではタイミング、スタッカート、レガート、テンポ、強度、増減の文法、手法、構成(8)を知ることによってより深い感動が得られる。そのために高度に完成されたヴァイオリンやピアノの技術が開発されなければならなかった。複雑な表現法や巧妙な表現法の中に感動がより深く表現されているかもしれない。交響曲や協奏曲など、その作曲家の個性、時代的背景、技法的完成度を知らなくても感動を得ることは誰にでもでき、最初に述べたベートヴェンの「運命」を聞けば、ドイツ語を知らなくても多くの人は感動を受ける。しかし歌詞の内容、ベートヴェンの身体的苦悩、一九世紀のオーストリアの時代背景を知ることによって、その感動はより深まるであろう。

　日本古典芸能における幽玄、さびやわびも、歴史や精神的背景、道具の形を知ることによって、より深く理解することができる。この分析的能力が知的感情の働きである。それらの理解を共有することによって次の段階の高度な感情のコミュニケーションが可能になる。

　テクノロジーによる表現法も知的感情の範疇に入る。写真、映画、コンピュータを用いた表現は感情の表現の幅を確実に広げ科学技術の進歩はその発想法を確実に豊かにした(6)。情報理論は繰り返しの感動を、そして宇宙論は無限と有限の可視化の感動を与えてくれる。

素人の奏でるものが、ヒトを感動させることがなぜ少ないのだろうか。それには、この感情の階層性の成熟度が関係しているのであろう。自分が感じた精一杯の感動を体や音で表現しているのだが、単純な原始情動と基本情動を含んだ音だけでヒトを感動させることができるかというと、現代人はそれを未熟だと言う。また、技法だけを含みそこに原始情動や基本情動の成分がなければ、心がこもってないと言われる。真に感動させるためには各成分分析器のそれなりの活性化が必要であり、感動とはこれら四種類の情動・感情がバランスよく含まれ、深め、成熟したところにあるのかもしれない（図7-1、2）。同様のことが実体験でも応用できる。実物や現場の臨場感が持つ力には侮れないものがあり、印刷や再生装置では、原画が持つ立体感や大きさ、音の立体的配置や振動は実感できない。前にも述べた四つの情動・感情分析器の大合唱が感動に必要だとしたら、臨場感の持つ力が重要であることは論を待たない。

ピアノの演奏において、初心者は正確でスムーズな演奏を目指し、準熟達者はそれに加えて音楽のメッセージが正確に伝わる演奏を目指し、熟達者はさらに自分の演奏、そして観客の立場に立って自分の意図が伝わっているかを考えながら演奏しているという[1]。芸術では役者の視点、観客の視点、監督の視点と複数の視点に立つ能力が求められている。これは情動・感情の各成分分析器を独立に、かつ総合的に働かせる能力を鍛えることに相当している。

芸術は世界の共通言語であると言われる。われわれの仮説では、芸術の原始情動、基本情動、社会的感情が人類共通に有している能力であるために、この部分を感じることにより相互コミュニケーションや感動の共有化が図られるのである。英語のポピュラー音楽は言葉の意味がわからなくても若者に愛され、演歌は日本語がわからなくても東南アジアの人たちに歌われている。芸術の三種類の情動・感情は人種や民族を問わずに感じられるものである。そして文化という要素が加わり、人種や民族によって異なる絵画や音楽はそれぞれに固有の言葉や規則を知ることによって、より複雑な感動表現を可能にしていった。これは大脳新皮質が持つ能力であって、今日の芸術を構成している。芸術を通したコミュニケーションはより複雑に、また多彩になってきている。しかし基礎には無意識で、無自覚な情動機能が働いていることを心に留めておかねばならない。

最後に、ここでは感動を主として、快情動の流れを中心に展開してきたが、不快情動を基本にした芸術も存在することをこの仮説が示していることを指摘しておかなければならない。自己の存在を脅かす不安定な外界情報は快を示す情報よりも多く存在した。不安、恐れ、怒り、絶望、狂気、混沌、はかなさを表現した芸術にもわれわれは共鳴することができる。それが本当に伝えられるとするならば、そこには四つの情動・感情の等しい働きがなければならない。

3　感動と神経回路

原始情動、基本情動、社会的感情、知的感情の分析器が脳の中で同時に活性化していることが感動を強く呼び起こす必要条件である。これらが同時に起こっている可能性は解剖学や生理学の知見から指摘することができる。感覚情報の最初の経路は、感覚受容器が担っており、感覚信号は神経インパルスとなって脳の中を駆け巡る。進化の初期に発生した体性感覚の情報は脳幹に入り、ここで覚醒系に分枝し、また内臓を制御する信号は脳幹を経由して視床下部に入る。視床下部は身体の内部環境を一定に保つための中枢として高位の位置にある。一章で議論したように身体のホメオスタシスは快・不快情動と直接関係し、その解剖学的経路が原始情動の要となっている。その他の感覚である光や音の情報も脳幹において、定位反応の情報として利用され、個体の安全か危険かの一次情報として利用されている。その情報はついで、視覚では視床に相当する外側膝状体に、聴覚は内側膝状体に入る。この情報の分枝が恐怖情動の中枢である扁桃体に投射している。[12] 扁桃体は恐怖情動の中枢と考えられ、まだ確たる外界の情報処理が行われていない視床での情報は、漠然とした形態や、変化として無意識のうちに判断される情報となる。主たる視覚情報は視覚皮質に投射し、そこで形や色、動きが分析され、側頭葉へは物体の認知情報が、頭頂葉には物体の空間情報が伝えられる。それらの情報が傍辺縁系である前頭眼窩野や帯状回に投射し、社会的感情を処理する情報となり、同時に、おそらく知的感情の処理に関与する前頭前野に投射している。前頭前野はヒトで最も進化した部位で、知性の大部分を担っている。

これらの大きく分けて四つの経路がヒトによって等しく働くかは生理学的に定かでない。しかし感動の感受性が豊かな人と豊かでない人がいることを考えると、必然的にこの四経路の機能が平等に働いていないことを示唆している。人にとって、大脳皮質が進化した結果、原始情動や基本情動の感受性が他の動物と比べて弱いと考えられている。芸を極めるとはこの経路のパイプを太くすることにつながるのかもしれない。これらのパイプは感性を磨く修行という厳しい訓練の中で初めて培われるものであり、人は意識的に心臓の働きを制御できないように、これらの経路は意識的には簡単に作動させられるものでない。しかし生まれつき感性の恵まれた人もいる。また「動物的な勘」が鋭いと言われる人もいる。これらの人々は生まれながらにして、無意識的にこれらの経路がよく働くに違いない。サヴァン症候群の人は大脳皮質の一部の異常のために極めて特異的な芸術表現を示すことがある。批評家や良い観衆は第一、第二、第三番目の感受性を磨くことによって多彩な表現を発しているのであろう。

また、想像を逞しくするならば、楽器や音楽の種類によって神経回路が働く性能がそれぞれ異なっているに違いない。太鼓のように原始的な打楽器は原始情動や基本情動を刺激する割合が大きく、ピアノやヴァイオリンなどは大脳皮質経由の情報が大きく影響すると考えられる。

これら四系統の平行機能説と同時に、解剖学的知見は、各分析器間の相互連絡が存在することを示している。これは情報の流れにおいて、トップダウン、ボトムアップの神経回路が存在することを意味し、大脳皮質の強化は原始情動の強化ともつながり、また逆に原始情動の感受性は大脳皮質の働きを制御しているとも見てとれる。さらに新な神経連絡は共感覚として新たな感動を作り出しているのかもしれない。

このように考えるとアートセラピー（芸術療法）が心の癒しに効果のあることが理解できる[13]。アートセラピーには絵画療法、音楽療法、ダンス療法、詩歌療法など多くの技法がリストアップされているが、いずれの療法も原始情動や基本情動の快モジュールを刺激するパイプを太くするような刺激がなければ効果は少ない。決して難しい理論や方法で癒されるわけでなく、どんな方法であっても、その方法が原始的な刺激の情報処理様式の部分を含んでいなければならないことを示している。それが生物が生きていく原点になっていたからである。

4　まとめ

現代音楽、美術、建築など二一世紀に向けた美学は、鋭い感性が要求されるようである。(6) 素人の目で見ても理解不能な表現が、ときとして専門家の批評に耐えうることになる。抽象的表現や調和的配列を破壊した中に現代の時代を反映する感情の表現が表れてくる。ヒトの感情は五〇〇〇年の歴史から眺めて進歩しているかと問われるならば、原始的情動や基本的情動は生物としての基本として遺伝子に書かれていそうである。それに対して知的感情は古代の表現と現代の表現を比べても、単に技法の進歩だけでなく主題の複雑化、洗練性、内容の捉え方において深化していると考えられる。不安や恐れは古代でも存在したが、それは神の試みであり、神の意思表示であった。しかし現代は人間実存の根本として認識され、その感情の表現方法に何ら制限は課せられていない。表現は多種多様となり、そこに含まれる感情も複雑な色合いになってこざるをえない。受け手はそれに対して、知性に磨かれ洗練された感性が求められる。

しかしここで議論した感動は、全人的とも考えられる脳全体を活性化させる原始情動、基本情動、社会的感情、および知的感情の発露を伴わなければならないことを指摘した。ときとして家庭環境、社会的環境によってこのバランス取れた情動・感情の発達が阻害されることがある。とすると基本的な感情の学びが欠けた人間や社会的感情を表現できない人間が生まれ、社会をゆがめることになる。逆に原始情動だけの発露が人間的だと言い、原始情動や基本情動だけの活性が人間らしさと言い、原始情動から社会的感情までが重要であるとして、多くの芸術表現が歴史の彼方に消えていった。さらには原始情動から社会的感情の能力に欠けた批評家が文化を壊したこともあった。

知的感情は時代の子であり、時代を超えて存在することは難しい。そこには原始情動から社会的感情に至るまでの人間としての共通言語がなければならない。痛み、悲しみ、喜び、恐れ、怒りを共に知る共感が強調される必要がある。もしこれが有効でなくなったとしたら、体験や協同作業に再生を求めたり、再度過去を振り返り、時代の試練に耐えてきた感動に再度目を向けるのも悪くないであろう。

優れた作品、感動を与えてくれる作品を作った人に、どうしてそのような作品を生み出すことができたかを尋ねると、インスピレーション inspiration(霊感)とか、無の中からかすかな光が見えたとか、恍惚感の中でとか、さまざまな言葉で語られる。西洋人は神の啓示だといい、東洋人は無我といい、語る言葉はそれぞれの文化によって異なるが、述べている内容は同じであり、感動を与える作品とは、職人の多様な技術にプラスして何かが必要であり、その何かを天才的芸術家は表現できるのであろう。

われわれは原始情動から知的感情までを等しく感じることができると思っているが、それを等しく感じ、表現できる能力を持っているとは限らない。言葉で快いと言うことは簡単であるが、一つの円で、一色のキャンパスで表現しなさいと言われると、陳腐で幼稚なものになる。偉大な芸術家とはそれができる人であり、精神を含めた表現の難しさを感ぜずにはいられない[14]、[15]。

八章　感情の評価——神わざ的能力——

知らない人に初めて会うとき、この人が個性豊かな温かい人か、それともドライで利己的な人かをすぐに考える。そして付き合っていく中で、よく相手を知り、この人は信用できる、この人とは一生付き合っていけると判断することができる。反対にどうしても性格の合わないような人もいる。何をしても反対であるような、すれ違う感じのする人がいる。人はそれを相性という言葉で簡単に片付けてしまっているが、どうして、またどこを見てそのように判断できるのだろうか。

これらの疑問の根底には、相手の感情や自分の感情を理解する能力が認められなければならない。それを他者や自己を知るともいい、他者や自己の「こころ」を知るということにもつながっている。

共感は、相手が何を感じているかを読み取り、その感情に同調する能力である。[1] これはヒトに共通に備わった能力であり、広い意味での他者の考えを知るという「こころの理論」に関係している。[2、3] この能力がなければ、社会生活を営むことができず、例えば自動車も運転できないであろう。向こうから走ってくる車は、法律で左側通行と決まっているから安心して運転できるとも考えられるが、それと同時に、運転している人が絶対と言っていいほど右側を走ってこないという見えない相手の心が理解できるからである。街を歩いているとき、誰も自分を突然に襲ってこないと思うから、のんびりと歩くことができる。この能力がなければ命がいくつあっても足りず、世界で起こっている自爆テロはこの原則が適用できないところに怖さがある。

このような相手の感情を知る能力は感情力とも考えられ、相手の感情の豊かさ、認知力、表現力などを読み取る総合的な能力である。この能力は相手だけでなく自分に対しても向けられ、悲しいときは悲しいと、嬉しいときは嬉しいと自分の感情が理解できるはずである。

心理的機能として、注意、知覚、認知、記憶、学習、運動などの働きが挙げられるが、これらを評価する方法の一つとして、以前は知能テストが使われていた。[4] ビネー Binet が一九四〇年代に開発したもので計算能力、空間認知能力、推論能力などを簡単なペーパーテストにより、知能指数ＩＱ（Intelligence Quotient）として評価するものである。ＩＱとはテストの評点をその年代の平均点で割った数字で、天才は140以上とか、学習障害児は80以下だとか言われていた。しかし人間のある種の能力を評価するには有効な方法であるが、その点数をもってその人の全能力とみなすところに問題がある。

1　感情評価の現状

一口に感情を評価・測定すると言っても、感情のどの特性を評価するか、または全体を評価するかによって、その基本的考え方が分かれてくる。もっと基本的には、感情という曖昧な心的現象を自然科学の原則に従ってどこまで数量化できるかという大きな問題が横たわっているが、人間の夢はそれを量的に質的に知るということに尽きる。

感情という機能は、感情への注意、感情への関心、感情の認知、感情の記憶、感情の表出などに分かれ、さらにはその応用として、感覚系との相互作用、社会的行動における作用、共感における役割など広い範囲にわたる感情の能力や評価が考えられる。さらに生活面での感情の異常は、社会生活を営む上で正確に評価することが治療面から強く求められる。

どの立場から感情を評価するかによって、その方法は異なるが、最初に問題になるのは感情の分類である。[1] 記憶の研究が進展したのは記憶の種類の分類が明確に定義できるようになったことが大きく寄与している。[5] その点から本著では進化論的感情階層仮説をまず最初に提案した。しかしこれは個々の感情を分類したものであって、機能の点から眺めたわけではない。基本情動を例にとれば、喜びへの注意、喜びの認知、喜びの記憶、喜びの表出、さらには恐怖や怒り、嫌悪についてもそれぞれの項目を同様に評価することが感情の総合的評価と結びつく。この理由は、基本情動の各情動がそれぞれ独立に脳の中で機能している可能性があり、全体として、一まとめとして情動を捉えられない部分があるからである。このことは、評価項目が機能と分

尺度	ポジティブ	ネガティブ
多面的感情状態尺度	活動的快、非活動的快、親和	抑うつ・不安、敵意
気分調査票	緊張と興奮、爽快感、	抑うつ感、不安感
服装によって生起する多面的感情状態尺度	快活・爽快、充実、優越	抑うつ・動揺、羞恥、圧迫・緊張
STAXI 日本語版		状態怒り尺度、特性怒り尺度、怒り表出、怒りの抑制、怒りの制御
日本版Ｂｕｓｓ－Ｐｅｒｒｙ攻撃性質問紙		敵意
楽観主義尺度	楽観的自己感情	悲観的自己感情
シャイネス尺度日本語版		自尊感情尺度（社会的場面における不安、劣等感）
対児感情尺度（改訂版）	接近感情	回避感情
STAI 日本語版		状態不安、特性不安
ベック抑うつ尺度		自責感
対人恐怖心性尺度		対人恐怖
大学生活不安尺度		日常生活不安・評価不安
いじめの影響尺度		情緒的不適応
ＮＥＯ－ＰＩ－Ｒ	よい感情、温かさ、信頼･優しさ	不安、敵意
ＭＭＰＩ	軽躁感情	抑うつ的感情、恐怖

図 8-1　各尺度における感情関連因子

類の掛け算となり感情を評価する困難さを増加させるだけであり、ここにもう少し巧妙な評価法が求められている。

感情や感情に付随する社会的行動に関する評価で最も広く現在用いられているものに自己記述式アンケートによる尺度が種々開発されている。[6] 尺度とは質問が書かれた質問紙に実験参加者が答え、その統計解析からその集団、または個人の特性を推察するものである。統計学的に信頼性の高い尺度が臨床の場や社会生活の能力などを判定する場で用いられ、集団生活に馴染みにくい人に援助を差し伸べるのに使われている。

感情の異常や能力を測定する尺度を検討するにあたって、基本情動として取り上げた喜び、受容・愛情、怒り、恐れ、嫌悪を区別して総合的に取り上げた尺度が存在しないことを最初に述べておかなければならない。その原因として、感情の定義が曖昧であることや、その分類がはっきりしていなかったことによることが大きい。人の場合、これら五つの基本情動で日常生活を営む感情が判定できるかというと、特に二章で取り上げた社会的感情が人では重要な位置を占めており、この感情を抜きにして評価しても意味がない。

既存の感情に関連する尺度は、特定の感情を扱ったものから、曖昧に感情という言葉で代表されるものまでさまざまである。図8−1に代表的な尺度の感情の項目を示した。[6] 各尺度の項目はその尺度の下位概念を示し、下位概念は通常数個の質問項目から成り立っている。回答者はその質問に対して、「いつもそうである」から、「いつもそうでない」といった三〜五段階の回答を寄せ、その統計で回答者の性格や特性を判定したり、集団の特性を調べる。

これら感情尺度を比べてみると、個々の感情に対して比較的詳しく検査しているのは、怒り尺度のSTAXI（State-Trait Anger Expression Inventory）日本語版である。[7] 怒りという特定の感情で五個の下位尺度である状態怒り尺度、特性怒り尺度、怒りの表出、怒りの抑制、怒りの制御を取り上げている。ここで特性尺度とは、個人が生まれて以来有している怒りに対する気質で、状態尺度とは現在有している怒りの程度を調べる項目である。社会生活や人間関係を構築する上での怒りの表出、抑制、制御を測定しているが、これらは怒り感情の出力特性を調べていることになる。

恐れは不安と関係し、臨床的にはうつ病との関連で広く尺度が開発されている。また恐れは、恐怖症、PTSD（Post Traumatic Stress Disorder、心的外傷後ストレス障害）とも関係し、その脆弱性を評価することは社会生活を営む上で重要である。重大な事件や事故が起こると、必ずその後のこころのケアやカウンセリングの必要性が叫ばれているが、恐れの感情に関連していることである。STAI（State-Trait Anxiety Inventory）不安尺度は、[8] 二一個の下位概念である特性不安と状態不安の二〇個の質問項目から成り立っており、比較的正確に不安の程度が捉えられる。その他の尺度は下位概念の一部として不安を取り上げ、恐れ自体を調べるのは少ない。

喜びや愛情、嫌悪の表立った測定尺度はなさそうである。感情一般については、多面的感情状態尺度や失感情症尺度がある。[9][10] 後者は特に臨床での失感情症の診断に用いることができるよう開発されたもので最近日本語版化され実証されてきている。失感情症 Alexithymia とは、自分の感情や身体の感覚に気づいたり、区別することが困難で、感情を表現することが難しく、空想力に乏しく、自分の内面よりも外的な事実の些細さにこだわる特徴を有する症状である。これらの質問項目の内容を調べると、例えば「自分の感情に気づき、それがどんなものか理解していることは大切である」、「しばしばどんな感情を自分が感じているかわからなくなる」のように一般的な感情を取り扱っているが、人によって、感情という言葉からどのような感情を思い浮かべるかが異なり、それで感情全般を評価できるかは考えなければならない。

ここでは示されていないが、特殊な場面での感情状態を測定するものに、服装によって生起する多面的感情状態尺度、改訂版ＵＣＬＡ孤独感尺度日本語版、対児感情尺度（改訂版）、学校嫌い感情測定尺度などが開発されており現場で有効に使用されている。[6]

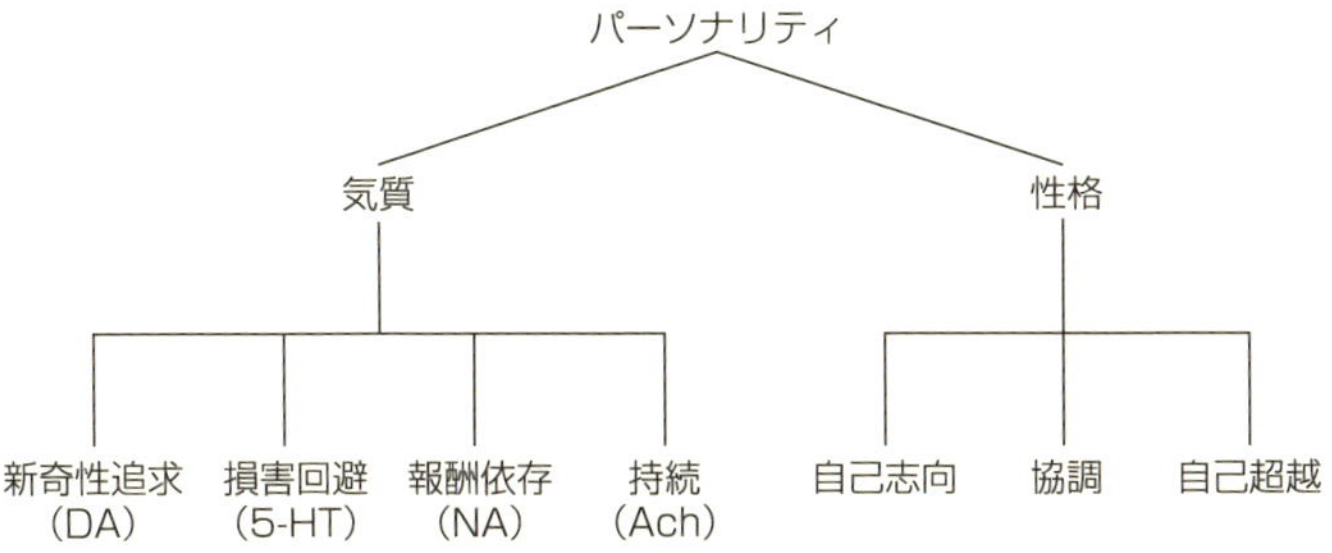

図 8-2　TCI の下位尺度

性格や気質、パーソナリティの測定の中にも感情の因子がある。ここで言うパーソナリティとは、人の振る舞い、言語表出、思考活動、認知、判断、感情など、広い意味での行動に時間的・状況的一貫性を与えているものと定義され、[11] 日本語では人格とも言う。気質は個人の生得的な情動反応を示す。性格は狭義には、生まれた後での経験によって作られるもので環境の影響を受けて作られる。

ミネソタの性格検査ＭＭＰＩ（Minnesota Multiphasic Personality Inventory）は広く用いられており、その中での感情に関係する下位概念を拾い上げると、抑うつ的感情、軽躁感情、恐怖症がリストされている。[6] また臨床的に用いられるＮＥＯ―ＰＩ―Ｒ（Revised NEO Personality Inventory）では、神経症傾向、外向性、開放性、調和性、誠実性の五性格を抽出し、感情に関連して、不安、敵意、衝動性、温かさ、よい感情、信頼、慎み深さ、優しさの特性が調べられるようになっている。[12] 近年遺伝子と性格との関連が話題となっており、これを研究する一つの道具として、ＴＣＩ（Temperament and Character Inventory）という性格測定尺度が開発されている[13]–[15]（図8-2）。それは、気質として報酬依存、新奇性追求、損害回避、持続の下位概念が挙げられ、神経伝達物質であるノルアドレナリン（NA）、ドーパミン（DA）、セロトニン（5-HT）、アセチルコリン（Ach）がそれぞれに関係していると考えられている。また性格としては自己志向、協調、自己超越の三個の下位概念が挙げられ、その中の感情に関係する項目は感傷、愛着、悲観、無力感、人見知り、不安、共感、同情心、良心などが含まれている。

これら既成の尺度を眺めても、感情を総合的かつ統一的に評価する尺度が存在しないことがわかる。逆に言えば、それだけ感情を定義し分類することが難しいと言える。われわれは感情に関して進化論的感情階層仮説を提唱し、情動・感情の捉え方を整理した。動物にも備わっている情動を、快・不快の原始情動、喜び、受容・愛情、怒り、恐れ、嫌悪の基本情動に、感情は社会生活を営むに関係した社会的感情と知的感情に分けて考えた。これまでに開発された尺度を見ると、原始情動や基本情動は遺伝の影響が大きくTCIのような考え方が重要と考えられるが、情動を中心に開発されておらず行動や神経伝達物質の視点から区分されているために今後の発展を待たなければならない。基本情動は、おそらく脳の構造とも密接に関係して、この分野での尺度はより正確になることが期待される。社会的感情はヒトが社会生活を送る点で最も重要な機能で、感情という視点から離れて社会生活遂行スキルの観点から多くの尺度が実用化されているが、その機能の明確化が求められる。

知的感情に関する尺度は少ないが、幸福度を評価する試みも行われている。[16] 幸福感は文化によって異なっているが、幸福の安定値と幸福の中間値のずれが議論されている。

2　感情の知能指数

少ない試みの中に近年、感情の知能指数（EQ、Emotional Questionnaire）というキャッチフレーズで呼ばれる一連の研究がある。この言葉は、科学ジャーナリストであるゴールマン Goleman が日本語のタイトル「こころの知能指数」で出した本でよく知られるようになった[17]。この感情の知能指数は知能を測る指標としてのIQとの対比でEQと呼ばれ、一般社会で広く知られるようになった。

この研究は、サロベイ Salovey とメイヤー Mayer が、言語知能、空間知能、社会知能などの知能と並ぶものとして、情動に関する知能を提唱したことから始まる[18]。以下の議論で、感情という言葉と情動という言葉の混乱が見られるが、原著訳本に従った。彼らは、その定義として、「情動知能 Emotional Intelligence とは、情動の意味および複数の情動の間の関係を認識する能力、ならびにこれらの認識に基づいて思考し、問題を解決する能力」とし、情動知能は、情動を知覚する能力、情動から生じる情報を消化する能力、情動からの情報を理解する能力、情動を管理する能力が関与すると考えた[19]。この情動知能の下位概念として①情動の知覚、評価、表出、②思考の情動的促進、③情動の知識を理解し、分析し、利用する、④知的に成長し、それを反映して情動を統制する——を指摘した。これらは社会生活を遂行する上での自己と他者の情動の正確な評価、情動の適切な表現、情動制御といった社会知能に関係するものである。しかしその後の展開は、彼らの期待に反して、精神的健康、動機づけ、人間関係を築く能力など、他のスキルや性格を加えた性格検査に近い複合理論的アプローチに動いていった[19]。この動きは、あたかも社会進歩が科学的知識だけで実現できるとの神話が崩れ去ろうとしている時期に相当し、日本ではバブルがはじけ、世界では温暖化やグローバル化が問題になりつつあるときであった。人々はこれまで信じてきた学歴主義、その中に含まれる優秀さが単に数学能力や記憶力などの知能だけではなかったのではないかとの疑いを抱くようになり、そこに現れたのがゴールマンの著書であった。それをいち早くビジネスの世界で取り入れ、IQに代わるものとしていくつかの自己記述式尺度が開発された[20]。日本で代表的な複合理論尺度として開発され利用されているものの尺度概念を列挙してみると、心内知性、対人関係知性、状況判断知性という三つの概念から構成され[20]、さらに、心内知性は情動の自己認識（私的自己意識、社会的自己意識、抑鬱性、特性不安）、情動の制御（自己コントロール、ストレス対処、精神安定性）、肯定的情動の高揚（セルフエフィカシー、達成動機、気力充実度、楽観性）から、対人関係知性は自己表現力（情緒的表現性、ノンバーバル・スキル）、アサーション（自主独立性、柔軟性、自己主張性）、対人問題の解決（対人問題解決力、人間関係度）から、状況判断知性は情動の受容（オープンネス、情緒的感受性、状況モニタリング）、情動への共感（感情的温かさ、感情的被影響性、共感的理解）から構成されている。これと類似の尺度ＥＱＳ（Emotional Intelligence Scale）が開発され市販されている。[21]それも同様な下位概念の自己対応、対人対応、状況対応から成り立っているが、本質的には前述の尺度と同じような考えで開発されている。

これらの多くは自己記述式のアンケート様式になっている。当然のことながらそれによって感情の基本的応用力が測れるかの根本問題が残っているが、ビジネス社会ではこれに代わるものがないことから、社会人の企業選抜や管理職特性把握などに使われている。しかしこれらの尺度は、社会生活でのスキルを強調し、性格検査の項目も含めているために、本来の感情の評価という点から外れていった。

3　進化論的な感情評価

心理学では情動・感情は知覚、学習、記憶、動機づけ、覚醒・注意などの機能と区別することができる独立した因子と考えられている。情動・感情以外の因子は歴史的経緯から実験研究により、その現象について多くのことが発見され、その評価法もある程度確立している。例えば、記憶では簡易的な臨床でのテストとして長谷川式簡易知能評価スケールが用いられ有用性が確かめられている。[22]知覚は実験室でテストすることが可能であり、近年は脳の画像診断により、より多くのことがわかるようになってきた。その他、学習、注意機能などもそれぞれ臨床サイドの必要性から測定道具が揃ってきている。

しかし情動・感情に関して、うつ病などの判定で緊急性があるにもかかわらず、確定度の高い評価法というものは開発されていない。将来脳画像診断が確立されれば容易になると思われるが、簡便でない問題がある。

情動・感情の評価を考えるにあたって、進化論的感情階層仮説（一、二章）から、情動・感情は原始情動

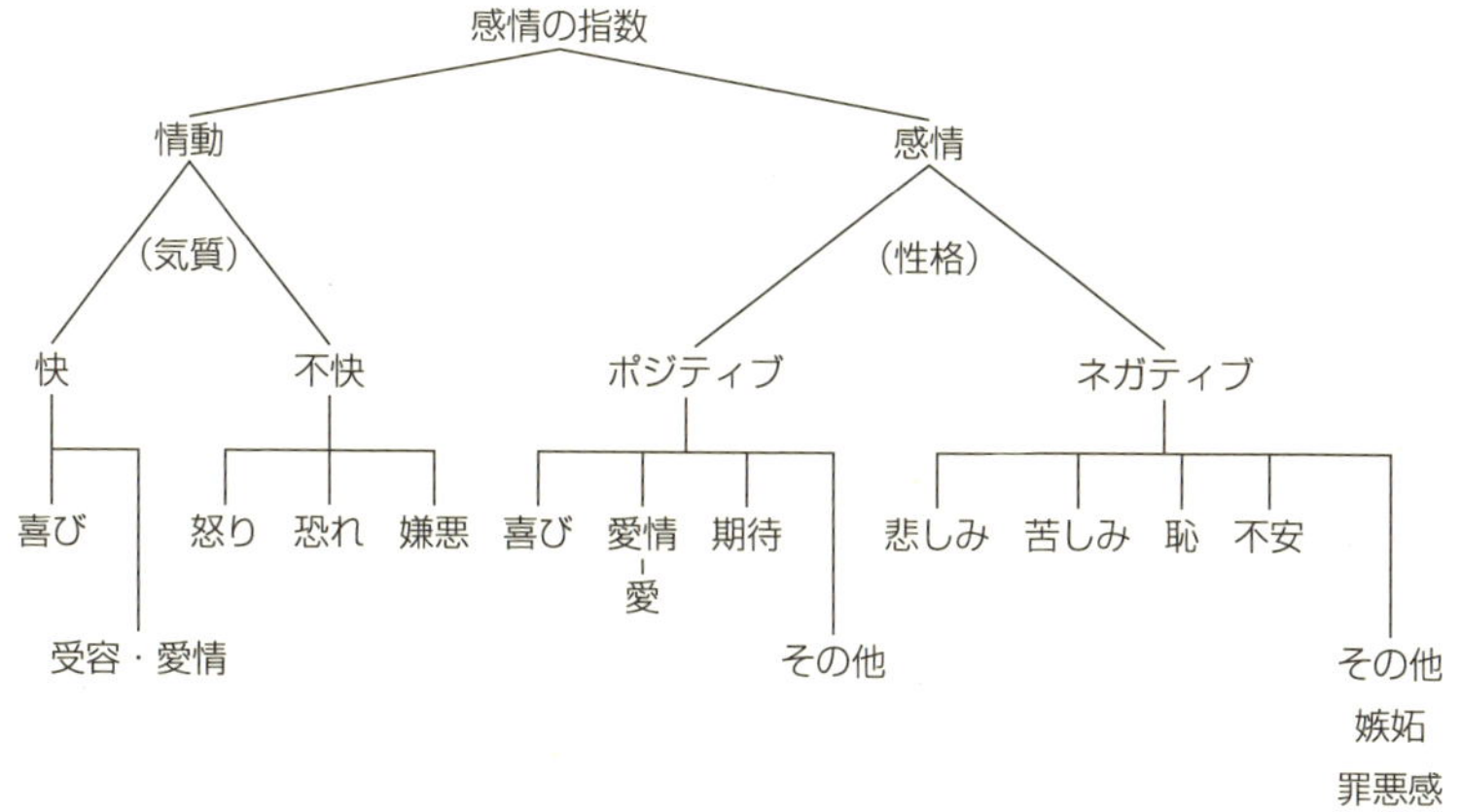

図 8-3　進化論的な感情指数

や基本情動の情動と、社会感情や知的感情の感情に分類され、その特性から大きく分けると前者の情動は遺伝の影響が大きく、後者の感情は環境からの影響が大きいと考えられる。

前にも述べたように、パーソナリティを遺伝の要素が強い気質と、環境の影響が強い狭い意味での性格に分ける考え方が出てきている[13]–[15]。気質には神経伝達物質に関係した新奇性追求、損害回避、報酬依存、持続が分離され、性格には自己志向、協調、自己超越が分離されている（図8-2）。気質のそれぞれはドーパミン、セロトニン、ノルアドレナリン、アセチルコリンが候補に上がっているが、基本情動は神経伝達物質が本質的である。

この考え方の特徴は、パーソナリティの一端を脳の特性に求めていくところにある。つまり性格という捉えどころのない人間の特性を、脳の中の神経伝達物質という実体を伴った考え方で一部説明できないかという大胆な試みである。もしこの考え方が有用であるとしたら、情動・感情に対する評価方法にも適用できるはずである。感情の指数（EQ）は情動と感情に分かれ、それぞれが気質と性格の部分に相当している（図8-3）。ここでは気質の部分を原始情動の快・不快と大きく分けその下位概念として基本情動を並べた。性格の部分は大きくポジティブ、ネガティブな感情に分け一時的に種々の感情を並べた。性格の部分の下位概念はどのようなものが分離されてくるのか未だはっきりしていない。

このように情動・感情を単独で捉えようとするならば、感情階層仮説から図8-3のような測定法を提唱することができるが、残念ながらこれらを示唆する尺度は開発されていない。もしわれわれの情動・感情の特性が簡易な尺度で評価できるとしたら、社会や臨床医学での有用性には計り知れないところがある。

4　感情の画像測定

質問紙法の一つの欠点は、実験参加者が正確に質問に答えているかどうか不明なところにある。また質問に対する言葉の使い方によってその答えが強く影響されるという一面もある。したがってもう少し感情を客観的に評価できないかという欲求が起こるのは当然である。ここでは生理学的かつ神経科学的な二例を紹介して今後を期待したい。

一つは脳波を用いる方法で、脳波分析から感情の種類による評価が試みられている[23]、[24]。脳波は基礎と臨床を問わず測定の非侵襲性と簡便性のために広く用いられている。二一個の電極を頭皮表面に貼り付け、そこから電位変化を記録解析する方法である。単に電位の大きさを画像として表示・解析する方法から、頭の形の情報を考慮した有限要素解析による信号源の解析まで広く用いられている[24]。脳波の多変量解析を用いて、感情の喜び、恐れなど脳波の分布成分を計算する可能性が示唆された[23]。多くの刺激に対して脳波の空間分布を調べ、それを統計的解析にかける方法で、興味ある研究であるが、その結果に対する生理学的根拠は少ない。

別の評価法は直接脳の活動を見ることである。脳の神経細胞の活動を直接調べる方法として、神経細胞の活動電位を電位感受性色素を用いて発光現象に変換することによって神経細胞の活動を調べることができる。しかしこの方法は、最も直接的であるが発光現象が微弱であるために、頭蓋骨の上から測定できないし、また脳の深部の活動も見ることができない。

神経細胞の活動に比例して、グルコースの原料とするエネルギーが必要とされる。それを測る方法として陽電子断層撮影法（PET, Positron Emission Tomography）装置がある。これはグルコースの同位体デオキシグルコースが代謝されにくいことを利用して，神経細胞に蓄積される同位体の量を測る方法である。同位体を加速器で放射物質化し，そこから出る陽電子が電子と衝突して発生するガンマ線を測定し，その分布と量を評価し，脳の神経細胞の活動を知る方法である。ガンマ線はエネルギーが高いので体外の測定器で測定できる。しかしこの方法は，放射線物質を用いること，物質の半減期が短いことなどにより今では特殊な脳の疾患やがんの診断に使われている。

脳血流の変化を測定するもう一つの方法は，近赤外線を用いた方法である。赤血球は酸素を取り込むヘモグロビンを含んでいる。酸素を取り込むと，鮮血色のオキシヘモグロビンとなり，酸素を吐き出すと濁赤色のデオキシヘモグロビンに変化する。そのときに近赤外線の吸収量が少し異なり，その変化量を測定することによって，近傍の血液量が評価できる。近赤外線は頭皮，頭蓋骨を通り抜けることができ，その微弱な信号を解析することによって，脳波では見ることができない脳深部の様子を測定することができる。乳幼児や幼児の脳の頭蓋骨が薄いことなどにより，発達過程を調べるのによく用いられている。しかしこの方法でも，光が組織によって散乱されるためにその局在性を同定することは困難である。

現在，一番用いられている方法は機能的核磁気共鳴イメージング法（fMRI, functional Magnetic Resonance Imaging）である。これも本質的に脳の血流変化を測定しているものであって，空間分解能はヒトの場合十分満足できるものである。時間分解能は秒のオーダーまでの変化が捉えられるが，研究として満足できるレベルではない。赤血球にはヘモグロビンが多量に含まれ，それらには鉄が含まれている。鉄は常磁性体として磁場の中に入ると周囲の磁場を少し変化させる。その変化が血液量と比例するために，磁場の変化を測定すればよいことになる。磁場はわれわれの体の中に入ることができるので，脳全体の活動を描き出すことができる。

この方法により性格と脳の活動の関係は研究されるようになってきた[25]。実験参加者に感情的な場面を写した写真を多く見せてそのときの脳の活動パターンを調べるのである。例えば，赤ん坊の愛くるしい写真，ケーキ、奇麗な景色、花などおそらくポジティブな感情を起こすだろう刺激と、もう一つは交通事故の現場、ヘビ、ナイフなどのネガティブな感情を起こすだろう写真を見せて、そのときの活動パターンを比較すると、神経質な人と、楽観的な性格の人では脳のある部分に違いが見られた。神経質な人では側頭葉に、外向的な人では前頭前野や側頭葉、扁桃体に活動の亢進が見られた。このことは刺激と脳の活動関係を比較することによってそのヒトの性格が推定できることを意味し、口答で応える反応と脳の反応の違いを捉えることが可能となる。このような研究のデータベースが蓄積されれば、嬉しいと感じたときに脳のどこがどれだけ反応したかを調べることによって、その人の感情の評価が本質的にできる可能性が開けることになる。この方面の研究は急速に進展しており、問題を含んでいるとはいえ、臨床的に有用さを増してくるであろう。この客観的評価法を用いることにより、感情をどのように分類するか、また簡易的に感情を評価する方法も開発されることが期待される。

5　まとめ

人は自分の感情、または他者の感情を知りたいと思う。知ることによって自己の高揚や人間関係構築に利用したいと考える。さらに若者に自分を大切にする自尊感情や他者を尊重する他尊感情を強化したいと思う。それには感情を正確に評価し、適切な感情教育なり、機能別感情トレーニング・プログラムが用意されなければならない。その第一歩がこの章の主題であった。

これまでの感情を評価する試みについて概観し、最終的に提唱したのが神経伝達物質の特性に基づいた評価法や進化論的感情階層仮説に従った評価法であった。おそらくこれが客観的な実体に基づくと考えられるからである。しかしこのような研究で常に指摘されなければならないのは、実体がそうであったからといって、その人の実際の行動がそうであるとは限らないということである。この点が心理的評価の難しいところである。

なぜこのように情動・感情は記憶や学習のように簡単に評価できないのであろうか。どこに問題があって頑強にわれわれの前にふさがっているのだろうか。そのことを考えると、人の「こころ」というものの研究の難しさを感ぜずにはおられない。感受性の能力を知るということは、われわれ自身の本質が知られるということにつながり、その危機意識が知られることへの抵抗を深めているのかもしれない。しかし神経科学はその外堀を確実に埋めていっている。近い将来、性格と脳の働きの関係が理解される時代が来るかもしれない。一部、脳の画像診断を採用試験に取り入れようとする近未来的な動きもある[27]。このような動きは逆説的に、これらの研究結果を利用し悪用する動きが必ず出てくることは歴史の示すところである。治療のためや素晴らしい人を採用するため、また犯罪を防ぎ安心できる社会を作るためと理由はさまざまであるが、人の自由の最後の砦である心の中が自由に覗けるとしたら、そこは天国か地獄か、よくよく時代を眺めていかなければならない。

九章　感情の正常と異常──感情のジキルとハイド──

脳の機能にはさまざまな能力が含まれている。(1) 認知心理学から、知覚、判断、推論、認知の機能が認められ、また基本的行動遂行から、運動、言語、記憶、学習、注意などの働きが挙げられる。これらの能力は、生体が有機体でできているということから病気という言葉で表される機能疾患を示す。ここで取り上げようとしている感情についてもまた生活の中でいろいろな機能障害を呈す。そこから見えてくる現象をはっきりさせることが感情をより知ることにつながっていく。

病気は自然の実験場である。人の脳を人為的に操作することは倫理的に問題が多く、したがって自然に起こる現象に目を向けざるをえない。地上に現在六〇億人以上の人々が生活しており、六〇億人もの人がいれば六〇億通りの病気なり障害を呈すると考えてもよい。有限である身体に六〇億通りの障害が出現するならば、感情に関連する障害も、そのうちの何割かを占めるに違いない。そこに感情の真実を垣間見せる瞬間があるに違いなく、凡人には見えない慧眼を持った人だけに見える真実があるに違いない。

しかしそれによって感情の真の姿を描き出した人は非常に少ない。何をしてそのように難しくしているのかを考えたとき、次の二点が指摘される。一つは、自然は決して一つの純粋な姿を見せるのではなく、複雑なオブラートに包まれた姿をわれわれの前に現すことである。有機体である身体は種々の合併症を伴って現れてくる。脳の病気も然りで、障害の影響が他の部位にも広がり、現れるときは重篤になっていることが多い。

もう一つの困難さは、脳特有の問題で、脳には代償作用があるために、欠損した機能をある程度補って働くことである。そのために本来失われた機能が霧に隠れるように曖昧になってしまう。それを支えているのが学習機能であり、もっと基本的には神経細胞の可塑性である。少しぐらい脳に障害が起こったからといって個体が死んでしまうのでは生物の存続は危うくなり、そこに脳の代償作用という機能が付け加わったと考えられる。これらの点が、多くの心理学者、脳研究者、精神医学者が患者を眺めて感情の真実を描き出すことができないでいる原因である。

しかし複雑な自然現象であっても、現象は謙虚に眺めなければならない。ここで、臨床の研究成果を整理することによって、感情という脳のプロセスで何が起こっているかを考察しようとしたのが本章の目的である。当然のことながら、脳は大脳皮質からだけで成り立っているわけではない。脳は視床下部、大脳辺縁系などと階層性を持ち、その階層の正常と異常を調べることが情動・感情の全体的理解につながる。

1　臨床診断における感情表現

臨床の現場ではさまざまな患者に遭遇する。特に精神神経症の分野では患者の精神状態を記録するために、さまざまな表現が慣用的に用いられている。これは精神神経医学の長い歴史の中で洗練されてきた表現であり、文学のような個別的な表現と異なる。精神医学の教科書を紐解くと、そこには人間の精神状態を記述する多様な表現が記載されている(2)。

感情という言葉に対して、いくつかの表現を区別している。DSM—Ⅳ（Diagnostic and Statistical Manual of Mental Disorders, 4th edition）では感情という言葉の代わりに気分という言葉が多用されているが(3)、しかしまだ感情という言葉の使用が主流である。それに対して情動という言葉は、訳の関係か非常に少なく、情緒や情念という言葉は用いられない。

感情の性質を表す定性的な感情の臨床表現として、感情不安定、感情平板化、制約された感情、制限された感情、不適切な感情、寛大な感情、感情の両価性、感情の動揺、情動の失禁、表情錯誤などが用いられている。感情は定性的に、まずは不安定になり、制御された、または制御されない限られた感情が現れるという症状から、最終的にはいろいろな種類の凹凸がなくなるようである。

一方、定量的には、感情高揚、失感情、無感情、情性欠如（冷情）などの言葉が用いられている。感情は興奮した状態から外部に現れなくなった状態まで広い範囲に表現される。

応答性としては、感情鈍麻、情動麻痺などが用いられる。

動的表現から、ポジティブな感情では、躁状態、軽躁状態、上機嫌、多幸症、ネガティブな感情では、焦燥、抑うつ、不安、快感消失、気分不快症、抑制、悲嘆などが使われる。この表現はポジティブな感情、ネガティブな感情と分けたような個別的な感情のカテゴリー分けではなく、曖昧な表現を用いての現象表現である。具体的な感情表現として、高所恐怖、広場恐怖、パニック、恐怖症、閉所恐怖など恐怖に関する症状と、攻撃性、敵意、脅迫行為といった怒りに関する表現が使われている。また質的な感情語は、強迫観念、嫉妬妄想、迫害妄想、恋愛妄想という形で用いられている。妄想・幻覚に対して、気分に一致した妄想、気分に一致した幻覚、気分に一致しない妄想、気分に一致しない幻覚が記述されている。

決して文学的でないこれら臨床的記述から、感情は量的な性質と質的な性質を伴っていることが明らかとなる。ここからヴント Wundt は感情の区分として、三方向説を提唱している[4]。快—不快は感情の質的次元を、興奮—鎮静は強度の次元を、そして緊張—弛緩は感情の時間的次元の三軸で感情は表現されるとした。約一〇〇年前のことである。

また臨床的表現と日常生活における感情表現と比べると、科学における客観性とは言え、豊かな情動・感情の営みの現象が一般化されすぎ特性を抽出することが難しい。

2　感情異常の精神疾患

感情異常をきたす精神疾患には多くのものがあるが、ここでは感情異常にのみ焦点を当て、アメリカの精神神経学会の分類 DSM-IV-TR に従った感情に関係ある症状を列挙した[2]。

統合失調症

感情の変化が著しく、平板化した、鈍麻した、思慮のない、不安定な、不適切な感情の変化が起こる。前半の二つは感情表現の喪失を表すが、後半は時と場所をわきまえない猥雑な発言や人間関係喪失を表す言葉が出てくる。他者への共感の喪失も起こり、ときには暴力も伴うことがある（緊張型）。妄想型障害では、色情妄想、嫉妬妄想、被害妄想などが現れる。

気分障害

この障害の中の双極性障害は、抑うつと爽快との間の激しい気分変動と寛解・反復を繰り返すものである。うつ病では、快感消失、悲しみの主観的感覚、憂うつの感情、制約された、不安定な感情を示し、自責感・罪責感、自身の喪失を伴うこともある。気分的に、抑うつ的な、易怒的な、欲求不満の、悲しい気分になり、喜びの減少、愛着の消失、社会的引きこもり、否定的な予想、絶望、無力感、依存性亢進が起こる。自律神経徴候が顕著に現れ、気力の減退、食欲の減退が起こる。年齢によって現れ方が異なり、前思春期では、身体的愁訴、焦燥、不安障害、恐怖症を伴うことがあり、青年期では、拒絶されることへの感受性の亢進が起こる。老年期では無感情も見られる。

躁病では、上機嫌、愉快な状態になり、ときには性的活力の亢進が見られる。この時期、他人との関わり合いの増加、創造の追求への関心の亢進が見られることもあるが、欲求不満耐性の低下と怒り発作が起こりやすくなる。

不安障害

恐怖感を特徴とする障害で、過剰な不安と心配を示す全般性不安障害、パニック障害や外出に対する恐怖を示す広場恐怖が含まれる。高所、動物、注射、閉所、暗闇など特定の対象に恐怖を示すものや人前で注視を浴びるかもしれない社会的状況または行為や対人関係に恐怖を示す社会恐怖もある。

心的外傷後ストレス障害では過度の警戒心、過剰な驚愕反応が起こり、感情の範囲の縮小が見られる。その他、死への不安、分離不安、依存や親密さに関連した不安、罪と罰に関連した不安なども、この分類に入る。

摂食障害
感情に関連する障害ではないが、神経性無食欲症では空腹は感じるが攻撃性衝動の抑圧が起こり、神経性大食症では怒りや恐れが出やすいとされる。

衝動制御の障害
間欠性爆発性障害（攻撃性）、窃盗癖、放火癖、抜毛癖、病的賭博が挙げられ、これらは根本に感情が関与しているかもしれない。

性障害
露出症、フェティシズム、摩擦症、小児性愛、性的マゾヒズム、性的サディズム、服装倒錯的フェティシズム、性的興奮の障害（オルガズム障害）などが挙げられる。器質的な障害も一部考えられるが、これらの障害と感情の関係も明らかにされなければならない。

人格障害
これに区分されている障害は多くあるが、感情と関連する症状だけを記載すると、敵意・攻撃性の表現能力のなさを示す分裂病質人格障害、人生を楽しめずストレスに敏感な回避性人格障害、無情、利己的、衝動的、無罪責感を示す反社会性人格障害、誇大な感情や共感欠如を示す自己愛性人格障害、情緒不安定や無軌道な性生活な境界性人格障害、攻撃的で爆発的な情緒不安定性人格障害が挙げられる。

臨床的関与の対象となることがある他の症状

精神疾患ではないが、対人関係の問題、親子関係の問題、配偶者や同朋との関係、虐待または無視に関連した問題、反社会的行動（犯罪行為の反復）、職業上もしくは学業上の問題（失業）、人生のある段階に伴う問題（親であること）、宗教または霊的問題が考えられる。

これらの症状の説明が、本著で提案されている進化論的感情階層仮説のどの階層の情動・感情の異常と関係しているか明らかではない。そもそもこれらの現象論は階層という感情の捉え方をしていないために、感情障害は主に全般性現象と捉えられ、その個別性という解析は進んでいない。しかしこれらの感情疾患に、多くの場合睡眠障害、食欲異常、性障害などの身体異常が伴っていることに注意を要する。感情の階層性と個別性は薬物治療との関係で重要になってくる。特にこれからの心理療法は脳の特定部位の活性化、または抑制という脳の階層別、構造別、機能別の脳リハビリテーションの視点から見直される可能性が出てくる。

3　脳の障害から見る感情異常

視床下部の障害

視床下部は、本能行動と身体機能調節に関与し、それに伴う快・不快が関与している(5)。視床下部はホルモン分泌の中枢である下垂体を制御しているために、視床下部の異常はホルモン分泌の異常として現れ、それらによる身体全体のバランス異常を引き起こす。そしてそれによる身体の不快が主症状になる。さらに視床下部は自律神経の中枢であり、そこの異常はやはり体全体の不調として現れる。その感覚は特定された感情ではなく、体がだるい、やる気が起こらない、睡眠不足、食欲がないなどの曖昧なものになる。

本能行動に関して、摂食、飲水、性、体温調節などの行動の基本的な調節は視床下部が行っている。摂食行動を例に挙げるならば、摂食の開始や停止を制御している部位が視床下部に存在し、食物成分の摂取制御もここで行われている。[6] 摂食は血中のグルコース、脂肪、たんぱく質の量や日周リズム、またレプチンのような特殊な蛋白質によって制御されており、これらの物質をモニターしている細胞が視床下部に存在し、その情報が摂食行動の開始や停止を制御する細胞に送られている。ヒトではこの領域の異常により、肥満ややせが発症する。

極端な視床下部性肥満や拒食症での感情障害について、臨床的には神経性無食症の場合、太ることへの恐怖が見られる。これは一部認知障害とも考えられており、やせている自分を見ても普通の正常な姿であると認識してしまい、例えば以前に男友達からデブと言われ、それがトラウマになり、太ることへの極端な恐怖が摂食拒否を起こしている可能性がある。一方の肥満には食べ物への極端な衝動性、攻撃性、不安などが観察される。これらの症状を快・不快の概念で見る見方はないが、これらの症状の奥に何が潜んでいるかは興味深い。

性行動も基本的に視床下部で制御されている。[7] 視床下部は雄と雌で構造的に異なっているとされ、それが性行動に影響している。ヒトの場合、ホモセクシュアル行動、性同一性障害、錯倒性行動などが報告されているが、脳の構造・機能欠損であると一部解釈されている。

大脳辺縁系の障害

辺縁系には解剖学的に、扁桃体、海馬体、中隔核などが含まれ、これらの障害は、記憶、認知、情動、動機づけ行動、本能行動などに重篤な影響を及ぼす。[8] 扁桃体障害での有名な症例報告は、一九三八年のクリュバー Kluver とビュシー Bucy によるサルの扁桃体の大部分を含む側頭葉領域の広い損傷実験であった。[9] クリュバー・ビュシー症候群として知られている症状で、口唇傾向、性行動異常、精神盲、情動反応の欠如が認められる。口唇傾向とは、サルが通常嫌うヘビでも何でも口の中に入れてしまう傾向で、精神盲とも関係している。これらの症状の一部は、側頭葉から扁桃体への視覚情報の遮断が原因と考えられ、視覚情報が入ってこないために、触れるとか味わうといった他の感覚系を利用して物を認知しようとする行動と考えられている。性行動の異常では、扁桃体を損傷すると、サルは通常起こりえない他の動物との性行動に挑む傾向が見られる。これには性の対象相手が識別できないことと同時に、性活動の亢進が関係している。このように大脳辺縁系の主たる部位である扁桃体の損傷は、恐怖情動の認知や遂行に深く関与していることを示唆している。その他に扁桃体損傷では、サルの群れの中でのヒエラルキー、すなわちサル社会の地位の変動を伴うことが報告されている。[8] 今までボスであったものの地位が低下してしまう傾向を示した。霊長類の扁桃体では基本情動を越えて社会的感情の一部までを担うようになってきた。

ヒトでもMRIで調べた限り障害が扁桃体だけと見られる患者では、表情認知に問題が生じる。表情の中でも恐れの表情の認知だけが障害され、他の情動の表情に対しては区別がつく。この恐怖に対する認知欠損は言葉に対しては無効であり、恐怖に関係する言葉に対して正しく判断された。[10]、[11] さらにヒトでは、対人相互反応性に障害が生じるアスペルガー Asperger 症候群における扁桃体の関与が指摘されている。[12]

大脳辺縁系の海馬は、記憶と関係することがよく知られているが、不安との関連も示唆されている。[13] 海馬には副腎皮質ホルモンの受容体があり、ストレスによって、その発現が制御されることから情動の関与が強く示唆されている。

大脳辺縁系と次に議論する大脳皮質の中間に位置する部位に、前帯状回と前頭眼窩野が情動・感情の関係で問題になる。[14]、[15] これらは構造学的に皮質構造を持ち、解剖学的には帯状回は固有辺縁系の中間皮質に、前頭眼窩野は旁辺縁系として区分されている。

前帯状回障害の症状の一つに痛みによる嫌悪の感受性の減退が報告されている。自閉症の患者では、前帯状回灰白質の体積の減少が、健常者では怒り表情に対して血流量の増加が報告されている。サルの前帯状回障害では表情の表出や発声が乏しくなることが報告されている。

前頭眼窩野障害では、動機づけ行動における報酬価の認知障害や社会生活に重要な表情認知の障害が起こる。また脳活動の解析から非道徳的な写真の呈示により前頭眼窩野右内側部の代謝活動の上昇が観察されている。

以上から、これらの部位はより社会的感情に関与していることが示唆される。

大脳皮質障害

ヒトの大脳皮質は、サルの大脳皮質の四倍を占めるほど大きく進化してきた[16]。当然のことながら、大きくなれば、それだけ障害を生じる確率も高くなる。大脳皮質の障害は、現象論的に強制笑い、強制泣き、病的怒り、不安、無感情、過剰情動反応、情動表情失認、前頭葉性情動症候群が列挙されている[17]。大脳皮質の障害で起こる感情障害は線維連絡をしている大脳辺縁系や大脳基底核の機能の異常と結びつけられ解釈されることが多い。例えば、側頭皮質の障害は視覚情報が扁桃体に正常に送られないこととして解釈される。

前頭前野障害による感情障害の典型例としては、有名なゲージ Gage の例が挙げられる[18]、[19]。これに関して別のところで説明したので[5]、詳しくは取り上げないが、この障害により、社会的感情と知的感情が重篤に障害される。知人に対しても、罵声を浴びせかけたり卑猥な言葉を場所と時期を考えずに行ってしまう。この現象は創造、判断、類推という高次機能の障害に基づく結果としての障害か、感情機能そのものの障害か定かでないが、前頭前野は少なくとも社会的感情と知的感情の遂行になくてはならないものである。

4　まとめ

これまで感情について、自然の実験場である臨床医学の視点から議論してきた。感情障害の表現法、感情障害の現れ方を示す病名、そして脳の機能障害としての感情異常を概説してきた。これから類推されることは、臨床的視点から感情をどのように捉えるのか、不明な点が多いと言わざるをえないが、最低限言えることは、感情異常は脳の異常や障害に基づくものであって、決してそれ以上でも、以下でもないということである。古代や中世のような目に見えない神の存在を定義しなくても説明されうるということが現代科学から言える。それでは脳の機能とどう臨床的に関連づけるかと考えると、本著のテーマである感情を分類した階層的分析が整理されていないように見える。偉大な臨床家はこれらの症例から、例えばフロイド Frued は無意識の役割を発見し、[20] クレペリン Kraepelin は精神病の分類をした。[21] 感情の視点から、全体の現象との関係が未だはっきりしないし、階層仮説との関係が見えてこない。無意識を感情の言葉に置き換えると、四階層のどの部分に相当する現象か明らかにされなければならない。

時実は脳の働きを三層に分け、下から「ただ生きる」ための脳、「たくましく生きる」ための脳、「よりよく生きる」ための脳に分けた。[22] 進化論的感情階層仮説による分類から対応させると、原始情動は「ただ生きる」ための情動であり、基本情動は「たくましく生きる」ための感情である。「たくましく生きる」ための脳はかなりの部分を脳の中で占めている。そして「よりよく生きる」ための感情が社会的感情と知的感情で、ホモ・サピエンスに至って最も進化した。われわれの仮説は脳を三層ではなく四層に分けることを提案している（二章）、（図2-1）。時実の第三層に加えて「人間らしく生きる」、または「考えて生きる」ための最も知的な第四層とでも言うものがある。知的感情は大脳皮質の中でも前頭葉の前頭前野という限られた部分で営まれ、人間らしさを表現している。澤田は前頭前野が人間性知性の座であると提案しているが、[23] 人間性知性に感情知性が含まれるとしたら、前頭前野が知的感情の座とも言うことができる。臨床の視点から、進化論的感情階層仮説との対応が求められる。

しかし感情の脳機能が明らかになってきたときに、一つ厄介な問題が起こる。それは何が正常で何が異常かの判断である。スポーツの世界では、身体のドーピング doping が話題となり、記録のあくなき挑戦が身体を犠牲にしてまで進められるべきかの非難の前に強く禁止されている。それでは心のドーピング、性格のドーピングや感情のドーピングはどうであろうか。薬理学と治療の進歩により、心の治療薬は進歩し続けている。病気の人に用いるのは当然として、記憶改善薬や抗ストレス薬を正常な人が就職試験や大学受験で使用したとしたら何が起こるだろうか。副作用がなく苦しみを除く感情調整薬が開発され、真の人間の姿が隠されてしまうとしたら、これを社会は普通のこととして受け入れることができるだろうか。技術の進歩で、脳もまた操作の対象になりつつある。感情の研究はジキル氏とハイド氏の二面性を常に持っている。

一〇章　感情の妙味——愛憎——

人を好きになったとき、どうしてこのようなやるせない気持ちになるのか、ふと立ち止まって考える瞬間がある。そして彼や彼女の何に好きになったかを考えてみると、容姿や性格が良かったから、また面白い人であったからと人それぞれに理由は異なっているが、それを見つけて、だから好きなのだと納得しているところがある。それで性格のどこがどうして好きになったかを問われると、好きだから仕方がないと言って逃げられてしまう。そのような気持ちがどうして自分の中に出てきたかを深く追及しようとすると説明に苦しむところがある。

昔の人は感情イコールこころ（心）と考えて、心が心臓にあると考えていた。人を好きになると胸元がキュッと痛むし、彼や彼女のことを思い浮かべると心臓がドキドキする。そのことから多分自分の心臓辺りにその源があるのだろうと考えてきた。日本語の心臓は「こころの臓」と書く。

感情がどうして出てくるかという疑問に対して、二つの視点が考えられる。一つはその感情が出てくるメカニズムであり、人を好きになったときの愛しいという気持ちがどのような生物学的メカニズムでわれわれの意識に上ってくるかという疑問である。確かにその感情を感じている自分がいて、実際に経験している自分がいる。また確かに自分という者だけの感情ではあるが、他の者もまた同様な感情を体験しているだろうと信じるだけの確信はある。ということはそこに科学的な因果関係があると考えるのは当然なことである。好きになったことに対して、興ざめなことであるが、人を好きになることは、われわれ生物の本能である種族維持の性質からくる特性で、生物が持っている基本的な性質であると説明されることが多い(1)。

現代の生物学では、動物の行動を説明する場合、しばしば本能という言葉を用いる。動物の生命を維持することは生物としての本能であるとか、その種が存続するためには性行動は必要不可欠なものであると。われわれはそのような説明で本当に納得しているのであろうか、何か実感できないものが残る。本能とか欲求という言葉を用いる段階で、原因の追究を止めて思考停止状態に陥ってしまっているような気がする。それから先の議論をどう展開すればよいのか、実際の生活の中でどう応用していけばよいのか皆目わからないでいる。ある種の人はそこから先に万物の創造主である神を見、神が本能や欲求を人間に与えたと考える。[2]また別の人は、人の設計図である遺伝子に注目し、感情の遺伝子で説明されるのではないかと期待している。[3]しかし今のところ遺伝子に感情の影を見ることはなかなか難しい。

第二の視点はその感情が発生する関係性を議論し明らかにすることである。[4]つまりその感情が起こる現象に注目し、例えば好きになることに対して、どのような場合に好きという感情が起こるのか、またどのような人とのつながりの中で生じるかを明らかにすることである。心理学はこの視点に立って多くのデータが集められてきており、比較的攻略可能な戦略であると考えられる。[5]われわれはこのような知識から、今自分がどうして彼や彼女を好きになったのかを理解し、納得し、自分は異常でない正常な感情の振る舞いをしていると安心するところがある。愛する者の対象や恋愛行動の種類は現代社会では多種多様に広がり、何でも認められるような社会になりつつあるが、それがどうして許されるのか、その関係性の根拠を感情学の中に見つけたいと考える人も多いのではないかと思う。

感情を考えるにあたって、感情を動物にも存在する情動と人間だけが持っている感情とに区別して議論してきた。[6]そしてその情動がどのような生物学的根拠から発生してくるかについて考察した。この論点は前で述べた第一の視点に相当している。しかし今日の日本では、ほとんどの人の衣食住が満たされ、原始時代から中世にかけてのような生存にかかわる飢餓に襲われているわけでもなく、アラブ世界のように身体に危害が直接加えられるような明日の命もわからない場所に住んでいることもなく、それなりの安心できる生活を送っている社会である。また動物のように闘争か逃避というという時代でもない。このことはわれわれが動物にも存在する情動のレベルでの感情でもって生活を送っているわけでないことを意味している。むしろ現代は直接的な敵は見えず、基本的な利害は身分、地位、自負心、プライド、面子、尊厳、財産などにかかわっている。そして人間関係の複雑さを反映したストレスに曝された社会の中で、まさしくあらゆる感情に蝕ばまれている社会である。そこには動物にない複雑で多種多様な感情の発露がある。したがって基本情動や原始情動に複雑化した社会の感情の起源を求めても説明責任を果たしていないのではないかとの危惧を感じる。

本章ではヒトが持つこのような多種多様な感情の成因について考察を試みようとしているが、感情はとても単純に分類できるものではないし、それぞれの感情が相互に非常に複雑に絡み合い因果関係もはっきりしない。ここでは限られた感情、それも人間にとって根本的な感情であると考えられる愛と憎を中心に議論する。この二つは共に激情的で、危険な陶酔状態に陥り、執着し、相手に迫るなどの似たような性質を持つ。そしてこれらは誰にとっても生きていく上で避けることのできない感情であり、これを経験していない人はいないと考えるからである。またこれらは人間に活力と不安を与えると同時に、未来に希望と絶望を与えるものと考えられ、過去に多くの先人がこのことについて知恵をめぐらし、膨大な知恵がわれわれの前に横たわっているからである。

その他の感情、涙[7]、笑い[8]、神[9]、美[10]、共感[11]、恐怖[12]、悪[13]などについては優れた解説書が多く出版されている。

1　愛の起源

情動としての愛情は生物が子孫を残す上で必要不可欠な機能として考えられ、生殖および養育からその発生が説明されてきた。現代社会で言えば、家族や家庭というものが有史以来連綿と続いてきていることを考えると、理解できる理由の一つである。しかし文明の発生は、人間関係を大きく変容させてきた。原始時代の世界人口は高々数百万人程度で、自分の集団以外に人間を見つけるのが困難であったに違いない。そんなとき、適齢の男性または女性を見つけるのもまた非常に困難であり、一部分は略奪的に行われていただろう。それに加えて原始時代の平均寿命は非常に短かった。そのような環境では子孫を残すための補助機能としての感情はまさしく情動のレベルであったと考えられる。いつのときからか、地球温暖化の過程で生産力が向上し人口も増加してくると、人間関係や男女関係も変わってこざるをえなかった。平均寿命も延び、一ヶ所に定住するようになってくると、ここに感情としての愛の複雑さの芽生えが出てきた。例えば、短い人生では、愛や喜びは無視されても耐えていけただろうが、寿命が延びると、長い人生での愛や喜びを大切にするようになったとも考えられる。

愛という言葉

愛や愛情を議論し、歴史に参考を求める場合、二〇〇〇年前の愛と現在の愛との意味は異なるし、日本と西洋での意味も異なっているために、言葉の意味の変遷や文化の違いなど多くの点に注意を払って考えなければならない。

日本において「愛」という言葉は当然のことながら中国から伝わってきた。その当時の言葉が意味するところは、心がせつなく詰まって、足もそぞろに進まないさまを表すことから、心意の定まらぬおぼろげな状態を示す言葉であった。そこから、いとおしむ、めでるの意味を持ってくる。[14]、[15]日本では愛を表現する言葉として、古来、かはいがる、いつくしむ、思ふ、恋ふ、しのばゆ、睦む、親しむ、慕うなどが使用されていた。[16]万葉集を紐解くと、そこに多くの相聞歌を見つけることができる。

日本の思想の原型を作った仏教では、愛を煩悩の一種として遠ざける傾向にあったが、慈悲という言葉の中に現代で言うところの愛の意味が含まれている。慈悲はいつくしみ、あわれみといった意味で、人間の愛憎を超えた感情である。[17]

われわれが現在使っている愛や愛情、恋愛という言葉は明治時代に英語のLove、フランス語のAmour、ドイツ語のLiebeの訳として本格的に用いられた。[16]当時これらの訳語は江戸時代の身分制度に縛られていた人間関係から、自由な人間関係を象徴する言葉として知識人を中心に広く用いられた。この新たな言葉に多くの人々は明治の文明開化を実感したに違いない。しかし愛という言葉は残念ながら原語に含まれるいろいろな違いを表すことなく、恋、恋愛、性愛や不倫による愛などを区別することなく用いられてきたために、愛が意味するところは人によって大きく分かれ、人によっては愛や恋愛という言葉の中に恥ずかしさを感じることにもなった。

愛の変遷

西洋における愛はギリシア時代に遡って議論されてきた。プラトンPlatonは愛をエロス（eros）とアガペー（agape）に分けて考え、[18] エロスは善なるものへの所有する情熱で、善なるものを達成することが生きることの目標であることを唱えた中での概念であった。その中には、女性は愛の対象ではなく、同性愛が愛の対象であった。アガペーは神から地上の人間に対する愛である。アリストテレスAristotelesはそれらに加えて、友愛フィリア（philia）を加えた。[18] 今日でいう愛は、その時代、むしろ非理性的でよりよく生きていくのを妨げるものとして避けられていた。したがって、その時代の感情の分類には愛が含まれず、基本的情念として、喜び、怒り、悲しみ、欲望がスコラ哲学の中で指摘されていただけである。[18] 当然のことながら、旧約聖書のモーゼMosesの十戒にも愛という言葉は出てこない。[19]

ついでキリスト教が勃興してくる。イエスJesusは神の愛、そして隣人愛を唱える。[20] キリスト教における愛について論じる力はここではないが、どうも愛の中に現代でいうところの夫婦愛や男女間の愛はあまり含んでいないようである。聖職者はアガペーを強調し、執拗にエロス（性）にまつわる人間の心の動きを制限し、忌み嫌うように大衆を教唆していった事実がある。[21]

愛が感情の中に入れられるのは、デカルトDescartesがまとめた情念論の中である。[22] デカルトは感情を、驚き、愛、喜び、憎しみ、悲しみ、欲望の六種類とした。スコラ哲学と比べて新たに驚きと愛を感情の中に加えたことになる。デカルトの愛の定義は「自ら適合していると思われる対象に自分の意志で結合させるもの」と考えている。その愛の中心課題は神の愛でありキリスト教一六〇〇年にわたる愛の概念を情念として無視できなかったことによる。男女の愛は微妙な問題を含んでいたのか、または複雑すぎたのか議論の対象としていなかった[23]。しかし彼の情念論はエロスとしての愛を議論するきっかけになったことは確かであろう。

一方、男女間の愛の原型は一二世紀頃の中世の宮廷の中から出てきたと言われている。男女の性愛が一つの理想形として捉えられる芽生えがここに育ってきたが、その愛は結婚と結びつかず、他人の妻に理想の愛の姿を求めることもあった[24]。

愛自体が感情面から価値あるものとして認められてくるのは一八世紀頃の啓蒙思想が影響している。キリスト教の「神は愛なり」が「愛は神なり」に変わっていくのはこの頃からである[24]。愛は男女二人が充足するために努力しながら目指す一つの理想形であると考えられた。しかしこれらの考えは、産業革命以降の女性の社会的地位の後退のために退けられていく。今日のような愛が男女対等の立場で論じられるようになってきたのは、女性の社会進出が進んだことや避妊の技術が進んだことにあり、性が男女間の意思疎通の手段や友愛の手段として見られることになっていった。

愛の成因

愛には愛する対象が必ずあり、不安のように対象がない愛は考えにくい。その対象を挙げると、神、母国、故郷、価値や思想、親子、兄弟、友人、異性、同性、自然、動物などに愛という言葉が用いられる。われわれの心の動きのどの部分がこれらを求めるのだろうか。これらの対象に対して愛の成因を動物にも存在する基本情動に求めても納得できないことは前で述べた。議論のバックグランドになることがあっても、意識に上らないもので、実際には役に立たないものである。

愛を現象として分類した場合、ロマンティックな愛、遊びの愛、友愛、情熱的な愛、献身的な愛、実利的な愛が取り上げられている[25]。しかし愛は現象として説明できるかもしれないが、もっと人間の奥に潜むものは見えてこない。精神分析からの研究もあるが[26]、ルビンRubinは愛情尺度を作成する研究の中で、愛の因子として、独占と熱中、親和と依存、援助の気持ちの因子を抽出した[27]（図10-1）。

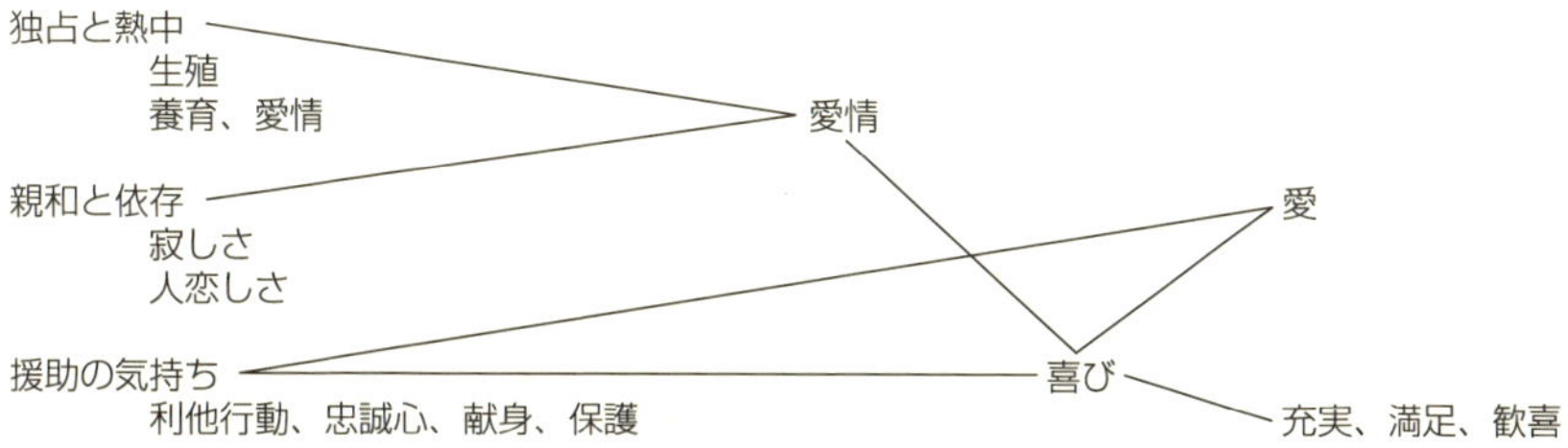

図 10-1　愛の成因

独占と熱中

多くの人間はエゴイスティックで自己中心的に思考するところがある。生活の中で獲得してきたものを自分が占有する権利のあることは、人間の社会形態ができて余剰産物が出てきた段階で定着してきた。人間も独占の対象になることは、奴隷という制度が古代に存在していたことで証明されている。この人間の独占欲が愛と愛情の原因であることは、男女の結婚行動で最も顕著に現れる。相手を好きになることは、相手を独占したいと思うことと同等で、相手の気持ちが別の人に目移りせず自分に向いていることを要求する。そして愛情の確認は愛の対象が別の人に移らないことを保証する証となる。そこに性行動の作用が入るとしたら、子供は自分の子供でなければならないという保証を確認の中に与えている。目移りして、誰の子供かわからないようでは男にとって、生涯をかけて子供に投資する価値はないし、女にとって妊娠や育児の期間の安全と生活を保証してくれるものではない[28]。相互に愛し合うことは、それぞれの視野に制限を加えることであり、独占を保証するものである。独占は何も男女間だけにあるものではない。友愛や同性愛の中にもその要素は含まれている。

熱中は独占に付属したもので独占を信じさせる手段として存在する。また熱中は価値があると思う対象に対して視野を狭くし、かなりの時間と投資を行わせることになる。そこに物事に対する愛情の片鱗が現れる。動物に対する愛情、車に対する愛情、自然に対する愛情は独占とも異なり、何かに集中し執着することから起こる。これをなくしては物事に対する愛情は起こらない。そういう点で独占は愛情の発生する原因となりうるが、熱中は愛情を持つに至るまでの必要条件になっているのかもしれない。彼女や彼氏に、または車や動物に対して視野狭窄になることを熱中と言い、特に若いときの愛情行動はこのカテゴリーで説明される。ときにこれらは恐れをも駆逐する。

親和と依存

この状態は最も幅広い愛という感情を引き起こす。夫婦を考えた場合、結婚するまでは、前記の独占と熱中かもしれないが、子供が育って独立していく過程では、共に生活し、共に人生を送っていくという時間が長くなる。そこには独占や熱中とは異なった愛の形態が存在し、これらが人生を共に送っていくことを数十年間保証しなければならない。夫婦は最も近い話し相手であり、相手を思いやり、心を通い合わす関係であり、そうしなければ人生の大半の時間を過ごす家庭というものが成り立たないからである。

高齢化社会にあっては高齢者同士の結婚が問題になってきている。高齢者同士の結婚に何を求めているかを考えたとき、一人では人生を送れない人間の心の動きが見えてくる。誰かと親密に話したい、近くに誰かがいてほしいという欲求が結婚という一つの形態を伴って表れてくると考えられる。円熟した年齢に達したとき、相手を独占したいと思う気持ちもあるかもしれないが、支え合う関係はまさに愛情の根底に人と心を通い会いたいという親和と、共に支え合うという感情があると考えられる。

この親和と依存の機能は広く友人との愛、親子の愛、兄弟愛にも応用でき、説明となっているように思える。さらには、国と国の関係、地域と地域の関係、組織と組織の間の関係にも適用できる。

この親和と依存は人間が一人では生きていけないという根本的な性質に依存している。どんな強がりを言っている人でも一人では絶対に生きていけない。誰かと話をし、誰かと挨拶を交わす日常の中にその人の存在意識が芽生えており、常に人間は他者を求め続ける存在であるということができる。さらに極端に言うならば、自分の周りに雑草でも生き物が存在することが、一つの心の安定を与えることになる。砂漠をさまよう中で、何かの生命体を見つけることは自分が生きていけることの可能性を与えるものである。

援助の気持ち
前述の二つの原因だけで、人間が営むすべての愛と愛情を説明することは難しい。その典型的な例が神への愛や、人類愛、人間愛でないだろうか。そこには単なる親和とか依存とか、独占や熱中といったものとは異なる心の作用、つまり共に生きていくための相互の助け合いが付随してくるように思える。ゲーム理論からも相互の協力関係はその集団の生き残りの確率を上げることを証明している。それが拡大し、よく言われる「無償の愛」という中に、代償を求めない感情が含まれている。こうすれば自分に得であるという選択が無意識の中に己を中心にした価値判断で行動決定が行われている。複雑な人間社会の中では多くの行動は自多く行われているが、一方では、命を懸けた人命救助を行う性質もある。よくおぼれかけた子供を助けようとして、逆に大人が水死することが見られる。本人はまさか自分が死ぬとは思ってもいなかったであろうが、結果として亡くなることが多く見られる。この行動を考えると、それを愛と言うかは問題があるにしても、そこには一方の人間の本性としての愛の形があるように思える。

この感情をさらに拡大していけば、そこに人類愛、それを保証するものとしての神への愛なども発生してくるのではないだろうか。もちろん、宗教であるから別の視点から愛が出てきた可能性もある。それは一つに神秘体験を伴った神への認識である。人は極限の状態でよく幻覚や幻聴を経験するという。宗教理論はその方法論を完備している場合が多い(29)。そのような経験を通して「悟り」なるものを感じ、人間存在のあり方から、広い意味での「愛」を感じるようになるのかもしれない。

2　憎しみの起源

愛の影として憎しみが存在する。愛がないところに憎しみはなく、反対に憎しみのあるところに愛は育つ場合がある。集団生活を営む人間にとって、ときに利害関係がこじれ、愛情が憎しみに豹変することがある。愛を持たない人間がいないように、憎しみの心を持たない人間はこの世にいない。影は日の光のあるところ、常について回るものであり、憎しみは自己の社会的存在を抹殺する力を持つ負の遺産である。人は生きていく上で安心できる生活を営みたいと希求するが、そこに負の遺産である憎しみが足音もなく忍び寄ると、その安定した生活が乱れに乱れ、時に生活基盤を失うだけではなく、自分の精神状態をも狂わせてしまうものである。また憎む相手への共感を麻痺させ、喜びや憐れみを押しつぶし、増殖し伝播していく性質を持っている。厄介なことに、愛と憎しみの両方を同時に心の中に占めることはできないようである。

心の中の憎しみは確実に人間の中に生じるものであり、その感情を正確に知り、考えることによって、人は破壊的な行動から一歩下がって物事を対象化することができるかもしれない。一歩離れて自分の感情の動きや自分を取り巻く周囲の関係を見渡すことができるならば、負の感情に囚われた状態から抜け出す可能性も出てくる。もっと広く拡大するならば、地球上の戦争をもっと理解できるかもしれない。

憎しみは主観的体験の状態でとどまっている場合と、行動上に現れた場合とで言葉の使い方が微妙に異なってくる。憎しみという感情は、幅があるにしても、心のうちに秘めて外面に現れることは少ない。なぜならば、それを外に現すことは、その人間関係を決定的に損なうことを知っており、損なえば自分が属している社会での自分の存在の喪失をもたらすからである。しかし憎しみが高じてきた場合、憎悪と呼ばれることが多く、この感情は外へと表されることが多い。直接行動として攻撃的な振る舞いを起こす場合があり、その影響は広範囲に及び人間関係の破綻をもたらすことも多い。

最近、憎しみや憎悪について、憎しみという感情の中にどのような人間の本性が隠れているかの議論が展開されている。[30]−[32] 図10-2は、ゲイリン Gaylin らの議論を参考にして、憎しみが発生する要因について、過程も含めて系統だてたものである。[30]−[33] 因果関係に混乱が見られるものの、憎しみが発生する要因は大きく分けて、①苦痛、②剥奪、③裏切り、④妬み・嫉妬の四点が挙げられる。

苦　痛

苦痛は身体的苦痛と精神的苦痛の二つに分かれる。[34] 身体的苦痛は通常、身体への侵害刺激からくる痛みを

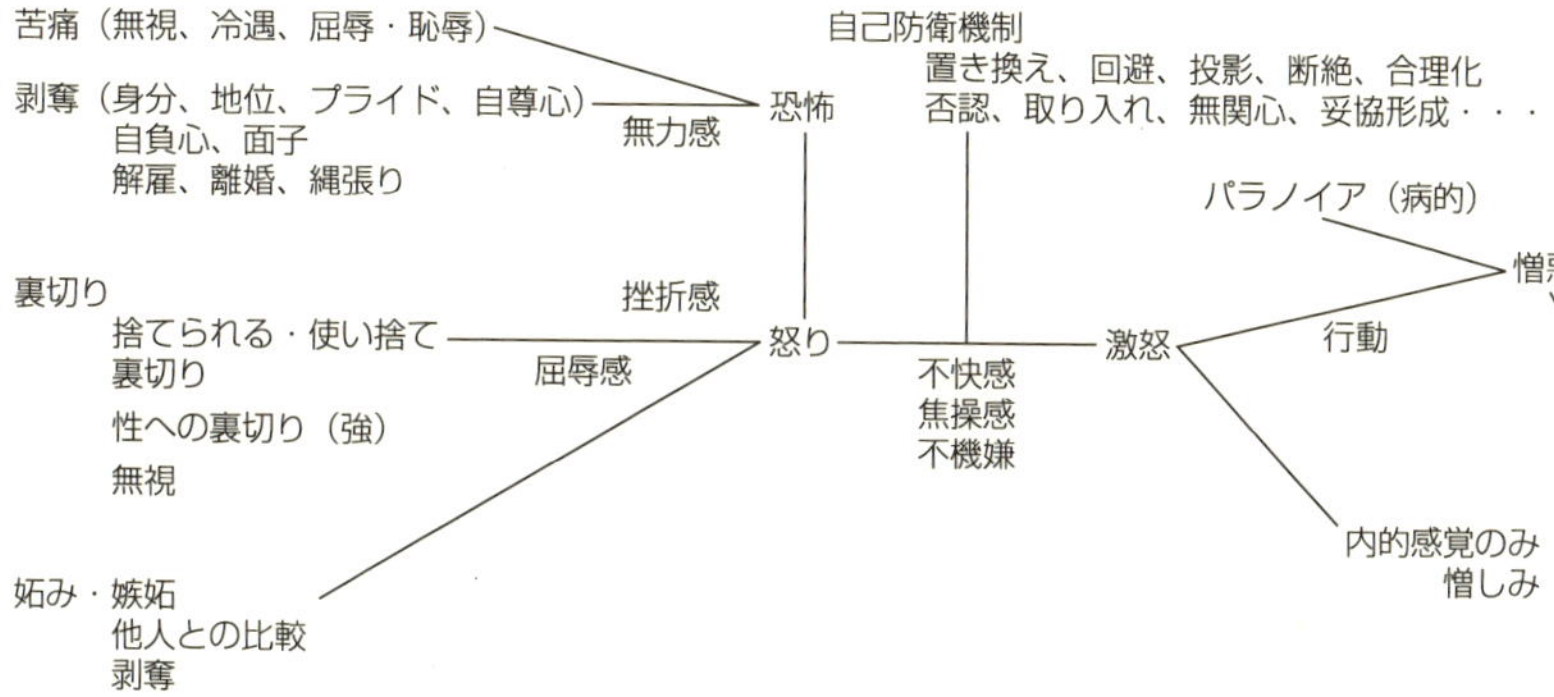

図 10-2　憎しみの成因

伴い、暴力による痛みはこの分類に入る。一般に痛みが身体への危害に関係しており、生命の存続に関係しているために、人間は痛みに対する耐性が弱い。それを利用して拷問や暴力が、恐怖を引き起こし、昔から刑罰として用いられてきた。身体的な危害を加えられた人は、加害者に対して強い憎しみを抱く。なぜなら苦痛は被害者だけが感じ、加害者は何も感じないか、喜びさえ感じる一方通行のものだからである。

身体的苦痛には、痛みだけではなく、五感を含めた欠乏感覚も含まれる。欠乏感覚とはある欲求が満たされない場合を指す。その代表例が空腹感による苦痛である。文明化した社会において、空腹による身体的苦痛はほとんど問題にならないが、開発途上国では深刻な問題となる。空腹による苦痛は、ときに怒りを呼び起こし、さらには持てる者への怒りに転化し、ここに憎しみを起こす場合がある。

しかしここで主に対象となる苦痛は精神的苦痛である。これは他人から向けられる非身体的攻撃に伴う心の痛みであり、無視、冷遇、屈辱、恥辱などの攻撃がある。これらを受けた人は、加害者に対して強い憎しみを抱く。

無視はその存在を意識しないということで、その人は組織の中でいてもいない幽霊のような存在になる。会社や学校などでその人が数として数えられないことや、その人と会話するのがはばかれるような状態であり、影の存在とも言えない、見えていても見えていないと扱われる状態である。家庭でも今日、ネグレクト neglect として話題になっており、子供がいろいろなことを訴えているにもかかわらず、親は何もそちらに関心を向けない子供の養育放棄のような状態である。どんな人であっても、最低限、両親から家族の中で自分の存在は認められなければならない。幼い子供にとって両親が対人関係のすべてである世界において、無視されることはその全存在が否定されたということで生存にとって非常に危険である。憎しみは相手への共感を麻痺させる性質がある。一方、会社や学校での無視はその人の生きがいを奪うことになる。人は社会的存在であり、その意味するところはその人が生きている証や理由を社会が認めることである。それが無視されるということは、生きている意味を否定されたことになり、この暴力の結果は悲惨なことになりやすい。

冷遇は無視と異なって、対象者の存在を認めた上で、対応を第三者と比べて差別的に遇することである。会社の中でよく見られることで、例えば昇進を遅らせるとか、暇な部署に配置換えをするような場合に生じる感覚である。派閥争いや上司との相性が合わないなどの対人関係の中で生じることが多い。同期の人たちが順当に昇進をしていく中で自分だけが遅れると、自分は冷遇されて「お客さん」になっているのではないかとの疑いを抱く。そして自分を冷遇している上司なり会社に憎しみを抱くことになる。これは心への攻撃であり心の痛みを引き起こしていることになる。

屈辱や恥辱はさらに積極的な対処行動で、本人が持っているプライドや自信に対して積極的に攻撃したり、第三者がいる前で、その存在を否定した場合に生じる感情である。ちょっとした失敗を犯した場合などに、大げさにその人の能力を全否定する場合などに起こる。身体的欠陥を面前で攻撃された場合にも生じる。この手段は組織の中で、相手を陥れようとする場合によく用いられる手段で、多くのサラリーマンが些細なミスにも気を配っている背景にはこのようなことがある。些細な失敗は、本人の責任だけでなく、さまざまな状況の変化や不可抗力などの原因もあったかもしれないが、そんなことは関係なく、また考慮せずに本人の能力の問題に帰してしまうことである。残念ながらヒトにはシャーデンフロイデ Schadenfreude と言われる他人の不幸や災難を痛快に思う感情が備わっていることが知られている。

これらの精神的苦痛は、恐れと怒りのいずれかを引き起こし、その結果は相手に対する憎しみを誘発する。

無視されることへの恐れ、屈辱されることへの恐れが本人の中にあることは確かである。これらの状態は対象者と行為を行う者との人間関係が重要な要素となる。信頼関係にあるならば、失敗に対する注意は自分の次のステップへと意欲を沸かすことになる。それは本人が状況や人間関係を十分意識した上で判断されることである。

剝　奪

われわれは生きていく中で、いろいろなものを獲得していく。地位や資産、名誉だったり、家庭や家族であったりする。生きていく上で必然的に生じるものもあり、また自分の努力の結果生じてきたものもある。もしこれらが第三者から剝奪されたとしたら、奪ったものへの憎しみを感じるのではなかろうか。自分に責任はなく、会社が、あの人が私から職を奪ったのだと考えるのが普通である。その人たちの無力感や挫折感には強いものがあり、ある者は会社やその中で解雇を言い渡した人に強い憎しみを感じることが考えられる。人は自分が持っているものを失うことに対して強い不安感なり恐怖を抱き、そして実際に奪われたときに、そこに怒り、ついで憎しみが生じてくる。極端な喪失感には耐えられるが、わずかの剝奪には強いものがある。

憎しみの対象は通常、職を奪った直接の上司など自分に直接かかわった相手になることが多い。しかし実際の現象は必ずしもそうならない場合がある。精神医学ではパラノイア paranoia、妄想型の性質を持つ人は、直接の対象から飛躍して、憎しみの対象が会社や社会全体に向かい犯罪を犯すことがある[33]。はたまた大統領や総理大臣に向かうことがある。このような状態は病的で憎しみが行動に移されると、社会的損失は計り知れないものがある。憎しみに囚われた脳は冷静な働きをしていないことが多く、なぜその人が攻撃の対象になるのか理解に苦しむ。

奪われる対象は何も有形の物だけでない。自尊心、面子やプライドなども目に見えないが、本人に所属しているものである。自分に話を通さなかったとか、自分は知らなかったと言って怒る人がいる。こういうのは軽い方で、他人から罵倒されたことで自分の面子が丸つぶれになったとかで根に持たれるのは重症である。官僚や経済活動の中で「筋を通す」ということなどは、その人の面子を立てる最たるものになる。西洋では、プライドや自尊心が重要な要素となる。プライドがけなされて、手袋を投げつけて決闘になることも過去にあった。このようにプライドや面子が失われると、奪った人に対して憎しみを抱く。

離婚などの行為も典型的な剥奪の例と考えられる。離婚裁判や調停過程で夫と妻の間で罵詈雑言が飛び交い、取っ組み合いの喧嘩になる修羅場が演じられる場合があるという。そこには剥奪されたことへの挫折感や不快感から生じる憎しみがあると思われる。今まで二人で築いてきた家庭や信頼関係の崩壊、さらには夫にとっての社会的ステイタスの喪失感が奪った人である妻へ、または逆の場合の夫へと向かうのであろう。これは取り戻せないこれまでの生活時間というものがあるために、より強く憎しみとして現れるのかもしれない。

国や民族という広い範囲に拡大すると、民族間の対立の原因として民族間の憎しみが取り上げられることがある。今世界の中で起っている紛争や戦争は、対象の範囲が民族や国家の広い範囲にあり、領土の剥奪や民族の自尊心の無視や批判は紛争の原因になり、憎しみの連鎖反応を起こす。

使い捨て・裏切り

歴史を遡れば裏切りは非常に強い憎悪の対象であり、その戒めは悲惨な仕返しで終わることが多い。「勝てば官軍」というが、江戸時代の徳川家康の大名管理は、この例を示している。豊臣政権から徳川政権に移っていく過程で多くの大名が徳川幕府を作るのに貢献したが、政権ができた後に大名の三分の一以上の領地が消滅、または減封、改易されている[35]。徳川幕府を維持するという目的に対して、外様大名は信用できない、いつ裏切られるかもしれないとの意識があり、それを打ち倒す可能性のある外様大名の芽を摘んでおく必要があったと思われる。

このように裏切りに対する恐れ、また裏切ったものへの怒りや憎しみには大きいものがある。その憎しみの大きさを表す表現の一つとして、中国の三国志などに表されている裏切り者への刑罰のおぞましさがある。考えられる限りの残酷さで仕返しがなされており、刑罰の中でも最も重い、また苦しみを与えるものが裏切りへの刑罰であった。首を切る死刑は軽い方で、罪人を牛にくくりつけて股裂きにする刑や首を木ののこぎりで毎日切っていく刑など書くのをはばかれるものが少なくない。それでも足りなくて墓を暴いて死人に鞭打つことも行われた。

裏切りは最も自己の存在が危険に曝される行為である。自分の縄張り（テリトリー）に自由に入れる他人が自分を殺す可能性を握るからである。現代で言えば、自分のあらゆる悪しきことや弱点を知っている、またはは知ることができる他人が裏切れば、自分の地位や名誉などあらゆるものが奪われる可能性が出てくる。それゆえ、裏切り者に対する憎しみは強力なものがある。

一方、裏切る者の心の動きは、親分から捨てられるかもしれない、使い捨てになるかもしれないという恐れからくるものである。自分の存在が将来否定されるかもしれないということをボスに感じられる場合、その恐れは、ボスの排除に向かい、ボスに対する裏切りや寝返りへの選択がとられる。

妬み・嫉妬

嫉妬は旧約聖書の2番目に出てくる感情で、[19]古くから議論されている。[36]妬みや嫉妬は相手が持っているものへの羨望、それを自分が持っていないと感じたときに感じる感情ということができる。このことは他人との比較の中で起こり、他者が自分よりも金持ちであるとか、良い家に住んでいるとか、良い服を着ているとか比較したとき、自分の家が見劣りする、服が見劣りすると感じたとき、相手に対して妬みが起こり、嫉妬が起こる。比較する対象によって、生活の中に必ずと言ってよいほど一つはあるのではないだろうか。学校時代であれば、成績を比較してそんなに違わないのに、なぜそんなに友人が先生から厚遇されるのか、一度ならずとも感じた人はいるであろう。特に社会に出れば競争社会である。すべての人が平等に同じような生活ができるわけでもなく地位やお金が入ってくるわけでもない。限られたパイの中で競争していく中で、公平な選択ルールが働いているわけでもない。そうすると、ときに自分より能力の劣った人が選ばれることがあるかもしれない。そんなとき、人によっては自分が持てなかったことに対して、相手を妬むことが起る。特に同じような能力や環境にあるものに差別化が起るとそのような感情が起こりやすい。

まったく離れた存在であれば何も起らない。例えば、自分が研究者でもないのにノーベル賞を貰った人を妬むことはまずないし、スポーツで優勝した人に対しても観客席にいる限りにおいてはそのような感情は起こらない。妬みや嫉妬は距離や関係性の関数であり、身近の友人と比較した場合には強く起こるようであるが、家族の誰かに対しては起こりようがない。

3　まとめ

これまでに人の愛と憎しみに関する起源について議論してきた。愛と憎しみは動物にはない人間究極の感情である。有史以来この二つの感情に対して人はもてあまし気味であった。あるときは真正面から取り上げたかと思えば、キリスト教におけるように男女の愛、性愛は避けて通ろうとした。関心は大いにあるが、まるで乙女心のようにそのことについて無視し、考えないでおこうとして一〇〇〇年の歳月が経った。しかしその感情を隠し通すことは不可能で、一八世紀に愛は開花しそうになったが、産業革命の問題で片隅に追いやられてしまったようである。そして近年の愛と憎しみの文化があり、少なくとも近代の個人主義や人間主義の考えの発展から考えて、感情の発露は望ましい発展と言わなければならないだろう。その中で個人は喜び、また苦しまなければならない。

われわれは感情を進化に従って四階層に分けて考えた。最も原始的なものに、快・不快の原始情動、そしてついで受容・愛情、喜び、怒り、恐れ、嫌悪といった動物にも存在する基本情動、最後に人間に最も多様に現れてくる社会的感情と知的感情に分けた。ここで議論したのは、最も人間的な知的感情についてであって、さらに最も人間的である愛と憎しみについて、感情を代表させるものとして議論した。したがって動物にも存在するような生殖や養育に伴っている愛や、怒りや恐れに関係する行動について扱わなかった。そのようなキーワードで説明してもわれわれの生活の中で何の役にも立たないと考えたからである。

考えてみると、両者の感情の動きの根底に、文学的に言えば「人間の性（さが）」と言えるような、多くの人にとって避けることができないような心の動きが見えてくる。なぜ避けることはできないのであろうか。さらにはこれら心の動きをさらに説明する人間の特性というものがあるのだろうか。

マズロー Maslow は欲求理論で人間には生理的欲求、安全と安定への欲求、所属と愛情の欲求、承認と自尊心の欲求、自己実現の欲求、そして自己超越欲求の六層の欲求があると指摘している。[38] 最も根本的なものが生理的欲求で衣食住に伴う欲求である。安全欲求からは怒りや恐れが説明される。ここで議論している愛と憎しみの感情は所属と愛情の欲求、承認と自尊心の欲求、自己実現の欲求に関係していることがこれまで述べてきた。愛の親和は所属欲求であり、援助はある面で自己実現欲求の現れとも受け取れる。憎しみの剝奪は所属欲求の現れであり、尊重欲求の現われであるとも考えられる。したがって人間の愛憎は欲求理論によって説明されなくもないが、以前にも議論したように欲求を持ち出せば、人間の本性は欲求から先へは追求できないことになる。

愛には独占と熱中、親和と依存、援助の気持ちが心の動きとしてあり、それが愛の行動を引き起こす。また憎しみについては、苦痛、剝奪、排除、嫉妬が根本にあると議論してきた。これらの根本は何であろうかと考えたとき、そこに自我の問題が横たわっているように思える。マズローの欲求理論の所属欲求、尊重欲求、自己実現欲求の中に含まれている自分という問題である。

仏教の心理学には面白いものがある。[39] 仏教では心の動きを八層に考え、煩悩の根本には自我が深く関係していることを見つけている。第七層の末那（マナ）識と言われている無意識の世界で起こることである。我執とも言われる状態で自分に執着する心の働きである。「自分が」「自分だけが」と心の奥で考えることが意識の世界での愛憎を産み出していると仏教は看破している。憎しみの剝奪や排除、嫉妬はまさしく「自分が」という心の現れであり、愛情の親和と依存も「自分が」という気持ちの現れでもある。感情はその点で根本的に「我」の表現形態かもしれない。これはおそらく動物にはない機能で人間だけが持つ部分であろう。

　この「我」を超えたところに愛のもう一つの姿があるのかもしれない。マズローの自己超越欲求や仏教の第八識である阿頼耶（アラヤ）識の状態が二つの愛憎を統合するものとして考えられるのかもしれない。

一一章　感情との闘い――恐怖と希望――

仏教の根源を考えるにあたって、釈迦は四諦の真理を発見し、[1]その第一が、人生は苦しみであると述べている。苦しみとは何かについて、現象として、また身体的に理解できても、感情学の中での位置づけは曖昧である。情動・感情という概念は西洋から導入され、東洋で培われ洗練されてきた苦しみはそのどこにも論じられることがなかった。西洋で発達した心理学は苦しみの具体的内容である恐怖、怒り、嫉妬、愛などを個別に扱い、それを総体的に捉える煩悩という考えは西洋で生まれなかった。

しかし感情を考える本質は、苦しみの理解であり、その救済にあると思われるが、いかんせん、科学として捉えることが難しい。宗教では三〇〇〇年の歴史の中に、苦しみを除くためのさまざまな方法が発見され、試行され、その有効性が証明されてきた。そして歴史は、宗教が多くの人の苦しみを救ってきたことを証明している。[2]、[3]

現在、日本では、宗教はその役割を失いつつあり、代わりに心の産業とも言うべき、臨床心理士やカウンセラーという職業に携わる人たちに心の救済が移りつつある。一九九〇年代から、宗教関係者でもない、医者でもない心を操ることを学んだ臨床心理士やカウンセラーが心の救済に携わり、宗教にとって代わろうとしている。[4]少なくとも現代の科学ではヒトの心の仕組みが少しわかりかけており、その知識を応用し、それを専門にする職業が現れた。ここには、宗教で過去三〇〇〇年の間に培われてきた心を救う技術が凝縮されているように思え、心理療法といえる方法の中に宗教と類似した技法が多く用いられている。

ここでは苦しみを構成する主な要素である恐怖を眺め、心の救済の一般的方法を宗教的技法と対比させて捉えてみた。

1　恐怖の諸相

恐怖は歴史を動かす原動力である。日本の歴史を手繰れば、源平の戦い、戦国時代の戦い、第二次太平洋戦争などと枚挙に暇がない。誰かに攻められ、誰かに殺されるという恐怖がお互いの戦争へと駆り立て、多くの人命を失うことになった。有史以来どれほどの人が争いで命を失ったかを思うと、それに駆り立てる恐怖という感情がどのようなものなのか考えざるをえない。

恐怖を感じるのは個人である。愛する人を失う恐れから、地位や名誉、お金を失うことへの恐怖など数多の恐怖がわれわれの周囲に存在する。そしてわれわれはそのことに一喜一憂して人生の大半を過ごしている。この個人的恐怖は、古代から議論されてきており、ここでは個人を越えた集団の恐怖について考えてみたい。もちろん集団の恐怖は個人の恐怖の集合としてベクトルの方向性と大きさが与えられたものであるが、個人を離れて大きな動きになることがある。

恐怖の国民性

恐怖に国民性があるのか、その問題を感じるのは、ヨーロッパの歴史を動かしている原動力としての感情を理解するときである。ヨーロッパは陸続きであり、一時期を除いてヨーロッパは海洋国家というより、陸を区切る地域国家であった(5)。その国境線は、あるときは北方のバイキングに押され、あるときは東のイスラーム教徒に押され、変更を余儀なくされ、容易にそのラインは変更された。

一方、島国である日本は常に一つの国であった。民族という対立から言えば、アイヌ民族を北に追いやり、琉球を含めてからは単一国家であった。地方は細かく区切られ、国、藩、県と変わっても、髪の色は同じく、肌の色も言葉も同じであった。ときの政権は日本全体を一つの国であると考え、統治しようとしていた。

そこに国民性としての恐怖の違いが芽生える土壌がある。違いというよりヨーロッパに存在して日本では育たなかった感情である。それは領地を追いやられ、皆殺しにあうかもしれない恐怖であり、陸続きの国の人々にしか味わえない感情である。ヨーロッパでは、民族が明らかに異なっており、皮膚の色、髪の色、言葉も異なっている。そのような人々が隣り合って生きていて、時と共に混血が起こり、住処が入り混じっていった。そんな中で、もし気候変動による飢饉、人口増加、他民族の侵略などが起こり、共に生きていくことが難しくなったとき、そのときの民衆の振る舞いは最終的に同じ民族の人たちが固まって行動するようである。その例として、中国の元やオスマン帝国がヨーロッパへ攻め込んだときなどが挙げられる。元は占領するに従って、その侵略された民を兵隊として先頭に立たせて、新たな戦法でヨーロッパの東から攻め込んでいった。攻め込まれた民衆や、攻め込まれそうになった国の民衆は難を逃れるために隣国へと越境、結果的に隣国に攻め込まざるをえなかった。元の殺戮の激しさはうわさとして急速に拡大し、民衆はその残虐さに恐れ慄いた。馬や鉄を用いた新たな兵法の前に当時のヨーロッパの国はなす術もなく逃避することしかなかった。生き残るためには正面から立ち向かうよりも、次の選択として国全体が移動することを選び、そこに新たな悲劇が生まれた。

　そこに住んで生活を営ありでいた民衆は、略奪でしか生活の術を見出せない流浪の民に蹂躙されることになる。当時も今も流浪の民は食料を準備して逃げるわけではなく現地調達である。それらの人々は生きるために何が何でも食料を調達しなければならなく、次の残虐な行為が起こってくる。そのような危惧を隣国の人々は抱かなければならなかった。そこには民族浄化のようなことも行われたことがあったのかもしれない。歴史が伝えるところでは玉突きやドミノ倒しのごとく、次から次へとその恐怖は伝播していった。これは国が陸続きによる恐怖であり、ある面では避けることができないものであった。それだけに国民の中に深く残るトラウマでもあった。

　猛威を振るったペストもそうである。ヨーロッパを何度も襲い、あるときは人口が半減したこともあった。フランスのマルセイユで始まったペストは瞬く間にヨーロッパ全土に広がっていき[6]、各都市は当然のごとく自衛策に出る。城門を閉め、他国の人々の入国を厳重に取り締まった。それでもペストは防ぎきれず都市が全滅することもあった。陸続きであったためにどうしようもなく多くの人々が死に、その恐怖もまた忘れられないトラウマとして国民の中に残った。

一方日本はどうだっただろうか。飢饉もあったしペストもあったが、少なくとも異国に全土を占領されたこともなく、皆殺しにあったこともない。そもそも日本では皆殺しという発想は大局的になかった。隣同士の藩が戦争をするといっても、殿様が切腹すれば、それで戦争は終わりという関係であった。戦国時代の織田信長は比叡山延暦寺を囲み数千人の老若男女を皆殺しにしたと言って、歴史では批判の的になっているが、それほど日本では珍しいことであった。しかし閉鎖された空間においては恨みや怨霊という感情は残った。

宗教の違いによる恐怖

宗教による侵略もヨーロッパから見れば恐怖の的であった。何度かイスラーム教の侵略をヨーロッパは受けた。これはそれぞれの立場で眺めると一八〇度異なる見解であり、キリスト教圏から眺めると、イスラーム教徒は異教徒となる。その恐怖は目に見えないだけに無知な民衆は支配されると何が起こるのかわからないという大きな恐怖に曝された。

しかし局所的に歴史を眺めてみると、イスラーム教の浸透に従って民衆のレベルでは改宗する者、共存を選ぶ者と多様な展開を見ることができる[6]。そして最もこれらを恐れていたのが、おそらくバチカンであり神父であった。宗教改革以前では、聖書はラテン語で書かれ、一般民衆は聖書に正確に何が書かれているか知る余地はなかった。神父の説教がすべてであり、その言葉が恐怖を拡大していき、一つの結果が十字軍の動きであった。宗教界内部に目を向ければ、宗教改革以前の教会の既得権には大きいものがあり、それを失うことへの恐れも大きかった。そしてその恐れが宗教改革の中で、飢饉や伝染病ともあいまって民衆の中に伝播し、民族のドミノ倒しのような移動も引き起こした[6]。

ヨーロッパの恐怖はこのように宗教と密接に関係していたが、一七〜一八世紀まで民衆は、一方では宗教の癒しを恐怖から守る砦にしていた。したがって教会の言うサタンの攻撃には絶対的なものがあった。魔女狩りにより無実の女性の多くが火あぶり刑になり、キリスト以外の偶像崇拝者は人とは認められない暴挙も歴史の中にはあった[6]。民衆は作られた恐怖にもかかわらず、それに共感を示すことが苦しい生活の中での救いになり、多くの民衆が一丸となって大きな情念の流れの中に身をゆだねた。

日本における宗教的恐怖が争いになった例は、おそらく飛鳥時代の崇仏論争、戦国時代の一向一揆、江戸時代初期の島原の乱など数えるほどしかない。これらの争いは、宗教が国家体制の根本を揺るがしかねないと考える体制との争いであった。仏教伝来と日本古来の神道の選択の争いが聖徳太子の関係する氏族対立であり、新たな仏教を国是とした側の勝利で終った。戦国時代の浄土真宗による一向一揆では加賀国に代表される浄土王国が建設され、戦国大名的な国となり、制度も講を中心とした民主主義的なもので、ときの織田信長が目指した封建制度と相容れないものであった。織田信長はそのような観点から比叡山延暦寺で大量虐殺を行い、また長島や加賀の一向一揆は潰され、宗教を中心とした国づくりは消えてしまった。江戸時代初期の島原の乱もまた一部キリスト教を含んだ戦いであった[7]。仏教や神道に馴染んできた日本にとって、本質的に怒りの宗教であるキリスト教を受け入れることはできなかった。そこに江戸時代、徹底的な掃討作戦が展開され、それ以来、小さな宗教との争いはあったが、宗教的対立が国民のトラウマとして残ることはなかったし、宗教が日本民族を壊滅させることもなかった。

戦争に見る恐怖

戦争を始めるための必須条件は国民の大多数が敵に対して恐怖心を持っていることである。戦争をやりたくて戦争を起こす人はいないというが、歴史的に戦争は確実に繰り返し起こってきた。その中での民衆の恐怖とは何なのか、その経済学的および地政学的背景については多くの分析がなされてきている。その原因を追及することによって二度と戦争を起こさないと誓うが、再び戦争するのが歴史の示すところである。ときに人は悪や支配という美酒に魅せられることがある。為政者がこれに酔い、民衆がこの感情に酔うと悲惨は繰り返される。また目先の欲や恐怖の前に未来に対する想像力が鈍るようである。戦争を誘発しないためには何をしなければならないか、多くの提言があるが、戦争のアンチテーゼとして、戦争を防ぐためではなく、戦争を起こすためにはどうしたらよいかという戦争のプロパガンダの中に、国民の感情をいかに巧妙に操作するかの項目がいくつか含まれている。[8]—[10] そのいくつかを列挙すると、「われわれは戦争をしたくない、しかし敵側が一方的に戦争を望んだ」、「敵の指導者は悪魔のような人間だ」、「われわれは領土や覇権のためではなく、偉大な使命のために戦う」、「われわれも誤って犠牲を出すことはある、だが敵はわざと残虐行為に及んでいる」、「敵は卑劣な兵器や戦略を用いている」などと書かれている。国民感情をどの方向に持っていくと国民の一体感を醸成できるかのノウハウが指摘されている。民衆はそこで語られる恐怖と憎しみの無限連鎖と無批判なナショナリズムに感化され、次第に個を失っていく。恐怖と憎しみに訴える力には侮れないものがあり、群集心理における影響の受けやすさ、群集に伝わる感染の速さ、批判的精神の弱体化もしくは喪失、個人的責任感の減少ないし消失、敵の力の過小評価、恐怖から熱狂へ、そして歓呼の声から死の脅威への突然の移行の傾向が指摘される。[6] そして一旦始まると反対するのが難しい状況が作り出される。そこには、社会的感情の弱点である「裏切り者」「非国民」というレッテルの乱用が起こる。また単に恐怖情動だけでなく、条件づけ技法を用いての殺人の強化も底辺で使われている。[11] 恐怖を前にし、人は多くの犠牲を払って獲得した自由や人間の尊厳も簡単に手放してしまう。そしてあらゆる行為が許され、無感情、無意識や無規範に至ってしまう。

バルカン半島のボスニア・ヘルツェゴビア紛争では五〇〇年前の民族紛争を取り上げて、民衆の恐れや、憎しみを煽った事実が報じられている。[12] 五〇〇年の時を経て、どこにも関係者がいない忘却の彼方の事実を持ち出して、民衆のトラウマに訴え、またそれに動かされて国民全体がトランス状態に陥っていく姿があった。

これは前で述べた集団の感情の問題ではなく、完全に個人の問題であるが、恐怖を論じる場合、この問題を避けることはできない。

死の問題

ヒトの場合、動物と異なり、死というものに恐れを抱く。死とは人にとっての終わりであり、経験することのできない未知の出来事であり、経験すればそれで終わりというものである。人は常に永遠の未来を持っていると思いがちであるが、年と共に命に限りがあることを自覚してくる。すべてを失うことへの恐れ、特に一生かかって築いてきたものを失う恐れには大きいものがある。

宗教の原点は人間の救済で、主に苦しみからの救済である。その要求に対して救済の方法を提示することによって宗教は民衆の支持を得てきた。原始宗教では、それは時に病気の治療であり、除厄であったが、次第に現世的な救済法から精神的な救済法に移っていった。そして民衆の最大の苦しみは死であり、これが万人に共通の問題であった。人は命の永続性を願うが、それは儚い願いであり、不老不死の薬はこの世に存在しない。秦の始皇帝は晩年、不老長寿の薬を求め、徐福を東国に派遣したとも聞く。医学は延命を追求し、感染症を克服し、平均寿命を格段に延ばしてきた。しかしその延命は人間の生物としての寿命に突き当たってしまった。そのときに見えてきたのが自己の有限性と死への確実な段階であり、医学の力ではもはや伸ばしきれない生命の限界であった。そこに死に向き合うための準備が必要になってくる。宗教の多くはその苦しみに対して、それぞれ独自の方法で救済の手を差し伸べている。キリスト教も仏教もイスラーム教も、天国や極楽、地獄を用意し、命の連続性、永遠性を保証してきたようである。人々がどうしたらそこに行けるのかのマニュアルを用意している[14]、[15]。二者択一的な問題呈示に対して、多くの人は前者の天国や極楽に行くことを希望すると考えるのは当然の成り行きであった。地獄はどの地獄でも痛みと苦痛にあふれた世界が想像豊かに描かれ、またそれが現実経験として容易に想像できるために人々はその反対である天国・極楽へ行けることを願った。

現代の死の恐怖として、高齢化社会での新たな絶望がある。子供から見捨てられる人々や誰も身内のいない人々は多くの場合、老人療養施設や病院などでその生涯を終えることになる。将来、年間一五〇万人以上の老人が死んでいくと言われ、周囲を見渡せば、どこかで葬儀が行われていることになる。その多くが病院で死に、病院に入ることがまるで墓へ入る一歩手前である様相を呈してくる。限られた空間や景色、限られた自由の中で希望もなく死を迎えざるをえない状況は新たな苦しみと言わないで何と言えるだろう。この状況は、中世の庶民が一生懸命に働いても貧困の中で死んでいかなければならなかった絶望的な苦しみと同じである。人は共通に、飲み、食い、排泄し、働き、眠り、性を営み、生殖し、患い、死んでいく存在である[13]。その中で、一度も美味しい食事も暖かい部屋も、きれいな服も着たこともなく、一生牛馬の如くに働いて、何も報われない人生であったと思いつつ死んでいかなければならなかった、あの物質的な絶望状況と同じである。時代が変わって現代では、衣食住が足りた状態で死を迎えることができるかもしれなし、病院の対応も次第に整ってきているが、何かが足りない状態である。それが何であるかを考えると、看護師や医師は決して人生の導師にはなれないし、絶望から救い出す知恵を持っていないことが浮かび上がる。もし彼らが関与するとするなら、精神的に、霊的に健やかな死を迎える術を用意する必要がある。健康の定義の中に、世界保健機構WHOはスピリッチュアル（Spiritual）（霊的）に良好な状態という言葉を最近付け加えるべく協議中であることを真剣に捉えなければならない。

2　宗教から学ぶ救済

苦しみの救済の方法には、いくつかの共通の知恵が隠されている。宗派に囚われず、人類が経験的に救済に有効だと考えられる技法が各所に隠されている。

共同体の存在

人間は社会的動物であり、絶対に一人で生きていけない存在である。その中での最大の苦悩は孤立であり、孤独である。それを逃れるために群れを作る。群れとは家族であり、親族であり、地域であったりする。同じような考えや境遇の人が存在すると人は安心する。宗教形態の歴史を眺めれば、集団を継続的に作らない宗教はなかった。苦しみを持った多くの人々が一人で悩むのではなく、教会やモスク、寺という場所に集まり、苦を共にする同胞を見つけて、自分一人の苦しみでなく、皆が平等に苦しんでいるということを実感する。宗教は社会的場所を提供し、社会的交流をうながす働きを常に持っている。

苦しみの共有は他者の存在なくしては成り立たず、宗教はすべての人間は罪深いものであると定義する。仏教では煩悩を持たない人間は存在せず、またキリスト教では原罪という形ですべての人間に苦しみを与えている。したがって人間全員が苦しみを共有していることになり、そこに苦しみの平等化と感情の緩和化が行われることになる。

しかし仏教の原始形態は、釈迦が苦しみの本質を発見したことにより、苦しみを救済するためには煩悩からの解脱が本質であり、それには正しい行いや修行が必要であることを唱えた。仏教が個人の救済であるために修行は一人で実行可能であり大きな組織を作る必要がなかった。しかし大乗仏教に至り、在家の人々の救済をどうするかという問題に突き当たり、ここに人々を集め、集団の効果による救済を論じるようになった。浄土真宗では講という組織をつくり、強力な団結を誇り、物事の解決に立ち向かった。

キリスト教は教会という建物を中心として、イスラーム教はモスクを中心として共同体を形成してきた。新宗教も当然のことながら強力な共同体を構成しているが、ときには行き過ぎて排他的な共同体になっていくことがある。いずれにしても、苦悩を共にする共同体の存在は、救済を求める人々にとって強力な援助になっている。

それを現在の心理療法に取り入れたのがグループ療法と言われるものである。禁酒や禁煙のためのグループ療法は一定程度の効果を上げる方法として広く認められている。共に悩んでいる人が隣にいることや苦しみを共に分かち合う人がいること、そして共に苦しみ努力している人が自分のそばにいることに対して、自分もがんばらなければならないという気持ちが起こる。一人でがんばるのは苦しいことであり、いつ何時誘惑に負けて酒やタバコを始めるかもしれない。そのときに共に努力している仲間の存在は一種の救いであり、宗教はすでに昔からそれが救済に有効であることを証明し続けている。

支えの存在

西洋の宗教であるであるユダヤ教はヤハウェ Yahweh の神を、キリスト教は神と神の子であるイエス Jesus を、イスラーム教はアッラー Allah の神を有する。一神教を唱える西洋の宗教はすべての許しを受け入れてくれる神の存在を前提にしている。一方日本の仏教は、仏の存在を仮定し、それが釈迦であったり、その前段階の阿弥陀如来であったりする。悟りを開いた仏がわれわれの苦しみのすべてを受け入れてくれる存在として眼前に立っている。キリスト教では、神がすべて万民を「愛」を通して慈しみ、仏教は仏を通して「慈悲」が施されている。神や仏は実体のない存在であるが、ときには擬人化した姿があり、絶望した人々の眼前に存在すると信じさせている。宗教三〇〇〇年の歴史は、神や仏の存在の証明の理論武装に費やされたと言っても過言でない。どの宗教も他力を主張している。なぜこれらの存在を仮定しなければならなかったのか、なぜこれらの存在が苦しんでいる人々に救いを与えることができたのか、ここにわれわれ人間の一つの性質として「支え」の問題が浮かび上がってくる。

家庭の中で子供が安心して健やかに育つのは両親の支えがあるからである。何をしても許してくれる親の存在は成長において不可欠なものである。夫婦間も互いに支え合っているという実感があって初めて家庭というものが安心できる空間になる。宗教を家族にたとえるのはあまりに矮小化の誇りを免れないが、万人が苦しんでいるときの万人の共通の支えになるものを与えるにはどうしたらよいか、先人はそこに無限の包容力をもつ抽象的な神や仏の存在を持ってきた。仏の目は常に慈悲深く拝む人々を眺めている。イエスは愛をもって人々の罪を一身に背負っている。そこに人々は一人ではない、自分に関心を抱いている人が存在することを実感し救われたのである。

現代においても、心の治療において、「支え」の問題は非常に効力を持っているし、また大いに強調されている。非行や不登校などにおいて治療者の永続的で真摯な対応が支えとなって、立ち直りを確実なものにしている。支えは信頼関係とも呼ばれて、ときには親よりもカウンセラーの方が信頼されることがある。子供や悩みを抱える人は自分を信じてくれる人に心を開くことがあり、心を開けば治療の展望も開けてくる。多くの心理療法は患者と治療者の信頼関係が基本になって治療が進められるところに特徴があり、信頼関係のないところには何の進展もない。薬による心の治療は、機械的な治療効果が上がっているが、根本的な心の治療になっていないことが多い。

絶対他者の存在

キリスト教での救済のプロセスは、絶望した人々が罪を認め、懺悔し、祈ることによって、神がそれを許し、希望を与えるという一連の流れがあると言われている[16]。ここで注目するのは、懺悔の過程である。宗派によっては告白、告解、悔い改めとも呼ばれているが、カトリックでは聴罪司祭の前で、犯した罪を口に出して話をすることにより、教会は神の名の下にその罪を許し、信者は神と和解し、そこに心に安寧が得られ希望を得る。心悩む者が、自分の悩みを声に出して話をし、それを聞いてくれる他者がいるという手法の発見である。

われわれは経験的に自分一人で悩みを抱え込まず、友人や親や先生に語ることで気が休まることを知っている。語ることによって悩んでいる状況は何も変らないにもかかわらずほっとする気持ちである。悩みを共有したという安心感か、また前項で述べた支えとなることを期待しての効果かわからないが、あらゆる悩みを受け入れてくれる絶対的な存在が苦悩を軽減させる。キリスト教を作ってきた人々が語りの浄化作用を発見し、システム化してきたと考えられる。ときにこれが憎しみや復讐の連鎖を断ち切る知恵にもなった。

仏教では出発点が個人の心の持ち方であるために、人に語ることによって絶望や苦悩の軽減を図るプロセスは基本的にない。仏は悲しみに対してただ微笑んでいるだけで、人はそこに諦めという救いを見出した。人の語りかけに対して、大乗仏教はただ一つの反応「空」しか返ってこない。禅の中に、禅匠との問答で悟りに導かれるというプロセスがあるが、キリスト教の懺悔とはまったく異なる。

現在の心理療法の中のカウンセリング技法はまさしく話をする、そしてそれを真摯に聞いてくれる人がいるというプロセスを主たるものとしている。セラピストは辛抱強く、悩める人の話をうまく聞き出すことによって、相談者が自分自身で答えを見つけることを援助している。言葉が強力な抗うつ薬となり、ナラティブ（語り）を積極的に利用した心理療法も存在する。キリスト教のように罪を認めるといった懺悔でもなく、神に許しを得るといったプロセスでもなく、それらをすべて剥ぎ取った中の癒しの本質を利用している。

一貫性、合理的説明

人は自分の納得しないことを信じることができない。これは今も昔も変わらないことで、昔は神という存在を仮定することですべての自然現象や精神現象を説明してきた。ときには経験できない霊的な存在に対して、精密な理論展開を発見しなければならなかった。そこに宗教の複雑さが発生し、常に周囲から論理整合性に対しての疑問や問題点が指摘されてきた。組織に属する専門家は組織の存立基盤の整合性に対して、並々ならぬ勢力を傾ける傾向があり、排他的になる場合もあった。カトリックは宗教会議を招集して異端かどうかを判定し、ときに取り入れ、ときに排除してきた。キリスト教のグノーシス派などの異端の歴史には壮絶なものがあり、悪魔の設定、それに続く魔女狩りなどがその例である。[17] これも聖書解釈の一貫性や整合性を追求する一連の動きである。それに対して、プロテスタント系の宗派は数百にのぼっているが、違いを認めて集団を作っているからである。

一方、仏教は極端な排他主義の例は少なく、分派として多く分かれていっている。釈迦の教えは最初一つであったが、時と共に多くの宗教者が解釈を深め、足りないところを付け加えていった。古い上座部仏教から大乗仏教に、そして密教が時代の影響を受けて派生してきている。日本では、どの経典を中心に理論構成を作るかによって南都六宗に別れ、そこから真言宗、天台宗、さらには浄土宗、浄土真宗、日蓮宗などが分派してきている。[14] これらはすべて一貫性や整合性の追及の過程で生まれてきたものであり、信じることができ、また受け入れることができるという心理プロセスの結果であった。それぞれの宗派はどの経典を基本とするかによって異なり、それぞれの経典を拠り所に仏教の指し示すところを信じた。内容を信じないところに絶望を負った人々に対して救済の方法を指し示すことはできない。

現代においても人の思考過程で、合理性や一貫性、整合性を備えていることは当然の性質として認められている。これは一四～一五世紀にヨーロッパから起こってくる合理性や経験主義、実証主義に基づいている。自然科学の分野のケプラー Kepler、ガリレイ Galilei、コペルニクス Copernicus による一連の研究は天体の運行や存在がもはや神の意思によって動いているのではなく、地球が太陽の周りを回っているという事実を宗教に突きつけた。ニュートン Newton は天体の運行に対して数学の美をもって法則を呈示した。[18] それに対して教会はもはや反論する根拠を示すことができなかった。人々は経験に基づいて、実証的な事実を信じるようになり、まずは宗教の神秘的な理論構成から自然科学が抜け出ていった。ついで経済の進展を通して政治形態が、市民意識が教会から離れていった。人は自己を中心とした多様性ある性質を自分の中に見つめ、それに対する一貫性や合理性を求めるようになった。宗教は歴史の中で構築してきた人間の存在場所や神を中心としたヒエラルキーの多くを事実の前で失っていったようである。そして最後に残った部分が、おそらく感情の部分で、依然として効力を持ちえている。しかし、それも脳科学の進歩により侵食されるかもしれない。

説得技法の応用

昔の人々は教育を受けていない、知識がない、読み書きができないからと言って、自分の経験できない、眼に見えないものを信じ、神秘に充ちた神や仏を簡単に信じることができただろうか。それとも信じなければならないほどの絶望や苦しみに囚われ、どうしようもなく抜け出られない無間地獄に陥っていたのだろうか。確かに、身分制度の下、また自然の避けることのできない脅威に対して、それにすがらなければならない感情があったと思われる。しかしすべての人々が宗教を信じてそれに救済を求めるには、それをさせる舞台装置が少なくともありうるはずである。心の救いを与えるということは相手がそれに従うように、またその気になるようにしむけなければならない。

社会心理学における説得技法として、返報性、一貫性、社会的証明、友情・好意、希少性が挙げられている。(19) 一貫性については前に議論した。社会的証明とは、属する階級にふさわしい振る舞いをすることが相手に影響を及ぼすことになる。聖職者がボロ切れを着ていては誰もありがたみを感じないであろう。その地位にふさわしい態度や行為が求められる。希少性はビジネスの世界でよく見られる性質で、限定したものに対して価値を認めることである。

ここで主に問題にしたいのは最初の返報性で、これは受けた好意に対して返さなければならないと思う人間の基本的性質の一つで、非常に強力な特質である（五章）。相手に対して以前に頼み事を聞いてあげたときの見返りを期待することである。つまり貸し借りのことで、借りたものは返さなければならないし、貸したものは返してもらう権利がある。それが有形のものだけでなく、無形のものであってもよい。例えば就職の世話を誰かに頼んだとき、暗黙の了解としてその人から何かを依頼されたときは断れないことを意味している。封建制度はこの性質で成り立っていると言っても過言ではなく、それが領土の安堵であったのが封建社会であった。

宗教についてもこの返報性をどの宗教も利用していると考えられる。キリスト教では神からの愛であり、仏教では仏の慈悲である。それによって絶望や苦しみが救われるものならば、こちらから与えるものは熱烈な信仰であり、逆に真摯な信仰は相手からの救済を要求することになる。その相互関係が成り立って初めて宗教が成立し、救いという行為が成立する。ときにはそのような契約ではなく、聖職者の一方的で真摯な誠意であったかもしれない。誠意もまた返報性の中身となりうる。

この返報性が崩れると、信頼関係が崩れ救いは起こらない。日本では義理人情のない人だということになるし、西洋では契約の放棄になる。苦しみの救済プロセスの宗教は無意識のうちにこの返報性の性質をうまく取り入れていったのであろう。

地獄の設定

どの宗教も悪の行為に対して地獄を用意している。仏教では六道といって、天、人間、阿修羅、畜生、餓鬼、地獄の世界があるという[20]。人間が上っていけるのは天だけであるが、下に行くには四つの世界が用意されている。それだけ人間は悪をなしやすいということなのか、阿修羅は怒りの世界で、悲惨な闘争が繰り広げられる世界で、われわれの競争社会を反映している世界かもしれない。畜生は不安の世界で、恐怖に悩まされ続ける世界である。餓鬼は食べ物が得られないことに代表される飢えに苦しむ世界で、欲張りで嫉妬深い人が落ちる世界である。そして最後に落ちる世界が地獄であり、悪業を積んだものが落ちる世界で、往生要集によれば、等活地獄、黒縄地獄、衆合地獄、叫喚、大叫喚、焦熱、阿鼻（無間）地獄の八地獄が用意されている。等活地獄は責苦によって命絶えても、また蘇生しては責苦を受ける地獄で、黒縄地獄は鉄の黒縄で身体を巻かれ、それに沿って切り刻まれる場所で、衆合地獄は邪淫の罪を犯した者が鬼に山に追いやられ、山で押しつぶされるという苦しみが待っている場所である。その中の刀葉林という場所は葉がすべて刃になっているところで、木の上を見ると、上にきれいな人がいる、男はそれをめがけて体を傷つけながらも苦しみながら上に這い上がっていく、上がると今度は女の人は下に移り、早くおいでと呼び寄せる、男はまたそれを求め刀でできた木を降りていく、それを永遠に繰り返す地獄である。叫喚、大叫喚は煮えたぎった大釜に入れられ叫び声をあげる場所であり、焦熱と大焦熱は猛火や炎熱のために苦しむ場所である。阿鼻（無間）地獄は間断のない極限の苦しみが与えられる地獄である。これを描いた地獄絵図を見せられたり、想像すれば、誰もが欲望を抑制し欲望の切り下げをすることになる。人は本能的に苦痛を避けたいと考える動物であり、苦痛が日常生活で容易に経験できるために、なおさら無間地獄の苦しみから逃れたいと考える。西洋の地獄も似ており、高慢、肉欲、物欲、憤怒、怠惰、貪欲、嫉妬の七つの大罪によって地獄に落ちると言われ、ボスの「快楽の園」の絵を見る限り、地獄の種類は多種類である[21][22]。風土が異なっても地獄が同じだということは人間の行動の共通な性質であろうか、それとも偶然であろうか。

高揚感の利用

宗教の多くは祈りや悟りを開くために一つの行為を要求している。その典型がイスラーム教で言う五行であり、仏教であれば座禅や称名念仏である。キリスト教の場合はひたすら祈りをささげるというものである。

脳の性質から、二つのことを同時に行うことは難しい。その典型的な例が、話しているときに別の考えが可能かということであり、特定の動作に集中しているときは考えることができない。芸事の修業や芸術作品の製作過程では熟練になると、手がひとりでに動いていくという。親鸞は、念仏は心に思う観念の念仏でなく、声に出して唱える称名が本質的であると言っている。集中して何千回も唱えているうちに特殊な感覚領域に入っていき、例えば、自分を客観的に眺められる感覚、すなわち行動している自分を外から認識する感覚を体験する場合が出てくる。心理学では経験外体験といい、臨死状態になった人が回復した後に、ベッドの周りで父親や母親が心配そうに声をかけたり、手を握っていた様子をベッドの上の方から眺めていたと報告することがある。またてんかん患者の治療中、右頭頂葉のある部分を刺激すると、そのような感覚が起こることがある。[23] われわれの脳はどうもそのように知覚する部位を有しているようである。それは丁度、脳での空間情報処理を行う領域で、おそらく電気刺激という異常な脳の働きによって起こったと考えられる。正常な状態でも、集中することによって今まで働いていなかった領域が働くことがありうる。

念仏への集中や体の動きを制限することによって多くの人が一種の催眠状態になり、そこに一種の高揚感を感じ、天国や地獄を感じる神秘体験を経験したのではなかろうか。それを起こすには舞台装置が必要であり、教会とお寺の共通する舞台装置は光と音の有効利用であり、身体運動の単純化である。教会もお寺も現在においてもロウソクの照明に頼っており、今まで蛍光灯で明々と照らされている教会や寺を見たことがない。人間は暗いところよりも明るいところを好むはずであるが、教会ではイエスの像を中心としてそこから光が出ているかのように照明され、仏像もまたろうそくや金箔を使って光が出ているように照明を行っている。周囲からそこだけが浮かび上がっているように見え、光と影の壮大なドラマが展開されている。音と言えば、教会では聖歌隊の透き通るような歌声が聞こえてくるし、反響効果は素晴らしい。お寺では単調な念仏や声明が聞こえてくる。念仏は漢文で書かれているために意味がイメージしにくく、まるで一種の音楽である。体の動きは仏教では念仏に制限されている。これで一種の恍惚感やトランス状態が作れないとしたら不思議である。

心理学では感覚遮断という実験がある[24]。視覚、聴覚、体性感覚、味覚、嗅覚の五感を遮断した場合、しばらくすると幻覚や精神錯乱が起こるという。実験は中断を余儀なくされたが、このことは、人は感覚情報が制限されると、または意識的に遮断すると簡単に異常状態になることを示唆している。宗教における舞台装置を眺めてみるに、意識的に非常に刺激を制限されているのではないかとの疑いを持つ。限られた光と視覚情報、単調な聴覚情報や限られた身体運動は異常な高揚感ないしトランス状態を引き起こすに十分と言わなければならない。科学技術を使えば、バーチャル・イメージの中に天国、極楽を再現することも可能である。

非差別化

昔のユダヤ教はユダヤ人だけが神から選ばれた民で、ユダヤ人だけが神から救われるという選民思想がその中に入っていると考えられていた。キリスト教が広まるきっかけ、また世界宗教になるきっかけは、苦しむ人々が平等に救われることを唱えることから始まった。イエスは愛が平等に神を信じている人々に与えられ救われることを唱えた。神との契約をした者、神を信じる者を救うという拡大された考え方を提唱したことが多くの民を救うことにつながっていった。イスラーム教は絶対平等を唱え世界に広まっていった。しかしこの中にはまだ、神を信じない者、異なった神を信じている者を神は救うのかという限界も指摘され、歴史的にはこれらの人々に神の愛の恩恵が受けられなかった時代もあった。

一方の仏教は悟りを開くためには、出家し修行をすることによって誰でもが苦しみから逃れることができることを唱えた。これは自力の考え方であり、主として悟りを開いた者だけが救われることになった。これを是正する意味で大乗仏教が現れ、衆生すべての救済を提唱した。人によって何の差別もないことを強調したのが親鸞であり浄土真宗である。有名な「悪人正機」説で、如来は悪人をも救われることを唱えたものであり、阿弥陀如来の前ではすべての人は絶対平等であると唱えた。人は多くの場合差別されることに大いなる苦しみを味わってきた。身分制度がそうであり、貧富の差が現実の世界では避けることが難しい。そのときに絶対的な平等は大いなる救いになる。

慈悲の心、愛の心

これまでの性質は、演劇で言えば舞台装置に相当し、その中での照明、効果音、小道具であり、マニュアルであった。しかし救いの中で最も重要な要素は、苦しんでいる人を救い助けたいという絶対的な心である。それを仏教では慈悲、キリスト教では愛というのかもしれない。言葉の違いはどうであれ、援助の手を差し伸べる利他的心がなければ、人の間に共感は起こらない。共に感じて初めて人の苦しみが安らかになる。現実の身体的、金銭的、環境的痛みや苦しみをなくすることが難しいが、それに伴う心の苦しみは取り除くことは可能である。取り除かなければ、現実の苦しみに耐えて集団生活を送ることはできない。

人間は苦しくても生きなければならない。その苦しさに対する救いを仏に求めるとき、自分だけを救ってください、自分の苦しみだけを救ってくださいとすると、多くの場合、他人の不幸を誘うことになる。釈迦は苦しむすべての人々を救おうと誓ったとき、何もせず暖かくじっと見つめることが救いになると悟った。これが慈悲であり、これが平等の愛であると思われる。釈迦像を眺めると、慈悲の目でじっと衆生を眺め、哀れむでもなく、悲しむのでもなく、すべての苦しみを聞く姿がある。そこに苦しみの緩和があるのかもしれない。

キリスト教の愛は、一方的に神の方から人間に愛を与えるものであるという。平等にすべての人に愛を与えるならば、罪深き人間は、その神に懺悔し、許しを請い、神はそれを許すことによって、人は絶望から救われ、そこに希望を見出すだろう。感情の役割はこの共生の中に存在すると考えられる。

3　まとめ

世界はすべてのことが二極化の方向に動いているように思われる。宗教に関して言えば、宗教を考えない、信じない人々と、宗教にしがみついていかなければ生けていけない人々がいる。テレビから溢れ出る映像はその両極端を絶え間なく押しつけてくる。それと平行して貧富の格差の二極化も世界中の至るところで進んできている。富めるものと貧しいものの暮らしぶりもまた映像の力でもってあぶり出されている。これらの背景に常に恐怖の影が潜んでいるように見える。貧困にあえぐ人々は貧しさの苦しみに慄き、未来が描けない恐怖に囚われ、袋小路に陥り暴発の寸前までいっている。一方の端にいる富める人々にとっても、いつ奈落の底に落ちるともわからない落とし穴が常に存在し、その繁栄は永遠に続かないという恐怖に駆られている。そのどちらの世界も絶対的安定というものは存在しないが、どちらかというと富めるものの不安定性は際立っている。そのどちらの側にいようとも、忍び寄る無限の恐怖の影に畏れ慄く姿を避けることはできない。

人はその影を背負いながら不条理の世界を生きていく存在かもしれない。絶対安定を自負する人にとっても、身体に縛られる存在であるならば、医学と言えども未来を保障することはできない。そこに人は助け合っていかなければならない存在がある。その対処を三〇〇〇年の宗教の中に見たのが後半の議論であった。絶対的恐怖は一人では救えないという絶望感が常に歴史の中にあった。そしてその恐怖を背負って一生という長いときを過ごすにはあまりにも残酷であった。人は宗教に心のホメオスタシスを求め、それに対し宗教は否定と克己と希望の繰り返しという答えを与え続けてきた。

苦しみの対象は、風土や歴史の大きな渦の中で否定と克己と希望の内容が異なってきた。中世までの恐怖の対象である飢餓、病気、侵略、自然などの脅威に対して、仏教では煩悩の克己が、キリスト教では愛を中心とした民族止揚が主題となった。そして後の科学技術がこれらを取り除く役割を演じ、先進諸国では見かけ上、本能的身体的苦しみから解放され、人は宗教という言葉がなくても人生を営めるようになった。そして最低限の生活の保障、情報の劇場化、戦争の仮想化、教育の貧困による想像力の低下に伴う恐怖の希薄化が進んだ。しかし依然として、地球規模の人口、食料、国境の問題が残り、さらに環境、技術、情報、生命操作などの新たな格差や恐怖の種を招き、人間は有効な手が打てず混迷を深めている。この解決を感情の操作の中に求めるとしたら破滅の始まりである。

社会的感情や知的感情の素晴らしい点は、恐怖をバネに逆の発想ができ、新たな未来を作り出すかもしれないという心の保護薬になりえることである。そして世の中は攻撃か逃走かの二者択一な選択ではなしに共存という選択肢があることをこの感情は教えている。恐怖の反対は希望であり、生きるエネルギー(25)を与える希望という糧によってヒトは未来に向かって生きていくことができる。そこに至る方法は無限である。希望という言葉が幻想になる社会は避けなければならない。

一二章　感情学のすすめ――こころを知る――

「感情とは何か」という大きな課題を見据えながら、感情について現在知られているいくつかのことについて述べてきた。その過程で感情という複雑怪奇な現象をわかりやすく考えるために進化論的感情階層仮説（感情階層説）を提唱し、それに基づいて種々の問題を検討してきた。感情（広義）を大きく動物にも存在する情動と、ヒトに存在する感情（狭義）に分け、それぞれがさらに二種類に分かれる四階層モデルを提案した。情動は原始情動と基本情動に、感情（狭義）は社会的感情と知的感情に分けて捉えることが感情全体の現象を捉える上で非常に有効であることを示してきた（図2-1、2、3）。

われわれは単に感情、情緒、情動という言葉を用いて人間の感情一般を考えようとするが、感情はそのように捉えられるものではなく質的に異なった四種類の成分から大きく成り立っている。大きくは感じる情動と、学び・考える感情に分けることができる。われわれが感情を議論する場合、どのレベルの情動・感情を扱っているかをはっきりさせることが感情研究の方向性を定めるものである。三章と五章では感情に関する各種理論の適用限界について階層モデルに従って議論した。各階層における情動・感情はその特性により時間・空間の適用範囲を有しており、それを理解しないで動物や人間に応用すると理解に苦しむことになる。しかし感情の場合、理解を真に困難にしているのは、その適用が単に別々のものとして考えられるのでなく、われわれの脳が複雑に関係しているように、相互に影のように影響し合っていることにある。例えばいじめは社会的感情に起因する行動の一種であるが、その奥には基本情動の恐れや怒りが影響しているのかもしれないし、さらにその深部には身体に関連した快や不快が関連しているのかもしれない。その全体の因果関係を明らかにすることがいじめの全体的理解につながる。

人間の行動を眺めると、決してすべてが、知的行動で見識のある統制された行動だけではない。経済活動は、欲の絡んだ人間の本能的活動とも見えるし、政治活動も地位と名誉をめぐる社会的感情の発露とも見える。環境をめぐる議論は欲との戦いである。そう見ると、もう少し人間の素晴らしい能力である利他的で肯定的な側面を見なければと言われそうであるが、発生している現象は、多くの場合、社会的感情が原動力の大きな要因になっていることは確かである。

近年、感情労働という言葉が聞かれる。(1) 対人サービス業を中心に笑顔を振りまいている売り子が氾濫し、文句を言っても嫌な顔もせず対応してくれる感情の商品化が求められる時代である。マニュアル化された感情規則というルールが敷かれ、それから外れると規則違反として罰せられる。本人がどのように感じるかは問題にされず、一定の感情表現を強要される。歴史的には最初、身体だけが管理・束縛され、心情の自由は保障されていたが、外面的な感情もまた管理される社会が目の前にきているようである。

「こころ」イコール感情では決してない。感情は認知、意志、意欲、行動制御などの「こころ」の一部分を構成しているにしか過ぎない。この感情を理解しようと限られた手の届く範囲内での現象を眺めた。しかしながら、どこまで、あるいはどれだけ感情について理解できたのかと改めて問われたとき、惨憺たる思いを味わなければならなかった。五章はそういう意味で設けた章である。感情が階層構造を持っていることは理解できたが、だから感情とはどういうものなのだと再度問われたとき、何が言えるだろうかと考えて付加された。現在まで、経験的に、また法則として知られているいくつかの感情の特性について議論した。読者から、そんなことは知っていると言われるかもしれないが、過去三〇〇〇年間で知られてきたことは、おそらく感情に関してあまり多くない。

私にとって感情の現象がもう少し理解できるのは、脳の解析が進んでからのことであると思われる。本の中でも何度も述べたことであるが、脳の活動の可視化や神経科学が進展するにつれて、各階層の性質や各階層間の相互作用が明らかになれば、今経験で理解し行動していることが脳の自然現象として、また脳の特性言語として記述できるようになるかもしれない。(2)

一つの例を挙げれば、うつ病に対する感情の要素について、感情学から、不安感情が活性化しているうつに対してポジティブな考えを持つ必要があるなどと指摘されるが、このようなことは何千年の昔から指摘されてきたことである。ときには宗教が強力な援助になった時期もあった。しかし今日、脳に対する理解が深まった結果、それに対する対処として薬物療法が簡単かつ効果的に利用されるようになってきている。良い抗うつ薬はどんな心理療法や宗教よりも効果がある。(3) 本当にうつ状態から抜け出るには、そのような脳に対する理解を深めた上で、その理論に立脚した対処法が求められる。

教育の現場でも感情は大きな問題になってきている。少年による凶悪事件が起きるたびに、情緒が問題だ、家庭内関係が問題だ、子供たちの心がゆがんでいる、教育が悪いなどという指摘がなされるが、述べられていることは月並みであり、その対策は古来、言われてきたことと大差がないように思えるのは私だけであろうか。本質的な理解には、ここでも少し議論したようにもう少し脳と発達の関係を理解する必要があり、そこから見えてくるものがおそらく子供達を救う大きな助けになると期待される。

過去、西洋では理性が上位で、悪しき感情は抑制すべきとして、感情の制御が哲学や宗教の主たる主題であった。何をもって悪しきと言うかは問題があるにせよ、この進化論的感情階層仮説で議論されてきた立場は、たとえ短期的に集団での互恵性が否定されたり脅かされたりしたとしても長期的に眺めれば、あらゆる感情はヒトの生存にとって有用な作用を及ぼしていると考えられる。感情を持たない生物が地球上で生存できなかったことを考えれば、どのような感情であれ何らかの役割を演じたと思われる。原始情動や基本情動の中には善悪の価値観の入る余地はない。

ただヒトは生涯という時間概念を持つに至ったために、第三者の生涯を支配し続ける感情を身につけてきた。生まれながらの身分制度、差別、貧困などの苦しみを生涯背負うにはあまりにも不条理である。そこにこれらの感情と拮抗する愛や友情などの知的感情を通して、理性の優位を唱えざるをえない下地が出てきた。社会的感情は自己を含めた当事者の中での限られた集団での出来事であったが、知的感情に至ると第三者に影響を与えてしまうことが起こる。国家、組織、個人の欲は止まるところを知らず、ときに地球全体規模に影響を及ぼしてしまう。

今日の神経科学は、「こころ」の一部の働きである記憶というものがどのようなものであるかほぼ答えられるようになってきている。[4] 昔は単に脳の空隙である脳室に詰め込まれている何かであると考えられていたが、現在は神経の可塑性と辺縁系の海馬体の働きが本質的であるということが明らかになってきた。それと同様なことが感情の神経科学的研究でも明らかになり、上司が怖いとき、私の脳の中では、怖いところと、憎いと感じる部位が共に活発に働き、もっと深いところの不快という部位がキーポイントである。そしてその人を好きになろうと努力しているのだが、どうもこの脳部位の働きが弱いらしい。その部位を強くする機能的訓練プログラムを試してみようか、これで効果がないなら薬に頼ろうか、このような物語が描かれる世界がくるかもしれない。または脳をコントロールする装置に頼ろうとする世界がくるのかもしれない。愛もまた同様なことがいえる。これが幸福であるか、不幸であるか、よくよく考える必要があるが、確実に近づいてきているように思われる。

逆説的ではあるが、感情がわかったからといって「こころ」がわかったわけではない。また脳の現象が見えたからといって「こころ」がわかったわけではない。何をもってわかるというか、感情のことを考えながら常に思っていることである。

感情学には、ここで取り上げた以外に、教育、政治、経済、法律、文学、歴史、哲学、社会学、医学、看護など無限の領域との関連が横たわっている。人間の活動の中で感情が関与しない領域はない。自然科学は最も感情から遠いと考えられるかもしれないが、そこで繰り広げられる人間のドラマは感情そのものであり、ノーベル賞をめぐる激しい獲得競争は、疑心暗鬼と名誉欲が渦巻く世界があるようである。[5]

この本は、自然科学と人文科学の接点、境界を両方から眺めようと努めたものである。どの章も入り口であり、それぞれの内容が深まれば、それぞれが一冊の本になる含蓄を持っている。つるはしをほんの一振りしただけで、どこまで感情について論じることができたか不安であるが、全体を通して、どこに問題があるのか見てとれるのではないかと希望している。二〇世紀は情動の研究に費やされた。二一世紀は、社会的感情や知的感情の研究に向かう感情の時代である。

感情のことを考えながら、感情の奥の深さに驚いている。有史以来、人間は感情に苦しみ、また感情を大いに享受してきた。そして数多くの記録、思索、試行錯誤を重ね、その知恵は無数に眼前にある。われわれは感情を消し去ることが非常に難しい。釈迦は苦しい修行の末にやっと悟りに至ったが、一般の人は感情と仲良く付き合っていくことが求められる。人は身体を健康に保とうとすると同様に、心もまたホメオスタシスや心の健康を保とうとする性質を持っている。ここに感情の原因と結果がありそうである。

今われわれが考えたことは自然科学とは異なり、過去に誰かが考えたことでもあるかもしれない。先人の知恵の集積を思うと、一個人の小ささを感ぜずにはおれない。また感情を考えることは、人間の生き方を考えさせられる作業でもあった。人間は実にさまざまな苦しみに耐え乗り越えてきた。また大いに愛を語り合ってきた。そのすべてが、人はいかに生きてきたのか、現在いかに生きているのか、そして将来、いかに生きていくべきなのかにつながるものであった。脳の働きには感情以外にも、本能、欲望、学習、記憶、認知、意志、運動などの機能があるが、それらを考えることが、ジェームス James[6] が述べたように「血もない冷血な判決文」のような世界が横たわっているような気にさせられる（付録参照）。唯一、感情のみが最も「人間らしさ」の「温かさ」を取り扱っているように思える。

感情の背景には、過去の人間の叫び、嘆き、涙、笑いが横たわっている。祖先はどのように恐怖を感じ、そして戦ってきたのか、ヨーロッパの人口を半分にさせたペスト、底なしの貧困に民衆は何を感じ耐えてきたのか。まさに感情の諸相を見る思いである。仏教には人間の煩悩として一〇八煩悩があるという。十一面観音像は救済者としての表情の多相を持つが、感情のあり方の知恵を表しているようである。

しかし過去の人々の知恵は個人の感情、民族の感情までで、地球生命体という新な感情までの想像力を持ちえなかった。人間の想像力を地球規模に拡大していったとき、科学技術の進歩の先に見える社会に対して、さらなる希望とそれに反して恐怖の想像という知的感情が有効なのか、恐れを中心とした身体的な実体験が有効なのか、その答えはない。

感情の未来は、自然科学のように新たな感情が創り出せるのか、感情に進歩というものがあるのか、ある種の感情が失われていっているのではないか、ここに人類の将来の明暗がかかっている。ゴーギャンGauguinは言う、「われわれはどこから来たのか、われわれとは何者か、われわれはどこへ行くのか[7]」と。「感情」は「どこへ行くのか」、これが将来に残された大きな宿題である。

付録　「情動とは何か」（抄訳）

ウイリアム・ジェームス *Mind*, **19**: 188-205, 1884

過去数年の間、脳の働きを辛抱強く探究してきた生理学者は、認知と意志の反応に関する説明に限局してきた。脳を感覚中枢と運動中枢に分けると、この分け方が、経験心理学によって行われた、心を知覚的および意識的成分の単純な要素に分解することときわめて類似していることがわかった。しかし心の**感性的な aesthetic**（訳注：原著ではイタリック）領域である熱望、喜び、苦痛、情動はすべての研究者からことごとく無視された。それ故もしフェリア Ferrier 博士やムンク Munk 博士にこれらの精神的要因についての脳の理論を尋ねたとしたら、二人は、そのことについてまだ何も考えたことはないとか、はっきりした仮説を立てるのが難しいことがわかったとか、将来の課題として残されたままであり、より簡単な課題がはっきりと解決されてから初めて扱われるべきであると答えるであろう。

しかし、情動に関する二つの考え方のうち、一つが真実であるに違いないことが現時点ではっきりしている。そのうちの一つは、離れているが独立して情動に影響する特定の中枢が脳の中枢部にあることである。もう一方の考えは、すでにある運動中枢と感覚中枢の中か、あるいはまだ判明していないが、これと似た別の領域の中で起こるプロセスと情動が対応していると考えることである。もし前者が正しいならば、われわれは現在の見解を否定しなければならないし、大脳皮質が身体のあらゆる感覚やあらゆる筋肉に対する「投射」面以上の何かであると考えなければならない。もし後者が正しいならば、感覚中枢や運動中枢における情動「プロセス」が共に固有のものであるのか、あるいはこれらの中枢がすでに脳に存在すると考えた上で、通常の認知プロセスと情動プロセスが類似しているかどうか問わなければならない。この論文の目的は、後者の見解が真実に最も近いものであること、情動の脳過程が通常の感覚性脳過程と類似しているだけでなく、実際にはそういった過程がさまざまに組み合わされたものに他ならないことを示すことである。この主たる結論によって複雑な脳生理学の概念は簡略化されるだろうし、筆者が考える以上に応用幅の広い脳のスキーマが掌握されることがわかるだろう。しかし、これが、これから力説する議論の主な結論と思われるかもしれないが、以下の議論はそういった結論のためにあらかじめ作られたものではないということを言っておかなければならない。これらは断片的な内観観察から生まれており、大脳皮質生理学がもたらした思考の単純化という概念と結びついていることであり、以前よりもっと重要になるだろう。

私がここで提案する唯一の情動は明らかな身体的表出を持つ情動であるということを最初に述べておかなければならない。精神的操作と切っても切れない関係があるが、結果として明白な身体的表出を伴わない喜び、嫌悪、興味や興奮という感じ feelings が存在することは、あらゆる読者にとって真実であると思われる。ある種の音、輪郭、色の配列は、身体や顔の動きをうながしたりするのに十分な感じを伴わないで脈拍や呼吸を速めたり、身体や顔の動きを促したりすることが認められるが、他では逆のこともある。ある種の一連のアイデアは、他のアイデアが疲労させられると同程度に魅惑的でもある。問題が解けることは心からの知的喜びであるが、未解決のままに残しておくことは心底知的拷問である。最初の例である音、輪郭、色は身体的感覚でありイメージでもある。第二の例は観念中枢におけるプロセスと独占的に依存しているように思える。これらを共に考えると、行動が起こっているところではいつでも、ある形の神経—行動に固有な喜びとか痛みが存在しているように見える。現在、このような感じについては完全に脇に置き、ある種の身体的乱れの波が、興味ある音や景色の知覚に伴ったり、興奮する一連のアイデアの出来事に伴うところのもっと複雑な場合に注意を限定しなければならない。驚き、好奇心、有頂天、恐れ、怒り、渇望、貪欲、嗜好は、人間が持っている心的状態の名称となっている。身体的乱れは、これらいくつかの情動の「表示 manifestation」とも、「表出 expression」とも「自然言語 natural language」とも呼ばれている。そして共に強く内外から特徴づけられたこれらの情動自体は**標準 standard** 情動と呼ばれている。

このような標準情動についての自然な考え方は、ある事実の心的知覚が情動と言われる心的感情 mental affection を興奮させ、この心の状態、すなわち心的感情が身体的表出を生じさせるというものである。これに反し、私の仮説は、**身体的変化が興奮している事実の知覚を直接伴い、これらが起こすのと同じ変化の**

感じ feeling が情動 emotion であるということである。一般的には、幸運を失ったときには悔しいし悲しい。また熊にあったときには怖くなり逃げる、敵から屈辱を受けたときには怒り攻撃すると考えられる。ここで正しいと論じている仮説によれば、この一連の順序が誤りであり、一つの心的状態は他の心的状態によって直接生じるのではない。合理的に説明すると、始めに身体的表出がそれらの間隙に入り込み、われわれが泣き叫ぶために悲しく、衝突するために怒り、震えるために怖くなるのであり、悲しくなり、怒り、怖くなったために泣き叫び、衝突し、震えるわけでない。もし知覚に続く身体的状態がなければ、後者は情動的温かみのない形や、線や無色における純粋な認知である。われわれは熊を見たとき、逃げるのが最良であると決断し、屈辱を受けたときには攻撃することが正しいとみなす。しかしそのとき、実際に恐れや怒りを**感じて**いるはずがない。

このありのままのことを述べると、この仮説は確実に不信感を持たれてしまう。しかし多くのこじつけた論考は、矛盾する性質を和らげるためにも真実に対する説得のためにもおそらく不必要である。

まず第一に、この雑誌の読者は、全生物の神経系が、ある特定の環境と接するとき、特定の方法で反応する性質を持っているということを思い出す必要がある。例えばやどかりの腹部の存在は空のエッチュウバイ（貝）がどこかで見つかることを仮定している。それと同じ確度で、猟犬の嗅覚は一方では鹿や狐の足取りの存在を、そして他方ではその足跡を追跡する傾向を示唆している。しかし神経装置は身体外部に存在する明確な物体の配置と器官内部の促進・抑制の明確なインパルスの間の一つのつなぎ―ハイフンに過ぎない。雌鳥が土の上の白い卵型の物を見たとき、雌鳥はそれを放ったらかしにすることはできない。すなわち雌鳥は、雌鳥の装置から、小さくて動き回りさえずるひよこへの変換というまったく新しい一連の反応を引き出すまで、そこに戻ってきてそれを暖めるはずである。女性にとっての男性の愛や子どもにとっての母親の愛、蛇への怒り、崖での恐怖、これらすべては、一つの型通りな世の中の装置が、熟慮した理由に対する判断に先立ってか、ときにはまったく逆の仕方で、特定の心的反応と身体的反応を宿命的に呼び起こす例として描かれる。ダーウィン Darwin と彼の後継者の研究は、特定の生物の他の特定の対象に対する普遍的な依存状態と、それぞれの生物が神経系に刻み込まれた特定の関係を状況の中でどのようにもたらすかを示した最初のものである。

事実、全生物は一種の錠のようなものであり、その刻み目やバネは鍵独特の形を思い起こさせる。しかし、その鍵は錠に取りつけられた状態で生まれるのではなく、生活が進むにつれて確実に身近かで見出されるものである。そして、その錠は自分自身の鍵以外のどれとも無関係である。卵は猟犬を魅惑するには足りないし、鳥は崖を恐れない、ヘビは同種のものに怒ることはない、鹿は女性や人間の赤ちゃんに対して関心を示さない。この見解に関してさらに知りたい人は、シュナイダー Schneider の『動物の意志 Der thierische Wille』を読むべきである。この文献以外に、動物の行動が、住む環境の特定の様相を正確に予期したものはない。

情動がある事実の知覚によって直接引き起こされる限りでは、情動はもちろん神経的予期の範囲内である。象を十分に経験している子供にとって、たとえ象がかん高い叫びを立てて突然襲ってきたことがわかっても怯えないだろう。小さなかわいい裸の赤ちゃんを見て喜ばない女性はいないし、荒野の中で遠方から来る人を見て興奮や好奇心を抱かない人はいないだろう。私は、これらに付随して起こったものに対して、ある種の身体的動きが存在する限りにおいて、情動を十分に考慮すべきであると言っている。しかし、私の最初のポイントは、それら身体的に付随して起こったものが、私たちが普段考えるより、より複雑で到達しがたいものであることを示すことである。

芸術的視点から書かれている表情に関する初期の本によると、外部から見える情動の印は、表情が唯一のものであった。ベル Charles Bell 卿の有名な『表情の解剖 Anatomy of Expression』は、呼吸の変化に注目している。ベイン Bain やダーウィンの論文は、腺や筋、そして循環器官の働きの変化を含む内臓因子の研究により深く言及している。しかし、ダーウィンは一つの標準情動に特徴的な**すべての**身体的影響を徹底的に列挙したわけではない。生理学の一層の発展によって、身体的変化がどれだけ無限に多く、また微妙なものであるかに、われわれは気づき始めている。容積変動記録器 Plethysmograph を用いたモッソ Mosso

の研究は、われわれの意識のあらゆる変化がわずかでも、心臓だけでなく循環器系全体が、反響（回路）を構成しているような一種の音響作製ボードを形成していることを示している。どんな感覚も収縮・拡張の交互の波を腕の動脈に送ることとなしに感じることはない。腹部の血管はより外側にある血管と相反的に働いている。膀胱や口腺、喉そして皮膚や肝臓は、強い情動では強く影響され、軽いときは一時的に影響されることが疑いなく知られている。心臓の鼓動や呼吸のリズムはすべての情動において先導役を演じていることはどんな場合でも証明されている。そして特定の注意がその事実に向けられるまで、あまり認められないものとして、情動状態における随意筋の連続的な協調がある。外部の態度に変化が生じないときでさえ、内部の緊張は変化する気分に合うよう変化し、調子や緊張の違いとして感じられる。憂うつな状態では、屈筋が強くなる傾向にあり、意気揚々また興奮した好戦的な状況では伸筋が勝る。そしてこれらの器官活動が影響を受ける種々の順列と組み合わせは、全体として捉えられ身体的反響性があるならば、情動が精神的な気分それ自身と同じようにユニークなものであることを可能にする。

各々の情動で修飾された無数の変化は、冷たい血液の中でそれらのどの一つでも完全で統合的な表示を再現することを難しいものにさせている。われわれは随意筋をうまく動かすことができるが、皮膚や腺、心臓、その他内臓は動かすことができない。ちょうど、不自然にくしゃみをまねようとすると何か現実感に欠けるように、情動を普通に起こさせる原因がない状態で、ある情動を模倣する試みは「うわべ」になりがちである。

次に気づかされることは、身体的変化の各々は、それが何であれ、起こっているまさにその瞬間に、正確にもしくは漠然と**感じられる**ということである。もし、読者がこの問題に注意を払わなかったとしても、さまざまな情動の気分の特徴として、いかに多くの異なる局所的な身体的感じが自分の中に見つけられるかに興味を抱き、同時に驚くだろう。このような好奇心の強い分析の助けを借りて、情熱の強い噴出傾向を抑えることに期待するかもしれない。しかし、ここでは、この状態が弱いものより、より強いものが真であると仮定され、彼はより平静な状態を観察することになる。われわれを占めている四角い入れ物は著しく敏感である。疑いもなく誰もが持っている性格という意味で、そのわずかの部分も感じの拍動である曖昧さ、鋭さ、快適さ、痛み、疑わしさに関与している。ほんの少しのアイテムが感受性の複雑さというものにアクセントを与えるというのは驚きである。しばしばまったくとるに足らないことだが、ほんのわずかの悩みに心配したとき、目と眉の間の収縮に身体的意識の焦点のあることがわかる。ちょっと困惑すると、喉の中で嚥下や渇き、軽い咳が強いて起こる。そしてもっと多くの例を挙げて述べることができる。ここでの関心は一般的な見方に関してであり、詳細について議論をするつもりはない。むしろあらゆる出来事の変化が感じられなければならないという点を認めて、次に進もう[1]。

私は今、理論全体の中のきわめて重要な点、どちらが真実かという点を主張しようとしている。もし何か強い情動を心に描き、意識から特徴的な身体的症状に関係したすべての感じを抜き去ろうと試みると、情動が構成している「心的要素」もなく、後には何も残らない知的認知の冷たくて中性的な状態だけが残っていることを知るだろう。実際、尋ねられたとき、内省がこの状態を証明していると多くの人は言うが、幾人かは証明していないと言うのも本当である。多くの人はこの疑問を理解することができないでいる。想像によって、笑っている感じや物事の滑稽さを意識して笑おうとしているときの感じを取り去り、滑稽さの感じが何に似ており、その対象が「滑稽」という種類に属している知覚以上の何かであるかどうかを人々に尋ねたとき、彼らは、提案された対象が物理的に不可能であり、その滑稽な対象を見ると常に**笑わざるをえない**と強く主張するだろう。もちろん示された課題は滑稽なものを見て、笑いたいという傾向を排除しなさいという実際的な課題でない。完全な状態にあると考えられる情動状態から、ある感じの要素を取り去って、残りの要素が何であるかを述べることは純粋に思弁的な問題である。私は、この問題を正しく理解する全ての人は上で述べた提案に同意すると考えざるをえない。速い心拍動、深い呼吸、震えている唇、だらりとした手足、鳥肌、内臓の動き、これらの感じがないとしたら、どんな恐怖の情動が残っているだろうか。そんなことを考えるのはまったく不可能だ。胸の中でのほとばしり、顔の紅潮、鼻孔の膨張、歯の食いしばりや猛烈な行動への衝動、これらがなくて、柔軟な筋肉、穏やかな呼吸や静かな表情を伴う怒りの状態や様子を想像できるだろうか。現在の筆者には間違いなくできない。激しい怒りはいわゆる表出の感覚と同様に完全に蒸散してしまう。そして、起こる唯一のことは、ある人、あるいは人々にとって彼らの罪の折檻に値する完全に知的な領域に意味が限局された血も涙もない冷徹な判決文である。深い悲しみの最中に、涙、すすり泣き、心臓の息詰り、胸の苦しみがなくて何があるであろうか。ある情況が嘆かわしいというのは、感動のない認知であり、それ以上でもない。振り返って、あらゆる情熱は同じ物語を物語っている。純粋に身体を抜き去った人間の情動は非実在である。それが物事の本質での矛盾であるとか、純粋精神が冷徹な知的生活に必ずなるとか言うつもりはない。しかし私は、**われわれにとって**すべての身体的感じから分離した情動は想像もできないと言っているのである。自分の状態を厳密に詮索すればするほど、自分が有している気分 mood、感情 affection、熱情 passion は、通常、表出や結果と呼ばれている身体的変化という材料から作り上げられているということに納得せざるをえない。そして私が肉体的に麻痺状態になったならば、感情的で、厳しく傷つきやすい生物体から離れて、単に認知的知性的な存在になったように思える。そのような存在は古代哲学の理想と考えられていたが、数世代前に感受性の崇拝が復活した以降に生きている者にとって、あまりにも無感動である。

しかし情動が、「対象 object」と呼ばれるものの反射的な身体的影響の感じや、またその対象に対する神経系の生得的な順応による反射的な身体的影響の感じだとしたら、すぐに反対されるだろう。そして市民の情動のすべての対象が、生得的に神経系に順応したと考えるのは不合理であると言われるだろう。多くの恥や侮辱に関する出来事は純粋に慣習的であり、社会環境によって変わる。同じことが多くの畏怖と願望の問題、および多くの憂うつと後悔の出来事でも本当である。これらの場合では、少なくとも、恥、願望、後悔などの概念は、身体的変化が自覚できる以前に、通常の対象に対する教育と連合とに結びついているように思える。そして、もしそれらが生じる代わりに、**これら**の場合に身体的変化が概念に続いて起こるとするならば、なぜすべての場合においてそうではないのだろうか?

この反対について徹底的に議論しようとすると、純粋で知的な感性論の研究にまで深く入り込んでしまう。

ここでは二〜三の言葉で十分である。情動の概念と情動自身とを区別することの議論上の失敗について何も言うことはない。われわれは、特定の環境の存在下で、ある種の力を利用したことによって動物の中にその力が一旦固定されてしまうと、自分を維持することが基本的に不可能な別の特徴的な環境に出会うと、その力が役に立つというよく知られた進化論的原理を単に思い起こすだけである。神経の発火する傾向が一旦できると、予期しない出来事がそのトリガーを引き、その影響を失わせてしまう。これら人間の慣例的な工夫がこれら事象間にあるということは、何も心理学的な結果でない。環境の中で最も重要なものは自分の仲間である。私の方に向ける仲間の意識は、大部分の恥、義憤および恐怖に鍵をかけて閉じ込めておけないという知覚である。この意識に対する特異な感受性は、仲間が自分たちに**少しでも**注意を払っているという覚醒によって、われわれの中に生じた身体上の変化によって示される。誰も自分の部屋の中を歩くのに用いたのと同じ筋肉の神経支配でもって、公共の会合での会場の中を歩くわけではない。このような会合では、誰も身体的な興奮も起さないで情報を伝えることはできない。自分に向けられている多くの見知らぬ人の目を感じるや否や、自分に向けられたその感じが実際的なものでないと内心確信していても、「**舞台負け（舞台での気後れ）stage-fright**」は、皆が幾分感じている不合理で個人的な自意識の極端な感じである。(2) これがそうであるならば、仲間の態度が私にとって良いのか悪いのかという付加的信念によって、より強い情動を誘発するということは驚くべきものでない。原始の社会では、「良いこと」は、一切れの牛肉を手にすることを意味し、「悪いこと」は頭蓋骨に打撃を食らわすべく狙らわれていることを意味している。「文化的時代」では、「悪いこと」は、通りで斬られることを意味し、「良いこと」は名誉が与えられることを意味している。行動の中に目的か**敵意**を理解できる限りにおいては、行動自体が何であるかまったく意味を成さない。**それは**情動を引き起こす知覚である。そして、それは戦争で捕らえた者が食べられようとされているのか、あるいは敵の部族のメンバーにさせられるかを経験している残酷な捕虜の中で起こっているのと同じような強い身体的痙攣が、作られた社会での対処を経験している市民である私の中でも起こっているかもしれない。

しかし、この反論が受け入れられたとしても、今度は、より一般的な疑問が生じる。情動か情動的な概念の喚起に関係した身体的影響によって、特定の知覚が広範囲な身体的効果を**生じる**という仮定に対して何らかの証拠があるのかと尋ねられるだろう。

その可能な唯一の答えは、最も確実な証拠があるということである。詩、ドラマ、または英雄の物語を聞く際に、われわれは不意に間隔を置いて襲いかかる心臓のうねり、涙の流出や、突然襲いかかる波の流れのような皮膚の震えにしばしば驚かされる。音楽を聞くと、同じことがもっと顕著に起こる。われわれが森で暗く動く物体を突然見ると、はっきりした危険という意識が生じる前に、心臓は打つのを止め、すぐにも呼吸も止めてしまう。友人が絶壁の淵に行くと、彼が安全であるのを明らかに**知っており**、墜落しないとはっきり思うにもかかわらず、われわれはよく知られた「**何となく不安な all-overishness**」感じになり、自分自身が後ずさりしてしまう。著者は七歳か八歳の少年のときに、馬の出血を見て気が遠くなったという驚愕の出来事をよく覚えている。記憶が正しいならば、バケツの中に血液があり、それと一緒に棒が入っていて、子供っぽい好奇心から何の感じもなく棒をぐるりかき回して、棒から血が垂れるのを見た。突然、目の前が真っ暗になり、耳鳴りが起こり何もわからなくなった。私は、血液を見たことで起こるような失神や病気の光景を決して聞いたことがなく、それに対して少しも嫌悪を持っておらず、それから生じるどんな他の種類の危険の不安も持っていなかった。よく覚えているのだが、幼い年齢で、どうしてバケツ一杯分の真紅の液体の物理的な存在がそのような恐ろしい身体的影響を引き起こすことができたのかと驚かざるをえなかった。

二枚の鋭い刃をお互いに直角に並べ、前後に動かすことを想像しよう。そのとき、全神経系組織は、思考上で、「**刃上 on edge**」という状態にあり、不愉快で神経質な感じ、またはそれ以上に生じるかもしれない怖さ以外に、どのような情動があるだろうか。ここでの情動の全貯えと資源は、刃物が直接誘発した無感覚の身体的影響である。このケースは、ただ観念的な情動が身体症状に先行し、症状自体の再現に他ならないという典型的な例である。一端、血を見て卒倒した人は制御不可能な心臓の減弱や不安も起こさないで外科的手術の現場を目の当たりにできる。彼はある感じを予測し、そしてその想像がそのような不安の到来を促進するのである。私は病的な恐怖の場合について言うことができる。その場合、患者は自分自身を支配しているものが何者でもない恐怖自体への恐怖であると告白している。通常適切な対象は情動が誘起される前に直接予期されなければならないが、ベイン教授が「未熟な情動 tender emotion」と呼んださまざまな形の中に、情動自体の症状を考えることが同じ情動を誘発するという効果を生じるのだろう。感傷状態で「切望」ということを考えることが、実際の「切望」を作り出す。そして、荒っぽい例について話をすると、母の子供に与える愛撫の想像は親の思い焦がれる発作を喚起するかもしれない。

このようなケースの中に、その影響と表示と呼ぶもので情動がいかに始まって終わるかをはっきりと見ることができる。情動は、現れた感じと概念の両方を除いては、表示の精神的**立脚点**を持たない。後者である概念は、実体、要点、本質およびその蓄積から構成されている。そして、すべての場合、表示の感じはわれわれが考えるよりもいかにはるかに深い役割を果たしているかをこれらのケースは示している。

われわれの理論が本当だったら、それから必ず出てくる推論は、特定の情動の表示のどんな随意的な喚起も情動それ自体を生じさせるということである。もちろん大部分の情動ではテストできない。なぜなら表示の多くが意識的にコントロールのできない器官の中にあるからである。証明できる範囲では、経験がこのテストを十分に確証している。すべての人は飛行中にパニックがどのように増強していくか、また深い悲しみか怒りが進むにつれて、それらの情念自体がどのように増強していくかを知っている。すすり泣く発作は、悲しみをより鋭くし、疲労と肉体の明らかな消耗によって最後に休養が必要になるまで、より強い慟哭を引き起こす。激しい怒りでは、繰り返される表現の暴発によっていかにクライマックスに向かって「興奮していくか」自明である。情念の表現を拒絶すること、それは死である。怒りを口に出す前に十数えることは馬鹿げたことである。スピーチでは勇気を維持するために口笛を吹くことはない。一方、窮屈な姿勢で一日中座り、嘆き、陰気な声であらゆることに答えると憂うつさはなかなか去らない。経験したすべての人が知っているように、自分自身の中の望ましくない情動的傾向を克服したいと思うなら、弛みない、また瞬時には冷静に、自分が希望する今とは反対の気質へと向かう**外向きの動きに**進まなければならない。これより道徳教育での貴重な教訓はない。不機嫌さと憂うつさに陥った中では、持続的な報酬が確実に本当のほがらかさと親切の到来をもたらすだろう。打撃を和らげ、目を輝かせ、物事の腹部よりむしろ背部に注目し、長調的な調子で話をし、優しい賛辞で過ごしなさい。もしそれでも徐々に雪どけしないなら、あなたの心臓は本当に凍りついていているにちがいない！

これの唯一の例外は明らかであるが、それは本当ではない。ある人の素晴らしい情動的表情の豊かさと活動性は「あまり話さなかったならばもっと感じるだろう」としばしば言われる。そして他の人々にとって、決定的なときに現れる情熱が持つ爆発的エネルギーは、起こっていない間隙の間にエネルギーを蓄えることと関連している。しかし、これは単に性格の風変わりなタイプで、各々のタイプの中で最後のパラグラフの法則が優勢である。情熱家はあまりに組み立て過ぎて「湧き出すこと」が彼や彼女の正常な表現方法となる。「噴出する」前に停止板を置くと、ある限られた場面ではもっと「現実的な」活動を引き起こすが、主な場面ではそれは単にものうげさを生じさせるだけである。一方、どっしりした胆汁性の「眠れる火山」は情熱の表現を押さえ込み、そのはけ口がまったく得られないと吹っ切れることがある。また、まれに起こることが暴発にふさわしいと思えるものを増倍するとしたら、生活が進行するにつれて強く増長していくことがわかるだろう。

私はこの規則に対して実際の例外はないと信じている。例外では、抑制された悲しみの涙の侮りがたい効果が述べられ、怒っているときに気持ちを話す穏やかな結果が取り扱われている。しかし、それらは規則から離れた見掛け倒しのうわごとである。それぞれの知覚は**ある**神経的な結果を導かねばならない。これが正常な情動の表現であるなら、すぐに費され、自然な成り行きの中で平静さがもたらされる。しかし正常な出来事が何かの原因で妨げられるとしたなら、流れはある状況の下では他の経路に侵入し、異なった悪い影響が働いてしまう。したがって復讐を抱くことが憤りの爆発で置き換わるかもしれない。乾いた熱が仕方なく泣く人の気分を使い尽くすかもしれない。または、ダンテDanteが言うように、涙で石を変えさせるかもしれない。そして、涙か、激しい発作が感謝の信念をもたらすかもしれない。われわれが子供に情動の抑え方を教えるとき、子供たちがより強く感じるかまったく逆に**感じる**ということではない。それはもっと**考える**ことである。そして、神経電流がある領域から下に導かれた領域に対して、脳の思考回路の活動を増さなくてはならない(3)。

感じられた情動に対する身体症状の優先性に関する最後の議論は、共通のスキームの下で、病理学的なケースと正常なケースをこの手法によって定式化することである。あらゆる保護施設では、必ず動機づけされていない恐怖、怒り、憂うつ、またはうぬぼれの例が見つけられる。そしてなぜそうなるかという最適な外的理由にもかかわらず、持続的で動機づけのない無感動の別の例が見つけられる。前者の場合に、われわれは、神経装置がある一つの情動的な方向に「変わりやすい」と考えなければならない。しかし不適切なあらゆる刺激がその過程で心を乱すことを引き起こすのだろう。その結果として情動の精神的身体が構成している特定の複雑な感じを生み出すのだろう。深呼吸ができなくて心臓が動揺できないある瞬間をとってみると、いくらか屈んでいる態度をとり、座るような不自然な形や、まだ知られていない他の内臓経過を伴った「前心臓性不安 precordial anxiety」として感じられた特定の上腹部の変化、これらすべては、ある一人の人の中で自発的に起こっていることである。これらを組み合わせた感じが恐怖の情動で**あり**、彼は恐怖症として知られているところの犠牲者である。最も痛ましい疾患の発作をときおり受けている友人は、すべての出来事が心臓と呼吸器の周りに集中しているように思い、発作の間に努力すべきことは心臓をゆっくりさせようとするイメージをコントロールすることであり、深呼吸し、そして立ち上がり、恐怖**自体**が離れ去っていくことを知ることであると私に言っていた(4)。

反対の状態、つまり情動的に無感動である患者の一人によって示されたブラッヘ Brachet への説明は、よく引用されるし、また再度引用される価値のあるものである。

私はいつも我慢し続けている(と彼女は言う)。私は慰められる瞬間もなく、人間的な感覚もない。幸せで快い生活に囲まれ、楽しみや感じの能力があったとしても、これら両方は身体的に不可能であった。すべてのもの、たとえ子供たちの未熟な愛撫ですら、苦痛だけを感じた。子供たちにキスをしたとしても、彼らの唇と私の間に何かがあった。そしてその恐ろしい何かは私と生活を楽しむすべての間にあった。私の存在は不完全である。通常での生活の動きや働きは真実であるが、それらのすべてにおいて、いまだ私に留まり欲している何かがある――つまり、それらにふさわしい感情、心、そして次のような喜び……**私の各々の感覚や私自身の各々は私から分離しているかのようであり、私のどんな感じも与えてくれることができないかのようである。この不可能さは私の頭の前で感じる空間に依存しているようであり、全身の感受性が減少しているようであり、私が触る物体に決して実際に到達できないようである……私は皮膚における気温変化を十分感じることかできるが、私が呼吸するときの空気の感じをもはや経験できない……**。

このことすべてはいたって小さいことであるかもしれない。しかし感じの必要性と望みは経験しているけれど、それはどんな種類の感じも楽しみも不可能だという恐ろしい結果であり、自分の生活に計り知れない苦痛を与えるものである。生活のあらゆる機能、あらゆる行動はそのままであるが、それに属する感じの欠落、それに続く楽しみが欠落している。足が冷たくて足を暖めるが、暖めることによる喜びを得ることができない。私は食べるものすべての味をどんな喜びもなく認識できる……私の子供たちはハンサムに健康そうに成長している。皆がそう言い、私自身もそう見える。しかし私は感じるべき嬉しさや内なるなぐさめを得ることはできない。私の娘は非常に上手に音楽を奏でるが、私にとって雑音以外何物でもない。一年前小さな空間の中で指が奏でる優雅なコンサートを聴いた生き生きした興味、このような脆い涙を流させた普通の振動、これら全てはもはや存在しない。(5)

他の患者は、印象がシールされて感受性の中に浸透しないような氷の壁に閉ざされたとか、ゴムの殻で覆われた状態のようだと自分自身を描写している。

もしわれわれの仮説が正しいならば、最も厳密な意味で、心的生活が身体的枠組みを伴ってどれほど回復できるかについて以前より深く理解できるだろう。感じとして考えられる歓喜、愛、野心、憤り、そしてプライドは、喜びや痛みといった粗い身体的な感覚を持った同じ土壌の産物である。しかし、これは「標準」情動と呼ぶものだけに確かめられており、一見身体的結果の見られない内部感覚は説明されないままであると最初に述べた。われわれは、終わる前に、これら後半の感じ（内部感覚）について、一つ二つ述べておきたい。

読者は、それらが道徳的、知性的、精神的な感じであると思い起こすだろう。音、色、輪郭の調和、論理的一貫性、目的論的な適合性との一致は、われわれの表象の表現形式に深く染み込んでおり、そして脳の深部から押し寄せるどんな反響からも関係のない喜びで影響される。ヘルバルト Herbartian 心理学者は、理念の整然さの中にある**形式**によって感じを区別しようとした。奇麗さ pretty や適切さ neat は、ここでは、純粋感覚に付随したもの、感覚自身とは関係のないものであるが、「奇麗さ」は絵画や音楽で幾何学的表現として、「適切さ」は正当性の行為として考えられた。これまで解析してきた、いわゆる「標準」情動から作られたモードとは明らかに異なる喜びや不快といった純粋な**脳の**形式をわれわれか、われわれの幾人かは持っている。そして、われわれの説明を信じてこなかった読者は、今やこのことを認め、われわれがすべての場合の説明を放棄したと考えていることは確かである。音楽的な知覚、論理的な理念は情動的感じをすぐに喚起するために、対象物の存在もしくは出来事の経験によって生じるいわゆる「標準」情動の場合に、情動的感じがすぐに喚起され、身体的表現が後からきて加えられたと仮定するのは不自然なことであると彼らは言うだろう。

しかし、脳での純粋な情動を冷静に吟味したとしても、この同一化にはほとんど力にならない。実際に、知性的感じとある種の身体的反響とが連結されない限り、また機械装置の適切さを笑ったり、行動の判断でスリルを味わったり、音楽の演奏できりきり痛まない限り、心的状態は他のどんなことよりも**正しさの**判断とより結びついている。そして、そのような判断は、むしろ真実の自覚において区分されるものであり、それは**認識的**行動である。しかし、実際の問題として、知性的感じは随伴した感じを伴わないで存在しているということは難しい。注意深い内省が示すように、われわれが常々考えているよりはるか彼方で身体的音響板は働いている。それでも、ある種の影響を伴った長期間の慣れ親しさは、味覚と判断を鋭くするのと同じくらい情動の感受性を鈍くしてしまう。一方、それが純粋さや綺麗さであると呼ばれるならば、それは知性的情動をもたらすだろう。そして、その冷淡さや弱さ、すべての輝きの欠如は、徹底した専門の評論家の心に存在するように、最初に考えた「標準」情動との違いが何であるかを示すだけでなく、ある場合に身体的音響板が振動し、他の場合には無言であるという事実の中にまったく異なったことが横たわっていることを疑わせる。完璧な味覚を持った人の「そんなにひどく悪くない」は、表現の価値を示す上で最高のものになる傾向がある。「何物にも驚かない Rien ne me choque」は、ショパン Chopin の新しい音楽の最上級の称賛であったと言われている。涙もろい素人は、打ち勝つための好意もしくは疎外に対して、評論家の心の中で、人間の意味の動機づけがどのくらい冷たく、希薄で、空虚であるかを見ると、ぞっと感じるだろうし、ぞっと感じるべきである。壁上に素晴らしいスポットを作る包容力は絵全体の内容を補うだろう。ばかげた言葉の芸当は一つの詩を維持するだろう。また、一つの音楽の構成で完全に意味のない配列の合目的性は、「表現性」において下品なものになるだろう。

私は、ベニスのアカデミーで二月の身にしみるような日に、タイタン Titian による有名な「仮定 Assumption」の前にイギリス人のカップルが、一時間以上座っているのを見たことを覚えている。そして、寒さからできるだけ早く陽が当たっている所に移ろうと部屋から部屋へ移動して、その絵を見過ごそうとした。しかし、去る前に、彼らがどんな優れた感受性を持っているかを知るためにうやうやしく彼らに近づいたとき、私がふと耳にしたものは、女性の声のつぶやきであった。「彼女の顔はなんと**嘆願的な**表情をしているでしょうか。彼女が受けている名誉の価値をどれほど**感じてない**でいるのでしょうか！」。何という**自己否定**なのでしょうか！　年老いたタイタンをうんざりさせた偽りの感傷によってさえも、彼らの正直な心は、絶えず暖かく保たれていた。ラスキン Ruskin 氏はどこかで、信心深い人が概してその絵にはほとんど気にかけないということ、たとえ気にしたとしても、一般的に最良よりも少し悪いほうを好むという厳しい告白をしている。そう! あらゆる芸術、あらゆる科学には、ある関係が正しいのか正しくないのかの鋭い認知があり、情動的なほとばしりとスリルな結果がある。そして、これらは一つではなく、二つ伴ったものである。前者は、専門家やマスターが家にいるようなものである。後者の付属物は、ほとんど感じないかもしれない身体上の興奮である。しかし、それは批判的な判断のできなかったクレチンCretinsやペリシテ人Philistinesが経験するかもしれない身体上の興奮である。有名な文献に書かれている科学の「驚異」は、研究室にいる人々にとって「キャビア」のようなものである。認識と情動はこの最後の黙想においてすら分けられている——それらの拮抗が精神と肉体の間のもがきとして知られている古いもがきの一つの相でないと誰が言うだろうか?——そのもがきとはパーティがその場所を離れて他の場所へ行くか行かないかというかなり確かさのものである。

私たちの出発点、つまり脳の生理学に立ち戻ろう。もし、大脳皮質が特殊な感覚器官、皮膚の一部、各筋肉、各関節、各内臓での変化の知覚に関する中枢を含んでおり、それ以外にはまったく何も含んでないと考えると、われわれは情動過程を完全に表すことができるような仕組みを別に持っていることになる。ある対象は感覚器官に入り、適切な大脳皮質の中枢で知覚される。そして、大脳皮質はいくつかの他の経路を興奮させ、同じ対象物の理念を生じさせる。ひらめきのような速さを持っている反射電流は、あらかじめ定まっている経路を通り、筋肉、皮膚、内臓の状態を変化させ、これらの変化が大脳皮質の多くの特定の領域で意識と結合し、単なる対象理解から情動性を帯びた対象に変換され、元の対象物のように統覚される。この流れは新しい原理を含んではいないし、普通の反射回路や何らかの形で存在することを認められている総論的な中枢を越えて仮定されていない。

仮説の真実性に対する決定的なテストでは、決定的な論破を得ることが非常に難しいということを認められなければならない。無感動以外の知性や運動の変化を有しない完全な肉体内外の麻痺に関するケースは、たとえそれが決定的なテストでなく強い推察であったとしても、先に設定した視点に関する真実を支持するだろう。しかし、そのような場合の強い情動性感じの持続はわれわれのケースを完全にひっくりかえすことにもなるだろう。ヒステリー性麻痺は、根拠を包含するに充分な完全なものではないように思われる。一方、他の器質性疾患での完全な麻痺は非常にまれなものである。有名なレミーギウス・レミ **Remigius Leims** の場合において、情動状態はレポーターによってまったく言及されなかった。すなわち、概して心の中に先の疑問も持たず何も気づいていないために、それが正常であったという推定をまったく提供しない状況であった。ウインター Georg Winter 博士は、最近いくつかのよく似たケースを描写しており[6]、質問に対し親切に次のように私に書いてくれた。「そのケースは、私の観察から離れて一年半の間続いている。しかし、私がはっきりと述べることのできる限りでは、その男性はある種の心的無感動や怠惰によって特徴づけられる。彼は穏やかであり、冷静な強さの性格を全体として持っている。彼は短気でも怒りっぽくでもなく、落ち着いて農作業を行っていたし、仕事や家事において他の人に気遣っていた。要するに彼は自分の仕事を超えての興味を示さないような穏やかな田舎人の印象を与えていた」。ウインター博士はそのケースを研究する際に、これが彼の主な目的に対する「**副次的 nebensachlich**」なものと考え、男性の精神的な状態に関するどんな特別な注意も払わなかったことを付け足している。私の質問に対するウインター博士の答えは、私が期待していたある種の答えに関しての手がかりを与えることができなかったことを述べておく。

もちろん、このケースは何にも証明していないが、精神内科医や神経科医が麻痺と無感動との間の関係を几帳面に研究し始めてくれるかもしれないということを期待している。ここで提案された仮説がもし最終的に確かめられたり、反証されるならば、彼らだけが手の中にデータを持っていることになる。

追伸

編集者に原稿を送るときの許しがたい忘れっぽさのため、私は出版の時点で、レポートを読んでいたにもかかわらず、ストゥラムペル Strumpell 教授が Ziemssen's Deutsches Archiev für klinische Medicin xxii, 321 に出版した全麻痺の特異なケースの存在を無視していた（参照：このケースの最初のレポートは Pfluger's Archiv から Mind X, 263 に翻訳されている）。私は、医学文献において、それが、唯一残っているものであり、それでもってわれわれの文献検索が完全であると信じている。多くの関連から重要な原著を引用すると、患者——五歳の靴屋の見習い——は、一方の目と、一方の耳を除いて、内側も外側も完全に麻痺していたが、自分のベッドを汚すことに対し恥ずかしがっていた。また、以前、自分の前にお気に入りの料理が出されたとき、彼は、もはやその味を味わうことができないのだと思い、悲しみを見せていた。しかし、ストゥラムペル博士は、彼の精神状態に特別な注意を払わないようだった。これがわれわれの理論的問題であったので、その理論の本質は何であったのか、そして述べられている悲しみや恥が少年の心の中での本当の感じとして確かに感じていたかどうか、単に特定の知覚によって起こる単なる反射的表示なのか、もしくは少年自身は感じていないが、外部の観察者が記述しているだけの表示なのかを尋ねる手紙を彼に書いた。

ストゥラムペル博士は、非常に親切な答えを送ってくれた。それについて最も重要な部分を訳す。「私は、あなた方の理論の意味が必要とする特定のことについて、私の無感覚症患者の観察で調査を設定していなかったことを認めなければなりません。それにもかかわらず、彼が情動的感じを決して完全には欠如していないという文をはっきりと出すことができたと思います。私の論文で述べられている悲しみと恥の感じに加えて、彼が例えば怒りの感じを示して、しばしば病院の看護人と喧嘩していたことをはっきりと思い出します。彼はまた、私が彼を罰するかどうかという恐れを示しました。要するに、私のケースが、あなた方の理論と合致する話だと思いません。他方で、それが、あなた方の理論を積極的に反論しているとも断言しません。私のケースは、確かに、中枢で条件づけられた麻痺の一つであって、（ヒステリーのそれのような知覚麻痺）それ故、彼の中で外部への印象の伝わりが乱れずに起こっていたのかもしれません」。

私は最後の考察の関連性を見出せなかったということを認める。そして、これは私自身の考えを伝えようとした手紙があまりに短く曖昧過ぎたのではないかという懸念を抱かせる。なぜなら、彼の答えは、少年の感じに対する外部への表示以外の何の明確な関連を示していないからである。見知らぬ人が少年の前に初めて現れて、少年が食べたり飲んだり他の自然的欲求を満たすのを見たとすると、ほとんど視力と聴力だけで、それ以外の感じがまったくなくてこれらすべてのことをしていることを知らされるまで、少年が飢えや渇きの感じなどを持っていないと想像できるだろうか。また、患者に直接的で内省的な質問をしなかったストゥラムペル博士は、感じとその習慣的な動きとの間の区別を省略し、自発的な反応を期待できない患者の感じがそこにあったかのように正しいと誤ってとってしまった可能性はないだろうか。そのような間違えはもちろん可能であり、それゆえまだ私の理論を証明していないというストゥラムペル博士自身の言葉を私は繰り返さねばならない。万一、類似したケースが繰り返されるようなら、それは、恥や怒りなどの外部への表現と共存する内側の情動的な状態として調べるべきである。そして、患者が初期の正常な状態で、その名前の下で知られている感じと同じような感じの気分を正確に認識したとわかったなら、私の理論はもちろん陥落するだろう。しかし、私にとって患者が、組織的な音のなる盤を落として音を消すことと、必然的に何らかの方法でボリュームを下げて音を消すということとが**同一の**感じを持っているということは信じられない。ストゥラムペル博士の患者の先生は、患者の麻痺中に精神的欠陥を見つけた。それは、彼の感情的な生活のすべてではないかもしれないが、とても重要な感じの集まりが減ったことによって、彼の一般的な知的活力が減じた結果によるかもしれない。情動についての最大限の知識を、全身麻痺のケースから引き出そうとしている人は、私の論文のような記述で、患者の心の中を質問しなければならない。そのような仮説から始め、制限したり削除したりする方法で修正していくことによって、まったく確かな仮説を立てないよりも、ずっとうまく純粋な精神情動を定義することができる。このように、たとえその理論の主張することが厳しく判断され誤りだとされても、私の論文の出版は正当化されるであろう。そのために一番言えることは、論文を書くことによって、それが真実であることを自分自身に説得したということである。

注釈

（1） もちろん、どのようにしてその変化が感じられるのかという生理学的な疑問が生じる。起こった修飾の内容を脳に戻す器官の感覚神経によって変化が起こった**後**か？ 興奮した器官の方に降りていく経路に始まる外向き神経電流の意識によって変化が起こる**前**か？　われわれが持っているすべての証拠は、前者のほうが合っているはずだと私は信じている。その疑問は、ここで議論するにはあまりにも急ごしらえのようであるが、しかし私は、それについて一八八〇年のボストン自然史団体の記念行事において「努力の感情 The Feeling of Effort」という題の論文の中で一言述べた（その年 La Critique Philosophique に転載され、MIND XX, 582 に要約されている。またミュラー G. E. Müller の Grundlegung der Psychophysik, & 110 を参照）。

（2）個人の自己意識は、全身体的事象であり、大部分は心構えの意識のことである。そして自己意識は、他の情動のように身体状態と反応し、心構えの修正、つまりほとんどの男性における厳格さ、子供においては、ひねくれたり、もじもじすること、そして女性においてはさまざまな上品な、内気なポーズに導くことを言及しておく。

（3）これは、脳の損傷で起こっていることと反対のことである。外部からの力、内部の破裂と腫瘍、単なる疾病による欠乏のためであってもなくてもである。大脳皮質の浸透性が下がったように見える。それは、興奮が、作用ルートを通って左右に伝わる代わりに、下部のルートを通って身体の組織へと伝わる傾向があるためである。その結果、私たちは、泣いたり、笑ったり、些細な挑発や論理的な考えの弱さや、意志や、決定力の弱さからくる癇癪を起こす。

（4）心臓が、客観的にあまりかき乱されない病的な恐れの場合もあるということも認めざるをえない。しかし、これらはわれわれの理論に対し何の証明にもならない。なぜなら、実際の身体変化のために、心臓や、他の組織の感覚が複雑になることへ恐怖を感じている大脳皮質の中枢が脳の疾患でまず始めに刺激され、変化の幻覚——それは結果として恐怖の幻覚で比較的穏やかな脈を伴っている——を生じる可能性がある。私は、それが可能であると言う。なぜなら事実を検証するような観察を無視しているからである。催眠状態、エクスタシーなどは、類似した例である——普段の夢の話に対してではない。すべてのこれらの状況の下で、人は、完全な休息のときに、純粋な神経中枢活動の結果として、目であったり、耳であったり、より内臓的で感情的であるような最も活発な主観的感じを抱くかもしれない。感じの主観的な強さは、これらの場合に、中枢の擾乱の実際のエネルギーによるのか、単なる意識場を狭く小さくすることに対し起こるのかどうかは、私に関係したことではない。うつ病のケースにおいて視野の狭窄化が通常存在する。

（5）Semal からの引用：*De la Sensibilité générale dans les Affections mélancoliques*, Paris, 1876, pp. 130-135.

（6）*"Ein Fall von allgemeiner Anesthesie"* Inaugural-Dissertation. Heidelberg, Winterm 1882.

「情動とは何か」解説

この論文[1]は感情の研究において必ず議論される話題を持った仮説を提唱したものである。多くの人は、感情を「悲しいから泣く、怖いから逃げる」と考えている。これは経験から、熊を見たときに怖くなり逃げたという多くの人の発言から支持されている。しかし歴史的に眺めてみると、単純にはそのように見られてこなかった。ここで紹介するウイリアム・ジェームスWilliam Jamesの「情動とは何か（What is an emotion?）」という論文において、彼は「泣くから悲しい、逃げるから怖い」という逆転の仮説を提唱している。

われわれは、情動について、「ある事実の心的知覚が情動と言われる心的感情を興奮させ、この心の状態が身体的表出を生じさせる」という、もう少し「一般的に言えば、幸運を失ったときには悔しいし悲しい。また熊に遭ったときには怖くなり逃げる、敵から屈辱を受けたときは怒り攻撃する」と考えている（括弧は論文からの引用）。しかしジェームスは情動を「身体的変化が興奮している事実の知覚を直接伴い、これらが起こすと同じ変化の感じが情動である」と定義し、「ここで正しいと論じている仮説は、この一連の順序が間違っており、一つの心的状態は他の心的状態によって直接生じるのではない。合理的な説明は、始めに身体的表出がそれらの間隙に入り込み、われわれが泣き叫ぶために悲しく、衝突するために怒り、震えるために怖くなることで、悲しくなり、怒り、怖くなったために泣き叫び、衝突し、震えるわけでない」と逆転の仮説の提案をしている。これは経験的に「身体的変化がなければ……情動的暖かみがない」ということに基づいている。同様に「私たちが何か強い情動を心に描き、意識から特徴的な身体的症状に関係したすべての感情を抜き出そうと試みると、情動が構成している『心的要素』もなく、後には何も残らない知的認知の冷たくて中性的な状態だけが残っていることを知るだろう」とか、「速い心拍動、深い呼吸、震えている唇、だらりとした手足、鳥肌、内臓の動き、これらの感じがないとしたら、どんな恐怖の情動が残っているだろうか」としばしば末梢の変化と情動の喚起について論じている。そして「身体を抜き去った人間の情動は非実在である」と述べる。生理学的に提起するならば、末梢の「特別な情動の表示のどんな随意的な喚起も情動それ自体を生じさせるということである」といういわゆる情動の末梢起源説にたどり着く。そして末梢の動作が情動を増幅していく「激しい怒りでは、繰り返される表示の暴発によって如何にクライマックスに向かって興奮していくか自明である」と指摘している。経験的に自明のようにも考えられるが、その証明は簡単でない。彼は最後に「たとえその理論の主張することが厳しく判断され、誤りだとされても、私の論文の出版は正当化されるであろう。そのために一番言えることは、論文を書くことによって、それが真実であることを自分自身に説得したということである」ということを述べているのは彼の謙虚さだろうか。

ジェームス（一八四二―一九一〇）はアメリカでの「最初のそして最大の独創的な心理学者」と称されている一九世紀後半に活躍した人で、「自然科学としての心理学」を確立した人物である。ハーバード大学に、一八七二年に招かれ、最初、比較解剖学と生理学の講義を担当し、一八七六年、生理学助教授の昇任を機に、生理学的心理学を開講し、一八九〇年「心理学原理」を出版した(2)。その間、ドイツでヘルムホルツ Helmholtz とヴント Wundt に師事し、神経系と感覚器官の研究を行っている。彼の伝記は今田の「心理学史」に詳しく記載されており、また心理学的位置づけについては「心理学史」に要約されている(3)。ここで強調したいことは、ジェームスが大学で生理学と比較解剖学の講義を担当していたことである。当時の脳の生理学を理解した上で、情動の経験論を提唱したのである。

当時の生理学では、この論文でも出てくるベル Charles Bell（一七七四―一八四二）が一八〇七年に脊髄神経の前根は運動性、後根は感覚性線維から成り立つというベル・マジャンディー Bell-Magendie の法則を発表している。一八二三年にはキュヴィエー Baron Cuvier が神経系統の分類、脳の大脳皮質の区分を提唱し、知覚、知能、意思の座があるとした。ミュラー Johannes Müller（一八〇一―一八五八）は一八三三年に「生理学提要」で生理学的知識の集大成を行い、脊髄反射や脳による反射を論じている。フェリア D.

Ferrier は一八七六年にサルで視覚中枢が後頭葉にあることを発見し、ムンク Munk は一側の後頭葉損傷により半盲が起こることを発見している。ブロカ Paul Broca（一八二四―一八八〇）は左大脳皮質に発声言語中枢を発見し、一八七〇年にフリッチュ G. Fritsch とヒッチヒ E. Hitzig は犬の大脳皮質の電気刺激で運動が起こることことから運動中枢を発見している。

一八八四年に発表されたこの論文で指摘している感覚中枢や運動中枢はこういうところまで進展していた。脳が認知、知覚、運動、感情に深く関連していることはよく知られていることであった。しかし、当然のことながらその詳細に関しては不明であるが、脳が中心的であると誰もが考えていた。そこにジェームスはあえて情動の考え方として末梢起源説を提唱したことになる。

感情に関する研究で、拙著でも述べたように[4]、デカルト Descartes の基本情念論から二〇〇年後の一八八四年に情動について一つの仮説を提唱したことの重大性は大いに指摘できる。しかし発表当初から批判が出てきたことは想像でき、またジェームス自身が論文で批判に対する説明に多くを割いていることからも理解できる。

現在ではジェームスの仮説は感情の末梢起源説として多くの教科書で記載されているが、一種の誤った仮説として説明されることが多い。これはキャノン W. B. Cannon によってこの仮説が徹底的に否定されたことによる[5]。キャノンは、脊髄損傷患者で、中枢神経と末梢神経が切断されている状態でも感情行動が起こること、人為的に自律系を変化させても感情が生じないことなどの理由を挙げてジェームスの仮説を一九三一年ごろに葬り去った。と同時に、脳の研究が進み、脳の機能が明らかになるにつれて、学習、記憶、感情などの高次機能は脳で遂行されていることが確立されていく。現代の神経科学の進歩による「脳」万能主義によるところが大きい。

ジェームスの仮説はここ一〇〇年間、常にその検証と反論が生理学や心理学から続けられ、現在も続けられている。ジェームスの仮説を、一言で現代的意味に焼き直すならば、「末梢の生理的喚起が、または生理的覚醒が情動を生じるか」という問題に帰着される。アドレナリンを末梢投与する実験やエフェドリンを経口投与し、交感神経亢進による情動変化を調べた実験では、不安などを増強した結果は得られたが、新たな情動は生じなかった。[6,7] しかし表情に関して、表情の意識的操作が情動を誘発するという顔面フィードバック理論が最も研究されている。[8] 顔というわれわれの感情に最も関係した末梢器官が感情の誘発に関係していることは興味ある。

ジェームスの情動の末梢起源説は特定の現象を除いて否定的に捉えられているが、感情と身体の関係を論じる場合、その相互作用は避けて通れないことである。近年、感情を考察するにあたって身体の存在の重要性が指摘されている。[9] 感情は脳だけで存在しうるのかという身体と感情の問題を考察するにあたって、ジェームスの詳細な理由を知る必要があった。なぜ経験に基づいた考えを発表しなければならなかったのか、その点を考えてみる必要がある。誤りの仮説であっても、現在、未だこの視点で感情を捉えようとする研究者がいることは、その中に一抹の真理が含まれていることを示唆している。原著をあたることによって彼の思想の一端を理解しようと考えたが、彼の論文の内容を知る人は非常に少なく、ここに慣れない翻訳を試みた。

参考文献

はじめに

（1） 福田正治　感情を知る　ナカニシヤ出版　二〇〇三。

1章

（1） ダーウィン、C.・人類の起源（池田次郎・伊谷純一郎訳）　世界の名著 ㊴　中央公論社　一九六七。
（2） 赤澤　威　脳と知の共進化を探る　科学 ㊷　三三六―三四三頁　二〇〇二。
（3） クライン、R.G.・エドガン、B.　5万年前に人類に何が起こったか（鈴木淑美訳）　新書館　二〇〇四。
（4） Clark, W. G. and Grunstein, M. *Are We Hardwired?* Oxford University Press, New York, 2001（鈴木光太郎訳　遺伝子は私たちをどこまで支配しているか　新曜社　二〇〇三）。
（5） ネイチャー特別編集　ヒトゲノムの未来　徳間書店　二〇〇二。
（6） ギブス、W.W.　ジャンクに隠れていた真実　日経サイエンス ②　二〇―二九頁　二〇〇四。
（7） 板倉昭二　自己の起源　金子書房　一九九九。
（8） 福田正治　感情を知る　ナカニシヤ出版　二〇〇三。
（9） 佐野　豊　神経解剖学　南山堂　一九七六。
（10） ホール、Z.W.　脳の分子生物学（吉本智信・石崎泰樹監訳）　メディカル・サイエンス・インターナショナル　一九九六。
（11） Burkert, W. *Creation of the Sacred.* Harvard University Press, 1996（松浦俊輔訳　人はなぜ神を創り出すのか　青土社　一九九八）。
（12） 例えば　生理学　真島英信　文光堂　一九八六。
（13） Olds, J. *Drives and Reinforcements: Behavioral Studies of Hypothalamic Functions.* Raven Press, New York, 1977（大村　裕・小野武年訳　脳と行動　共立出版　一九七七）。
（14） MacLean, P.D. *The Triune Brain in Evolution.* Plenum Press, New York, 1990.
（15） Izard, C.E. *The Psychology of Emotions.* Plenum Press, New York, 1991（荘厳舜哉訳　感情心理学　ナカニシヤ出版

一九九六）。
（16）坂井建雄　脊椎動物の進化　講座進化　④　東京大学出版会　一九九一。
（17）Tinbergen, N. *The Study of Instinct.* The Clarendon Press, Oxford, 1969（永野為武訳　本能の研究　三共出版　一九七五）。
（18）長谷川真理子　オスの戦略メスの戦略　NHKライブラリー　日本放送出版協会　一九九九。
（19）佐伯　胖・亀田達也編　進化ゲームとその展開　共立出版　二〇〇二。

2章

（1）岡田　督　攻撃性の心理　ナカニシヤ出版　二〇〇一。
（2）Wrangham, R. and Petersin, D. *Demonic Males.* 1996（山下篤子訳　男の凶暴性はどこからきたか　出版文化社　一九九八）。
（3）Ghiglieri, M.P. *The Dark Side of the Man.* Perseus Books, 1999（松浦俊輔訳　男はなぜ暴力をふるうのか　朝日新聞社　二〇〇二）。
（4）福田正治　感情を知る　ナカニシヤ出版　二〇〇三。
（5）中村　明　感情表現辞典　東京堂出版　一九九八。
（6）James, W. *Psychology,* 1892（今田　寛訳　心理学　岩波書店　一九九三）。
（7）Rubin, Z. *Liking and Loving: An Invitation to Social Psychology.* Holt, Reinehart and Winston, New York, 1973（市川孝一・樋野芳雄訳　愛することの心理学　思索社　一九九一）。
（8）ティスロン、S.　恥（大谷尚文・津島孝仁訳）　法政大学出版局　二〇〇一。
（9）Byrne, R. and Whiten A. *Machiavellian Intelligence.* Oxford University Press, 1988（藤田和生他訳　マキャベリ的知性と心の理論の進化論　ナカニシヤ出版　二〇〇四）。
（10）Whiten, A. and Byrne, R. *Machiavellian Intelligence II.* Cambridge University Press, 1997（友永雅巳他訳　マキャベリ的知性と心の理論の進化論II　ナカニシヤ出版　二〇〇四）。
（11）Watson, L. *Dark Nature.* Murray Pollinger, London, 1995（旦　敬介訳　ダーク・ネイチャー　筑摩書房　二〇〇〇）。
（12）de Waal, F. *Good Matured.* Harverd University Press, 1996（西田利貞・藤田留美訳　利己的なサル、他人を思いやる

サル　草思社　一九九八)。
(13) 立花　隆　サル学の現在　平凡社　一九九一。
(14) 菅原和孝　感情の猿＝人　弘文堂　二〇〇二。
(15) Jolly, A. *The Evolution of Primate Behavior.* Macmillan, 1972（矢野喜夫・菅原和孝訳　ヒトの行動の起源　ミネルヴァ書房　一九八二)。
(16) 赤澤　威　脳と知の共進化を探る　科学　72　三三六―三四三頁　二〇〇二。
(17) Roberts, J.M. *Prehistory and the First Civilizations.* Duncan Baird, London, 1976（青柳正規訳　世界の歴史①　創元社　二〇〇二)。
(18) Zimmer, C. *Evolution.* Harper Collins, 2001（渡辺政隆訳　進化大全　光文社　二〇〇四)。
(19) 宮司正男　コミュニケーション行動発達史　日本図書センター　二〇〇一。
(20) 遠藤秀紀　哺乳類の進化　東京大学出版会　二〇〇二。
(21) Mithens, S. *The Prehistory of the Mind.* Thames and Hudson, London, 1996（松浦俊輔　牧野美紗緒訳　心の先史時代　青土社　一九九三)。
(22) Dozier, R.W. *Why We Hate.* McGraw-Hill, 2002（桃井緑美子訳　人はなぜ憎むのか　河出書房新社　二〇〇三)。
(23) 金沢　創　他者の心は存在するか　金子書房　一九九九。
(24) 辻　平治郎　自己意識と他者意識　北大路書房　一九九三。
(25) Mitchell, P. *Introduction to Theory of Mind.* Edward Arnold, London, 1997（菊野春雄・橋本祐子訳　心の理論への招待　ミネルヴァ書房　二〇〇〇)。
(26) Eysenck, H.J. *The Structure and Measurement of Intelligence.* Springer-Verlag, Berlin, 1979（大原健士郎監訳　知能の構造と測定　星和書店　一九八一)。
(27) Ciarrochi, J., Forgas, J.P. and Mayer, J. *Emotional Intelligence in Everyday Life.* Taylor & Francis, 2001（中里浩明他訳　エモーショナル・インテリジェンス　ナカニシヤ出版　二〇〇五)。
(28) マギー、B．知の歴史（中川純男訳）　BL出版　一九九九。
(29) Eccles, J.C. *Evolution of the Brain: Creation of the Self.* Routledge, London, 1989（伊藤正男訳　脳の進化　東京大学出版会　一九九〇)。

(30)　内井惣七　道徳起源論　心の進化（松沢哲郎　長谷川寿一編）岩波書店　二〇〇〇。
(31)　デカルト、R．情念論（野田又夫訳）世界の名著 ㉒ 中央公論社　一九六七。
(32)　勝部真長編　山岡鉄舟の武士道　角川書店　一九九九。
(33)　Hopkins, A. *Knight.* Quarto Publishing plc（松田英他訳　図説西洋騎士道大全　東洋書林　二〇〇五）。
(34)　水田　徹編　世界美術大全集　4巻　小学館　一九九五。
(35)　クロード・ボローニュ、J．羞恥の歴史（大矢タカヤス訳）筑摩書房　一九九四。
(36)　Burkert, W. *Creation of the Sacred.* Harvard University Press, 1996（松浦俊輔訳　人はなぜ神をつくりだすのか　青土社　一九九八）。
(37)　ひろ　さちや　仏教とキリスト教　新潮社　一九八六。
(38)　渡辺照宏　仏教　岩波書店　一九七四。
(39)　ひろ　さちや　愛の研究　新潮社　二〇〇二。
(40)　コリンズ、M．・プライス、M．A．キリスト教の歴史（間瀬啓允・中川純男監修）BL出版　二〇〇一。
(41)　Pagels, E. *The Origin of Satan.*（松田和也訳　悪魔の起源　青土社　二〇〇〇）。
(42)　Ridley, M. *The Origin of Virtue.* Felicity Bryan, Oxford, 1996（古川奈々子訳　徳の起源　翔泳社　二〇〇〇）。
(43)　Masters, B. *The Evil that Men do.* Transworld Publisher, 1996（森　英明訳　人はなぜ悪をなすのか　草思社　二〇〇〇）。
(44)　ヴェルドン、J．笑いの中世史（池上俊一監修）原書房　二〇〇二。
(45)　高島元洋　日本人の感情　ぺりかん社　二〇〇〇。
(46)　Morris, D. *Manwatching.* Elsevier Pub., London, 1977（藤田　純訳　マンウオッチング　小学館　一九九一）。
(47)　土居健郎「甘え」の構造　弘文堂　一九五一。
(48)　ドリュモー、J．恐怖心の歴史（永見文雄　西沢文昭訳）新評論　一九九七。
(49)　シング、J．A．L．狼に育てられた子（中野善達　清水知子訳）福村出版　一九七七。
(50)　Volkan, V. *Bloodlines.* Sanford J. Greenburger Assoc., 1997（学水谷驍訳　誇りと憎悪　民族紛争の心理　共同通信社　一九九九）。
(51)　Hedges, C. *War is a Force that Gives Us Meaning.* Perseus Books, 2002（中谷和男訳　戦争の甘い誘惑　河出書房新

社　二〇〇三)。

(52) モレリ、A．　戦争プロパガンダ10の法則（永田千奈訳）　草思社　二〇〇二。

(53) Huntington, S. *The Clash of Civilization and the Remarking of World Order.* Georges Borcharrdt, 1996（鈴木主税訳　文明の衝突　集英社　一九九八）。

(54) Blackmore, S. *The Meme Machine.* Oxford University Press, 1999（垂水雄二訳　ミーム・マシンとしての私　草思社　二〇〇〇）。

(55) Lakoff, G. and Johnson, M. *Philosophy in the Flesh.* Brockman, New York, 1999（計見一雄訳　肉中の哲学　哲学書房　二〇〇四）。

3章

(1) Jounf, L. *The Book of the Heart.* A.P. Watt（別宮貞徳訳　ハート大全　東洋書林　二〇〇五）。

(2) James, W. *Psychology,* 1892（今田　寛訳　心理学　岩波書店　一九九三）。

(3) James, W. What is an emotion? *Mind,* **19**: 188-205, 1884（付録　情動とは何か）。

(4) Lange, C.G. The emotions: A psychophysiological study. In C. G. Lange & W. James, *The Emotions.* pp. 33-90, Baltimore: Williams and Wilkins, 1885/1922.

(5) Cornelius, R.R. *The Science of Emotion.* Prentice-Hall, 1996（齋藤　勇訳　感情の科学　誠信書房　一九九九）。

(6) 養老猛司　日本人の身体観　日本経済新聞社　二〇〇四。

(7) Lakoff, G. and Johnson, M. *Philosophy in the Flesh.* Brockman, New York, 1999（計見一雄訳　肉中の哲学　哲学書房　二〇〇四）。

(8) 市川　浩　精神としての身体　勁草書房　一九七五。

(9) グリマル、P．　ギリシア神話（高津春繁訳）　白水社　一九九二。

(10) フィリップ、N．　世界神話と伝説の謎（松村一男監訳）　ゆまに書房　二〇〇二。

(11) 松前　健　日本の神話　中央公論新社　一九七四。

(12) 旧約聖書（中沢洽樹訳）　世界の名著⑫　中央公論社　一九六八。

(13) 松長有慶　密教　岩波書店　一九九一。

(14) ガリレオ、G.　天文対話（青木晴三訳）　岩波書店　一九七九。
(15) デカルト、R.　情念論（野田又夫訳）　世界の名著 ㉒　中央公論社　一九六七。
(16) ハーヴェイ、W.　動物の心臓ならびに血液の運動に関する解剖学的研究（暉峻義等訳）　岩波書店　一九七九。
(17) 二宮陸雄　ガレノス：霊魂の解剖学　平河出版社　一九九三。
(18) マルゴッタ、R.　図説医学の歴史（岩本　淳訳）　講談社　一九七三。

4章

(1) 手塚治虫　鉄腕アトム（手塚治虫漫画全集）　講談社　一九八九。
(2) 井上　博・金出武雄・内山　勝・浅田　稔・安西祐一郎編　ロボット創成　岩波講座ロボット学 ①　岩波書店　二〇〇四。
(3) 原　文雄・小林　宏　顔という知能　共立出版　二〇〇四。
(4) 高西淳夫　工学が明かす身体の巧妙さ　日経サイエンス　1月号　二二―二七頁　二〇〇四。
(5) 井上　博・金出武雄・内山　勝・浅田　稔・安西祐一郎編　ロボットフロンティア　岩波講座ロボット学 ⑥　岩波書店　二〇〇五。
(6) 松本　元・辻野広司　脳のこころ　情と意の脳科学（松本　元・小野武年編）　培風館　二〇〇二。
(7) チャペック、K.　ロボット（R. U. R.）（千野栄一訳）　岩波書店　一九八九。
(8) Grand, S. *Growing Up with Lucy.* Orion Publishing Group（高橋則明訳　アンドロイドの「脳」　アスペクト　二〇〇五）。
(9) Malabou, C. *Que Faire de Notre Cerveau?* Bayard, 2004（桑田光平・益田文一郎訳　わたしたちの脳をどうするのか　春秋社　二〇〇五）。
(10) Weiner, B. *Human Motivation.* Holt, Rinehart and Winston, 1980（林　保・宮本美沙子監訳　ヒューマン・モチベーション　金子書房　一九八九）。
(11) Byrne, R. and Whiten, A. *Machiavellian Intelligence.* Oxford University Press, 1988（藤田和生他訳　マキャベリ的知性と心の理論の進化論　ナカニシヤ出版　二〇〇四）。
(12) Mithen, S. *The Prehistory of the Mind.* Thames and Hudson, London, 1996（松浦俊輔・牧野美佐緒訳　心の先史時代　青土社　一九九八）。

(13) Dawkins, R. *The Selfish Gene.* Oxford University Press, Oxford, 1976（日高敏隆訳 利己的な遺伝子 紀伊國屋書店 一九九一）。
(14) 藤原和博・東嶋和子・門田和雄 人生の教科書「ロボットと生きる」 筑摩書房 二〇〇三。
(15) Mekibben, B. *Enough: Staying Human in an Engineered Age.* Watkins Loomis, 2003（山下篤子訳 人間の終焉―テクノロジーは、もう十分だ！ 河出書房新社 二〇〇五）。
(16) 佐藤知正編 人と共存するコンピュータロボット学 オーム社 二〇〇四。
(17) 石黒 浩・宮下敬宏・神田崇行 コミュニケーションロボット オーム社 二〇〇五。
(18) Minsky, M. *The Society of Mind.* Simon & Schuster（安西祐一郎訳 心の社会 産業図書 一九九〇）。
(19) Epstein, J. M. and Axtell, R. *Growing Artificial Societies.* The Brooklimgs Institution Press, 1996（服部正太・木村香代子訳 人工社会 共立出版 一九九九）。
(20) 景山 進・服部正太 コンピュータのなかの人工社会 共立出版 二〇〇二。

5章

(1) Izard, C. E. *The Psychology of Emotions.* Plenum Press, New York, 1991（荘厳舜哉訳 感情心理学 ナカニシヤ出版 一九九六）。
(2) 遠藤利彦 喜怒哀楽の起源 岩波科学ライブラリー ㊶ 一九九六。
(3) Cornelius, R. R. *The Science of Emotion.* Prentice-Hall, 1996（齋藤 勇訳 感情の科学 誠信書房 一九九九）。
(4) Darwin, C. *The Expression of the Emotions in Man and Animals.* Appleton, 1872 (Reprinted by University of Chicago Press, 1965.)（浜中浜太郎訳 人及び動物の表情について 岩波書店 一九九一）。
(5) Ekman, P. An argument for basic emotions. *Cognition and Emotion,* **6**: 169-200, 1992.
(6) James, W. What is an emotion? *Mind,* **19**: 188-205, 1884.
(7) Lange, C. The emotion. In E. Dunlap (Ed.), *The Emotions* (1992 edn.) Williams and Wilkins, Baltimore, 1885.
(8) Cannon, W. B. The James-Lange theory of emotions: A critical examination and an alternative theory. *American Journal of Psychology,* **39**: 106-124, 1927.
(9) 吉川左紀子他編 顔と心 顔の心理学入門 サイエンス社 一九九三。

(10) Lazarus, R. S. and Lazarus, B. N. *Passion & Reason.* Oxford University Press, Oxford, 1994.
(11) シング、J. A. L. 狼に育てられた子（中野善達・清水知子訳） 福村出版 一九七七。
(12) 福田正治 感情を知る ナカニシヤ出版 二〇〇三。
(13) 故事・ことわざ・世界の名言集 旺文社 一九七五。
(14) 高橋雅延・谷口高士編 感情と心理学 北大路書房 二〇〇二。
(15) Ciarrochi, J. et al. (eds.) *Emotional Intelligence in Everyday Life. A Scientific Inquiry.* Taylor & Francis, 2001（中里浩明他訳 エモーショナル・インテリジェンス ナカニシヤ出版 二〇〇五）。
(16) 畑山俊輝 感情心理学パースペクティブ 北大路書房 二〇〇五。
(17) 佐伯 胖・亀田達也編 進化ゲームとその展開 共立出版 二〇〇二。
(18) 中山幹夫 社会的ゲームの理論入門 勁草書房 二〇〇五。
(19) 神戸伸輔 入門ゲーム理論と情報の経済学 日本評論社 二〇〇三。

6章

(1) Grammer, K. *Signale der Liebe.* Hoggmann und Camoe Verlag, Hamburg（今泉みね子訳 愛の解剖学 紀伊國屋書店 一九九七）。
(2) 渋谷昌三 人と人との快適距離 日本放送協会 一九九〇。
(3) Morris, D. *Man watching.* Elsevier Pub., London, 1977（藤田 純訳 マンウオッチング 小学館 一九九一）。
(4) Clark, W. G. and Grunstein, M. *Are We Hardwired?* Oxford University Press, New York, 2001（鈴木光太郎訳 遺伝子は私たちをどこまで支配しているか 新曜社 二〇〇三）。
(5) 吉川左紀子他編 顔と心 顔の心理学入門 サイエンス社 一九九三。
(6) LeDoux, J. *The Emotional Brain.* Touchstone, New York, 1996.
(7) 原 文雄・小林 宏 顔という知能 共立出版 二〇〇四。
(8) Ekman, P. An argument for basic emotions. *Cognition and Emotion,* **6**: 169-200, 1992.
(9) マツモト、D.・工藤 力 日本人の感情世界 誠信書房 一九九六。
(10) 秋山庄太郎 「男の年輪」自選集（3） 小学館 一九九九。

(11) 秋山庄太郎「女の素顔」自選集(1) 小学館 一九九九。
(12) 首藤尚文 モナリザを解く 三五館 二〇〇四。
(13) Eccles, J.C. *The Understanding of the Brain.* McGraw-Hill, 1977 (大村 裕・小野武年訳 脳 共立出版 一九七七)。
(14) 大塚ひかり 感情を出せない源氏の人びと 毎日新聞社 二〇〇〇。
(15) 高島元洋 日本人の感情 ぺりかん社 二〇〇〇。

7章

(1) 中野久夫 芸術心理学入門 造形社 一九七〇。
(2) 子安増生編 芸術心理学の新しいかたち 誠信書房 二〇〇五。
(3) 濱 治代・鈴木直人・濱 保久 感情心理学への招待 サイエンス社 二〇〇一。
(4) 福田正治 感情を知る ナカニシヤ出版 二〇〇三。
(5) 小野美枝子 太鼓という楽器 浅野太鼓文化研究所 二〇〇五。
(6) 美術手帖編集部編 現代美術の教科書 美術出版社 二〇〇五。
(7) マグリット 白紙委任状(一九六五) 世界美術大全集 ㉗ 小学館 一九九六。
(8) 国安愛子 情動と音楽 音楽の友社 二〇〇五。
(9) Deutsch, D. (md.) *The Psychology of Music.* Academic Press, 1982 (中西立年他監訳 音楽心理学 西村書店 一九八七)。
(10) 港 千尋 洞窟へ せりか書房 二〇〇一。
(11) 高階絵里 異界の海 三好企画 二〇〇〇。
(12) LeDoux, J. *The Emotional Brain.* Touchstone, New York, 1996.
(13) 乾 吉佑他 心理療法ハンドブック 創元社 二〇〇五。
(14) 禅の本 学習研究社 一九九二。
(15) キュービズム 世界美術大全集 ㉘ 小学館 一九九六。

8章

(1) 福田正治　感情を知る　ナカニシヤ出版　二〇〇三。

(2) Mitchell, P. *Introduction to Theory of Mind.* Edward Arnord, 1997（菊野春雄・橋本祐子訳　心の理論への招待　ミネルヴァ書房　二〇〇〇）。

(3) Baron-Cohen, S., Leslie, A. M. and Frith, U. Does the autistic child have a 'theory of mind'? *Cognition,* **21**: 37-46, 1985.

(4) 例えば　澤田荘司　心理検査の実際　新興医学出版社　二〇〇四。

(5) Squire, L. R. *Memory and Brain.* Oxford University Press, New York, 1987（河内十郎訳　記憶と脳　医学書院　一九八九）。

(6) 山本眞理子編　心理測定尺度集　サイエンス社　二〇〇一。

(7) 鈴木　平・根建金男・春木　豊　怒り尺度の標準化　日本健康心理学会11回大会　一九九八。

(8) 大平典明　State-Trait Axiety Inventory の日本語版（大学生用）の作成　教育心理学研究　㉙　六二―六七頁　一九八一。

(9) Bagby, R. M., Parker, J. D. and Taylor, G. J. The twenty-item Toronto Alexithymia Scale-I. Item selection and cross-validation of the factor structure. *J. Psychosom. Res.* **38**: 23-32, 1994.

(10) 小牧　元他　日本語版 The 20-item Toronnto Alexithymia Scale (TAS-20) の信頼性　因子的妥当性の検討　心身医学　㊸　八四〇―八四六頁　二〇〇三。

(11) 中島義明他編　新・心理学の基礎知識　有斐閣　二〇〇五。

(12) Costa, P. T. and McCrae, R. R. Revised NEO personality inventory (NEO-PI-R) and NEO five-factor inventory (NEO-FFI). *Psychological Asseement Resources,* 1992.

(13) Cloninger, C. R. et al. *The Temperament and character inventory (TCI): A guide of its development and use.* pp. 1-185, Center for Psychobiology of Personality, St. Louis, 1994.

(14) 木島伸彦他　Cloninger の気質と性格の7次元モデルおよび日本語版 Temperament and character inventory (TCI)　精神科診断学　⑦　三七九―三九九頁　一九九六。

(15) 樋口香織　パーソナリティー構成要素における共感性の位置づけ　富山医科薬科大学修士論文　二〇〇一。

(16) マイヤーズ、D・G・ ディーナー、E・ どんな人が幸福と感じているか 日経サイエンス ⑦ 九四―九七頁 一九九六。
(17) Goleman, D. *Emotional Intelligence.* Brockman, 1995（土屋京子 EQこころの知能指数 講談社 一九九六）。
(18) Salovey, P. and Mayer, J.D. Emotional intelligence. *Imagination, Cognition, and Personality,* **9**: 185-211, 1990.
(19) Ciarrochi, J. et al. (eds.) *Emotional Intelligence in Everyday Life. A Scientific Inquiry.* Taylor & Francis, 2001（中里浩明他訳 エモーショナル・インテリジェンス ナカニシヤ出版 二〇〇五）。
(20) 田辺康広他 職場のEQ活用法 人事マネジメント 二〇〇四。
(21) 大竹恵子他 情動知能尺度（EQS:エクス）の開発と因子的妥当性の検討 産業ストレス研究 ⑧ 一五三―一六一頁 二〇〇一。
(22) 中山 茂・市川隆一郎・藤野信行編著 老年心理学 診断と治療社 一九九〇。
(23) 武者利光 「こころ」を測る 日経サイエンス4月号 一九九六。
(24) Shibata, T., Nishijo, H. et al. Generators of visual evoked potentials for faces and eyes in the human brain as determined by dipole localization. *Brain Topography,* **15**: 51-63, 2002.
(25) 脳が明かすあなたの性格 NewsWeek 1月26日号 二〇〇五。

9章

(1) 守 一雄 認知心理学 現代心理学入門1 岩波書店 一九九五。
(2) Sadock, B.J. and Sadock, V.A. *Kaplan and Sadock's Pocket Handbook of Clinical Psychiatry.* Lippincott Williams and Wilkins, Philadelphia, 2001（融 道男・岩脇 淳訳 カプラン臨床精神医学ハンドブック（2版） メディカル・サイエンス・インターナショナル 二〇〇三）。
(3) 高橋三郎・大野 裕・染矢俊幸訳 DSM―IV 精神疾患の分類と診断の手引 医学書院 一九九五。
(4) 例えば 高橋雅延・谷口高士編 感情と心理学 北大路書房 二〇〇二。
(5) 福田正治 感情を知る ナカニシヤ出版 二〇〇三。
(6) 大村 裕・坂田利家 脳と食欲 ブレインサイエンス・シリーズ9 共立出版 一九九六。
(7) 大島 清 脳と性欲 ブレインサイエンス・シリーズ3 共立出版 一九八九。
(8) 小野武年 生物学的意味の価値評価と認知 認知科学6・情動（伊藤正男他編） 岩波書店 一九九四。

(9) Kluver, H. and Bucy, P. C.　An analysis of certain effects of bilateraltemporal lobectomy in the rhesus monkey., with special reference to psychic blindness.　*Journal of Psychology,* **5**: 33-54, 1939.
(10) Adolphs, R., Tranel, D. and Damasio, H.　Emotion recognition from faces and prosody following temporal lobectomy. *Neuropsychology,* **15**: 396-404, 2001.
(11) Calder, A. J., Young, A. W., Rowland, D., Perrett, D. I., Hodges, J. R. and Etcoff, N. L.　Facial emotion recognition after bilateral amygdale damage: differentially severe impairement of fear.　*Cognitive Neuropsychology,* **13**:699-745, 1996.
(12) Squire, L. R.　*Memory and Brain.*　Oxford University Press, New York, 1987（河内十郎訳　記憶と脳　医学書院　一九八九）。
(13) Gray, J.　*The Psychology of Fear and Stress.*　McGraw-Hill, New York, 1971（八木欽治訳　ストレスと脳　朝倉書店　一九九一）。
(14) 堀　悦郎・小野武年・西条寿夫　社会的認知と情動発現　脳と神経　56　一〇九一―一一〇頁　二〇〇四。
(15) 堀　悦郎・西条寿夫・小野武年　情動の神経機構　Annual Review 神経　三一七―三二九頁　二〇〇四。
(16) Eccles, J. C.　*Evolution of the Brain: Creation of the Self.*　Routledge, London, 1989（伊藤正男訳　脳の進化　東京大学出版会　一九九〇）。
(17) 山鳥　重　情動の神経心理学　認知科学6・情動（伊藤正男他編）　岩波書店　一九九四。
(18) Damasio, A. R.　*Descartes' Error: Emotion, Reason, and Human Brain*（田中三彦訳　生存する脳　講談社　二〇〇〇）。
(19) Damasio, A. R.　*Looking for Spinoza.*　Harcourt, 2003（田中三彦訳　感じる脳　ダイヤモンド社　二〇〇五）。
(20) Freud, S.　精神分析入門（懸田克躬訳）　世界の名著　49　中央公論社　一九六六。
(21) 例えば　笠原　嘉編　精神医学　南江堂　一九九三。
(22) 時実利彦　脳の話　岩波書店　一九六二。
(23) 澤口俊之　HQ論：人間性の脳科学　海鳴社　二〇〇五。

10章

(1) Cornelius, R. R.　*The Science of Emotion.*　Prentice-Hall, 1996（齋藤　勇監訳　感情の科学　誠信書房　一九九九）。
(2) Newberg, A., d'Aquili, E. and Rause, V.　*Why God Won't Go Away.*　The Ballantine Publishing Group, 2001（茂木健

一郎監訳　脳はいかにして〈神〉を見るか　ＰＨＰ研究所　二〇〇三)。
(３) Clark, W. G. and Grunstein, M. *Are We Hardwired?* Oxford University Press, New York, 2001 (鈴木光太郎訳　遺伝子は私たちをどこまで支配しているか　新曜社　二〇〇三)。
(４) 遠藤利彦　喜怒哀楽の起源　岩波科学ライブラリー㊶　一九九六。
(５) Izard, C. E. *The Psychology of Emotions.* Plenum Press, New York, 1991 (荘厳舜哉訳　感情心理学　ナカニシヤ出版　一九九六)。
(６) 福田正治　感情を知る　ナカニシヤ出版　二〇〇三。
(７) Lutz, T. *Crying.* Melanie Jackson Agency, New York, 1999 (別宮貞徳・藤田美砂子・栗山節子訳　人はなぜ泣き、なぜ泣きやむのか　八坂書房　二〇〇三)。
(８) ベルクソン　笑い（林　達夫訳）　岩波書店　一九三八。
(９) Burkert, W. *Creation of the Sacred.* Harvard University Press, 1996 (松浦俊輔訳　人はなぜ神をつくりだすのか　青土社　一九九八).
(10) Zeki, S. *Inner Vision.* Oxford University Press, 1999 (河内十郎監訳　脳は美をいかに感じるか　日本経済新聞社　二〇〇二)。
(11) 澤田瑞也　共感の心理学　世界思想社　一九九二。
(12) ドリュモー、J．恐怖心の歴史　（永見文雄・西沢文昭訳）　新評論　一九九七。
(13) Pagels, E. *The Origin of Satan.* (松田和也訳　悪魔の起源　青土社　二〇〇〇)。
(14) 白川　静　字統　平凡社　一九八四。
(15) 藤堂明保・松本　昭・竹田　晃編　漢字源　学習研究社　一九八八。
(16) 高島元洋　日本人の感情　ぺりかん社　二〇〇〇。
(17) ひろ　さちや　仏教とキリスト教　新潮社　一九八六。
(18) 廣川洋一　古代感情論　岩波書店　二〇〇〇。
(19) 旧約聖書（中沢洽樹訳）　世界の名著　⑫　中央公論社　一九六八。
(20) フーコー、M．性の歴史Ｉ（佐藤亮一訳）　新潮社　一九八六。
(21) コリンズ、M．・プライス、M．A．キリスト教の歴史　間瀬啓允・中川純男監修　ＢＬ出版　二〇〇一。

(22) デカルト、R.　情念論（野田又夫訳）　世界の名著　㉒　中央公論社　一九六七。
(23) デカルト、R.　書簡集（野田又夫訳）　世界の名著　㉒　中央公論社　一九六七。
(24) ルシオール・ボネ、S.・トックヴィル、A.　不倫の歴史（橋口久子訳）　原書房　二〇〇一。
(25) Hendrick, C. and Hendrick, S.　A theory and method of love.　*Journal of Personality and Social Psychology*, **50**: 392-402, 1986.
(26) Suttie, L.D.　*The Origin of Love and Hate.*　Penguin Books,（國分康孝他訳　愛憎の起源　黎明書房　二〇〇〇）。
(27) Rubin, Z.　Measurement of romantic love.　*Journal of Personality and Social Psychology*, **16**: 265-273, 1970.
(28) 長谷川真理子　オスの戦略メスの戦略　NHKライブラリー　日本放送出版協会　一九九九。
(29) ダライ・ラマ　他者と共に生きる（田崎国彦・渡邊郁子訳）　春秋社　一九九九。
(30) Lama, D., Goldman, D.　*Destructive Emotions.*　The Bantam Dell Publishing, 2003（加藤洋子訳　破壊的な感情を持つのか　角川書店　二〇〇三）。
(31) Masters, B.　*The Evil that Men do.*　Transworld Publisher, 1996（森　英明訳　人はなぜ悪をなすのか　草思社　二〇〇〇）。
(32) Dozier, R.W.　*Why We Hate.*　McGraw-Hill, 2002（桃井緑美子訳　人はなぜ憎むのか　河出書房新社　二〇〇三）。
(33) Gaylin W.　*Hated.*　Public Affairs, 2003（中谷和男訳　憎悪　アスペクト　二〇〇四）。
(34) Morris, D.　*The Culture of Pain.*　University. of California Press, 1991（渡邊　勉・鈴木牧彦訳　痛みの文化史　紀伊国屋書店　一九九八）。
(35) 藤井譲治編　日本の近世　③　支配のしくみ　中央公論社　一九九一。
(36) 荻野恒一　嫉妬の構造　社会思想社　一九九六。
(37) Maslow, A.　*The Further Researches of Human Nature.*　Viking, New York, 1971.
(38) 北村晴郎　全人的心理学　東北大学出版会　二〇〇一。
(39) 勝呂信静　講座「仏教思想4」大乗仏教における心理学　一九七五。

11章

(1) 渡辺照宏　仏教　岩波書店　一九七四。

(2) 武井摩利訳　世界宗教地図　東洋書林　二〇〇三。
(3) トロポフ　世界の宗教　総合法令出版社　二〇〇三。
(4) 小沢牧子・中島浩籌　心を商品化する社会　洋泉社　二〇〇四。
(5) 和辻哲郎　風土　岩波書店　一九七九。
(6) ドリュモー、J.　恐怖心の歴史（永見文雄・西沢文明訳）　新評論　一九九七。
(7) 神田千里　島原の乱　中央公論新社　二〇〇五。
(8) モレリ、A.　戦争プロパガンダ10の法則（永田千奈訳）　草思社　二〇〇二。
(9) ヘッジズ、G.　戦争の甘い誘惑（中谷和男訳）　河出書房新社　二〇〇三。
(10) Einstein, A. and Freud, S. *Brief Sigmund Freud / Einstein on Peace.* The Hebrew University of Jerusalem, Israel（浅見昇吾編　ヒトはなぜ戦争をするのか？　花風社　二〇〇〇）。
(11) Grossman, D. *On Killing.* Baror International, New York（安原和見訳　戦争における「人殺し」の心理学　筑摩書房　二〇〇四）。
(12) Volkan, V. *Bloodlines.* Sanford J. Greenburger Assoc., 1997（学水谷驍訳　誇りと憎悪　民族紛争の心理　共同通信社　一九九九）。
(13) Burkert, W. *Creation of the Sacred.* Harvard University Press, 1996（松浦俊輔訳　人はなぜ神を創り出すのか　青土社　一九九八）。
(14) 小田垣雅也　キリスト教の歴史　講談社　一九九五。
(15) 末木文美士　日本仏教史　新潮社　一九九六。
(16) ひろ　ちさや　仏教とキリスト教　新潮社　一九八六。
(17) 筒井賢治　グノーシス　講談社　一九九五。
(18) ニュートン、I.　自然哲学の数学的諸問題（河辺六男訳）　世界の名著　㉖　中央公論社　一九七一。
(19) 安藤清志・大坊郁夫・池田謙一　社会心理学　現代心理学入門　④　岩波書店　一九九五。
(20) 梅原　猛　地獄の思想　中央公論社　一九六七。
(21) 利倉　隆　悪魔の美術と物語　美術出版社　一九九九。
(22) ヒエロニムス・ボス　快楽の園　世界美術大全集　⑭　小学館　一九九五。

(23) Blanke, O. and Molu, C. Out-of-body experience, heautoscopy, and autoscopic hallucination of neurological origin. Implication for neurocognitive mechanisms of corporeal awareness and self-consciousness. *Brain Research Reviews*, **50**: 184-199. 2005.

(24) 齋藤　勇編　図説心理学入門　誠信書房　二〇〇五。

(25) Lama, D. and Goleman, D. *Destructive Emotions.* Bantam Dell Publishing, New York, 2003（加藤洋子訳　なぜ人は破壊的な感情を持つのか　アーティストハウス　二〇〇三）。

12章

(1) 崎山治男「心の時代」と自己　勁草書房　二〇〇五。

(2) 松澤大樹編　目で見る能と心　NHK出版　二〇〇三。

(3) ヒーリー、D.　抗うつ薬の時代　星和書店　二〇〇四。

(4) Squire, L. R. *Memory and Brain.* Oxford University Press, New York, 1987（河内十郎訳　記憶と脳　医学書院　一九八九）。

(5) 科学朝日編　ノーベル賞の光と影　朝日新聞社　一九八一。

(6) James, W. What is an emotion? *Mind*, **19**: 188-205, 1884（付録、情動とは何か）。

(7) ゴーギャン、P.　現代世界美術全集⑦　梅原龍三郎ほか監修　集英社　一九七一。

付録解説

(1) James, W. What is an emotion? *Mind*, **19**: 188-205, 1884.

(2) James, W. *The Principle of Psychology.* Harvard University Press, Cambridge, 1890/1983（今田　寛訳　心理学　岩波書店　一九九二）。

(3) 今田　恵　心理学史　岩波書店　一九六二。

(4) 福田正治　感情を知る　ナカニシヤ出版　二〇〇三。

(5) Cannon, W. B. The James-Lange theory of emotions: A critical examination and an alternative theory. *American Journal of Psychology*, **39**: 106-124, 1927.

（6） Plutchik, R. and Ax, A.F. A critique of "Determinants of emotional state". *Psychophysiology*, **4**: 79-82, 1967.

（7） Cornelius, R.R. *The Science of Emotion*. Prentice-Hall, 1996（齋藤　勇訳　感情の科学　誠信書房　一九九九）。

（8） Buck, R. Nonverbal behavior and the theory of emotion: The facial feedback hypothesis. *Journal of Personality and Social Psychology*, **38**: 811-824, 1980.

（9） Damasio, A.R. *Descartes' Error: Emotion, Reason, and the Human Brain*. Grosset/Putnam, New York, 1994（田中三彦訳　生存する脳　講談社　二〇〇〇）。

人名索引

事項索引

著者紹介

福田正治（ふくだまさじ）

1975年　名古屋大学大学院理学研究科修了

神経行動生理学，特に情動・記憶の神経生理学を専攻

現在，富山大学大学院医学薬学研究部・教授（行動科学）

著書として，

感情を知る—感情学入門—，ナカニシヤ出版（2003）

共編・共著作として

Brain Mechanisms of Perception and Memory, Oxford University Press (1993) がある。

感じる情動・学ぶ感情

感情学序説

2006年11月20日　初版第1刷発行　　定価はカヴァーに表示してあります

著　者　福田正治

発行者　中西健夫

発行所　株式会社ナカニシヤ出版

〒606-8161 京都市左京区一乗寺木ノ本町15番地

Telephone 075-723-0111

Facsimile 075-723-0095

Website http://www.nakanishiya.co.jp/

Email iihon-ippai@nakanishiya.co.jp

郵便振替 01030-0-13128

装幀＝白沢　正／印刷＝創栄図書印刷／製本＝兼文堂

Printed in Japan.

ISBN4-7795-0085-0